Markus Hofmann

Hirn in Hochform

So funktioniert Ihr Gehirn –
So verbessern Sie spielend leicht
Ihr Gedächtnis

UEBERREUTER

ISBN 978-3-8000-7391-7
Covergestaltung: Ursula Kothgasser, www.koco.at
Coverfoto: Stefanie Aumiller
Copyright © 2009 by Verlag Carl Ueberreuter, Wien
Druck: Druckerei Theiss, A-9431 St. Stefan i. L.
7 6 5 4 3 2

Ueberreuter im Internet: www.ueberreuter.at

Inhalt

Vorwort von Thorsten Havener

Wie heißt denn der Typ noch mal, den ich letzte Woche kennengelernt habe?
Wie lautet meine Kreditkartennummer inklusive Sicherheitscode?
Wie lange genau dauerte der Hundertjährige Krieg?

Wir alle haben in unserem Leben unendlich viele Dinge gelernt. Aber wie viel davon ist uns wirklich präsent und bei Bedarf sofort abrufbar? In einer Zeit, in der das Wissen sich innerhalb kürzester Zeit verdoppelt (momentan ca. alle fünf bis sieben Jahre – Tendenz drastisch steigend), ist es unerlässlich, ein gutes Gedächtnis zu haben, um beruflich wie auch privat erfolgreich zu sein. Wenn Sie die Techniken aus diesem Buch anwenden, lernen Sie zukünftig nicht mehr vergebens, sondern Sie werden sich mehr merken als je zuvor.

Für alle, die Markus Hofmann noch nicht kennen: Schnallen Sie sich gut an! Markus vermittelt Wissen in atemberaubender Geschwindigkeit. Und da er Ihnen gleichzeitig verrät, wie Sie dieses Wissen langfristig abspeichern und abrufen können, werden Sie seinen Ausführungen wie gebannt folgen.

Wer Markus von seinen Vorträgen bereits kennt, weiß: Er hat sich nicht nur ein sehr spannendes Thema ausgesucht, sondern er vermag es auch charmant, abwechslungsreich und unterhaltsam zu präsentieren. Nach seinem Vortrag weiß man nicht genau, ob man gerade ein Seminar oder eine Show gesehen hat – denn sein Vortrag bietet die Vorzüge von beidem. Das ist ein unschätzbarer Vorteil, denn wenn jemand nur weiß, wovon er spricht, dieses Wissen aber nicht vermitteln kann, dann schalten wir sehr schnell ab. Wenn ein Redner andererseits zwar gut präsentieren kann, aber nichts zu sagen hat, dann nehmen wir außer »heißer Luft« nichts mit nach Hause. Markus hat etwas zu sagen *und* er kann es herüberbringen – das spüren Sie auch auf jeder Seite seines Buches.

Markus hat in seinem Buch die neuesten Erkenntnisse der Forschung unterhaltsam und verständlich zusammengetragen. Die hier vorgestellten Techniken sind alltagstauglich. Jeder kann sie anwenden und wird sofort spüren, wie sich erste Erfolge einstellen. Sie werden in der Lage sein, sich mühelos

Namen, Daten, umfangreiche Fakten, Telefonnummern und Einkaufslisten zu merken.

In meinen Abendshows erhalte ich immer sehr starke Reaktionen, wenn ich innerhalb kürzester Zeit die Namen meiner Zuschauer kenne, ein gemischtes Kartenspiel auswendig lerne oder eine lange Liste von zugerufenen Begriffen sofort abspeichere. Das Publikum ist verblüfft, wie so etwas funktionieren kann – in diesem Buch steht die Lösung ...

Markus zeigt Ihnen die Quelle, Sie müssen nur noch trinken.
Dabei wünsche ich Ihnen viel Vergnügen!

Thorsten Havener, Oktober 2008
www.thorsten-havener.com

Einführung

Das Gehirn ist eines der außergewöhnlichsten und faszinierendsten Organe des Menschen. Während Sie diese Zeilen lesen, sind in Ihrem Gehirn ein paar Millionen Bits an Informationen in Tausenden von Nervenzellen gleichzeitig aktiv – ganz zu schweigen von den Milliarden Bits, die Sie schon in Ihrem Gedächtnis gespeichert haben. Wussten Sie, dass jeder von uns so viel Wissen wie in einer 32-bändigen Encyclopaedia Britannica oder einem ebenso umfangreichen Brockhaus gespeichert hat? Mehrere Bände darin füllen alle Gesichter und Orte, die Sie je im Leben gesehen haben, inklusive aller Autobahn- und Straßenkarten sowie Stadtpläne, der Innenansichten vieler Wohnungen und Häuser unter genauer Angabe, wo sich welche Gegenstände befinden. Zwei bis drei Bände enthalten Ihren Wortschatz sowie alle Sprachregeln, und wenn Sie Fremdsprachen gelernt haben, kommt pro Sprache noch mindestens ein Band hinzu. Weitere Bände sind mit all Ihren persönlichen Erinnerungen und individuellen Lebenserfahrungen angefüllt. Das gelernte Faktenwissen einschließlich Büchern und Filmen dürfte allein vier bis fünf Bände in Anspruch nehmen, Ihr berufliches Know-how sogar sieben bis acht Bände. Es umfasst nicht nur Ihr Wissen, sondern auch Ihre diversen Erfahrungen inklusive aller täglichen Routinen bis zum letzten Handgriff im Arbeitsablauf. Nicht zu vergessen sind auch motorische Fähigkeiten wie Gehen, Laufen, Wandern, Schwimmen, Radfahren und gegebenenfalls besondere erlernte Sportarten; all dies nimmt noch einmal zwei bis drei Bände in Anspruch. Wenn Sie Experte auf einem bestimmten Gebiet sind, z. B. Musiker oder Theaterkritiker, verfügen Sie über mindestens einen ganz speziellen Band, in dem alles dazu abgespeichert ist. Und falls Sie Ihre Freizeit aktiv gestalten, kann es sein, dass Sie in Ihrer ganz persönlichen Enzyklopädie auch noch einen Band mit Know-how über Ihre Hobbys besitzen.

All das ist in einem Klumpen Gewebe von gerade einmal annähernd drei Kilo Masse abgespeichert! Ihr Gehirn lässt Sie den Sonnenuntergang genießen, eine Sprache lernen, einen Witz erzählen, einen Freund wiedererkennen, vor Gefahren wegrennen und dieses Buch lesen. Kurzum: Sie sind im Besitz des unglaublichsten »Apparats« der Welt – herzlichen Glückwunsch!

Das Erstaunliche daran ist, dass unser Gehirn viel effektiver und schneller als jede Maschine funktioniert: Ein Großteil alles Wissens, aller Erfahrungen und motorischen Fähigkeiten wird innerhalb von Sekunden, teilweise sogar von Tausendstelsekunden, abgerufen. Wenn ich jetzt sage: »Erinnern Sie sich bitte an Ihre Schulzeit!«, dann tauchen mühelos und spontan in Sekundenschnelle Bilder vor Ihrem geistigen Auge auf. Sie sehen wahrscheinlich den Schulhof und das Klassenzimmer, sehen genau, an welchem Platz Sie gesessen haben, Sie sehen einige Ihrer früheren Klassenkameraden und Lehrer, erinnern sich an einige Namen und an einige Schulfächer, die Ihnen Spaß oder weniger Spaß gemacht haben. Und ganz gewiss erinnern Sie sich auch an Ihren ersten Schultag und an Ihr Abschlusszeugnis am letzten Schultag.

Doch weit davon entfernt, mit der grandiosen Leistung des Gehirns und seiner Verarbeitungsgeschwindigkeit zufrieden zu sein, beklagen sich viele Zeitgenossen über ihr »schlechtes Gedächtnis«. Genau genommen, ist aber nicht das Gedächtnis schlecht, sondern vielmehr die Fähigkeit, die Informationen zur gewünschten Zeit und am gewünschten Ort *abzurufen*.

Sehen Sie es einmal so: Unser Gehirn ist pausenlos damit beschäftigt, Informationen aufzunehmen und zu verarbeiten – mit anderen Worten: Es *lernt*, und zwar unaufhörlich. Es kann nicht NICHT lernen, weil es jede eingehende Information, jede Wahrnehmung, jeden Gefühlseindruck in seinen Zellen verarbeitet, mit vorhandenen Informationen abgleicht und dann speichert. Lernen ist etwas ganz Natürliches, weil es in jeder Sekunde geschieht! Wenn wir Probleme mit dem Gedächtnis – genauer gesagt: mit dem Abruf von Informationen aus dem Gedächtnis – haben, dann liegt es vielfach daran, dass wir auf die falsche Weise lernen. Wir wiederholen das Gelernte nicht oft genug oder zum falschen Zeitpunkt, und wir schaffen uns nicht genügend Anker, mit denen wir das Gelernte im richtigen Augenblick wieder hervorholen können. Das ist aber lediglich eine Frage der Übung: Wir können den Informationsabruf – und damit die Leistung unseres Gedächtnisses – gezielt trainieren, und zwar mit Hilfe der Mnemotechnik.

Dieses Buch habe ich aus zwei Gründen geschrieben: Zum einen möchte ich Ihnen eine Einführung in das außergewöhnlichste Organ des Menschen geben: Wie ist das Gehirn aufgebaut? Wie arbeiten die grauen Zellen? Wie leiten die Nervenzellen Informationen so weiter, dass Körper und Geist angemessen reagieren? Wie funktioniert das Gedächtnis? Wie wandern Informationen vom Arbeitsspeicher in den Langzeitspeicher und wann werden sie von dort wieder abgerufen? Was ist lernförderlich und was lernhinderlich? Was passiert im Gehirn bei normalen Alltagsvorgängen? Warum vergessen wir?

Zum anderen liegt mir als Gedächtnistrainer und Spezialisten für Mnemotechnik noch etwas am Herzen: Ich möchte, dass Sie Ihr Gehirn so effektiv wie möglich nutzen, damit Sie Lernstoff in jeder beliebigen Menge – gleich ob Zahlen, Fremdsprachen, To-do-Listen, Verkaufsargumente, umfangreiches Fachwissen oder abstrakte Begriffe – leicht und mühelos lernen und ebenso einfach zum richtigen Zeitpunkt abrufen können. Und das mit Spaß und Freude! Ja, Sie haben richtig gelesen: Lernen kann und soll Spaß machen. Und es funktioniert auch nur dann wirklich effektiv, wenn es Spaß macht. Richtig praktiziert, ist es ein Kinderspiel, sich sogar große Stoffmengen einzuprägen. Ich habe z. B. in meinem »Oberstübchen« rund 200 Telefonnummern, 135 Witze, das McKinsey-Portfolio aus meinem Studium, alle Länder der Welt und anderes Allgemeinwissen sowie die Einkaufsliste der letzten Woche abgespeichert, und zwar so, dass ich sie jederzeit abrufen kann. (Die Einkaufsliste der letzten Woche werde ich übrigens innerhalb der nächsten drei bis vier Tage vergessen.) Mit der Mnemotechnik, die ich Ihnen in diesem Buch vorstelle, können auch Sie sich so viel und noch mehr merken und Ihr Gedächtnis verbessern. Die vorgestellten Methoden können Sie sofort in die Praxis umsetzen. Anhand von Übungen, die Sie am Ende jedes Buchteils finden, lernen Sie, wie es geht. Sie werden sehen: Es ist nicht nur einfach, sondern es macht auch Spaß. Mehr behalten und Informationen aus dem Gedächtnis zuverlässiger und schneller abrufen – so erreichen Sie einen Vorsprung durch Wissen!

Begleiten Sie mich auf einer spannenden Reise durch das Gehirn mit folgenden Stationen: Im ersten Teil lernen Sie die »graue Eminenz« in ihrem Aufbau genau kennen. Sie erfahren, welche Strukturen es im Gehirn gibt, wie Nervenzellen arbeiten und die Informationen weiterleiten, wie Gefühle neurochemisch »gemanagt« werden und wie sich das Gehirn vom Fötus bis zum Erwachsenen entwickelt. Dieser Teil ist ein wenig wissenschaftlich, legt aber die Grundlagen dafür, dass die in den folgenden Kapiteln vorgestellte Funktionsweise des Gehirns verständlich wird. Sie können diese Seiten (S. 13 bis S. 45 aber auch überblättern, um dort später bei Bedarf während Ihrer Lektüre wichtige Zusammenhänge und Fachbegriffe nachzuschlagen.

Am Ende des ersten Teils, im ersten Trainingsabschnitt, kann sich Ihr »Gehirnmuskel« für die Mnemotechnik im zweiten Buchteil warmlaufen. Dort schauen wir uns an, wie das Gedächtnis aufgebaut ist, wie Lernen funktioniert und wie es nicht funktioniert. Sie lernen Grundzüge der Mnemotechnik kennen und haben Gelegenheit, sich Begriffe und Zahlen einzuprägen.

Im dritten Teil erfahren Sie, wie das Gehirn in ausgewählten Alltagssituationen arbeitet. Wussten Sie, dass viele typische Verhaltensweisen von Männern und Frauen auf die unterschiedliche Arbeitsweise ihrer Gehirne zurückgehen? Spannend wird es, wenn wir im Supermarkt einkaufen gehen und unserem Gehirn dabei zuschauen, wie es eine Auswahl aus der Fülle der Artikel trifft. Außerdem erfahren Sie, was im Gehirn beim Sprechen und beim Sprachverständnis (Zuhören und Lesen) passiert und wie der Alterungsprozess das Gehirn beeinflusst. Im Übungsteil schaffen Sie sich so viele Anker, dass Sie in Zukunft auch größere Stoffmengen leicht behalten und abrufen können.

Im vierten Teil des Buches nehmen wir das Vergessen unter die Lupe. Es gibt nämlich nicht nur *eine* Art, etwas zu vergessen, sondern sieben verschiedene. Wir schauen uns an, wie uns das Gedächtnis beim Vergessen manchmal zum Narren hält und über Dinge »belügt«, die gar nicht oder ganz anders abgelaufen sind. Im Übungsteil haben Sie Gelegenheit zu lernen, wie Sie sich Namen und Gesichter auf Anhieb merken und dauerhaft einprägen. Zum Schluss zeige ich Ihnen, wie Sie den Stoff dieses Buches – natürlich auch jeden anderen beliebigen Lernstoff – leicht und mühelos in Ihrem Gedächtnis verankern.

Viel Spaß beim Lesen und beim Training Ihres Gedächtnismuskels wünscht Ihnen

Ihr Markus Hofmann

I. Teil

Die graue Eminenz stellt sich vor –
wie Gehirn und Nervensystem
aufgebaut sind

„Es ist ungefähr so groß wie eine Grapefruit. Es wiegt ungefähr so viel wie ein Kohlkopf. Es ist das einzige Organ, das wir nicht transplantieren können, ohne jemand anders zu werden."
(Robert Ornstein / Richard F. Thompson)

„Die Menschen sollten aber wissen, dass von nirgendwo anders als vom Gehirn die Freude, die Fröhlichkeit, das Lachen und Scherzen kommt."
(Hippokrates)

„Es ist nicht schwer, Menschen zu finden, die mit 60 Jahren zehnmal so reich sind, als sie es mit 20 waren. Aber nicht einer von ihnen behauptet, er sei zehnmal so glücklich." (George Bernard Shaw)

„Ich lerne vom Leben. Ich lerne, solange ich lebe. So lerne ich noch heute." (Otto von Bismarck)

1. Ein kleiner Spaziergang durch das Gehirn

Gedankendrüse, Kühlschrank, Spirituspumpe oder China-Restaurant?

Zwei Hände voll gallertartiger, walnussförmiger Masse mit nicht mehr als 1370 Gramm Gewicht, aber dennoch eine der größten Herausforderungen der Menschheit! Schon immer galt das Gehirn als eines der geheimnisvollsten und aufregendsten Organe des Menschen: Sitz der Seele und der Persönlichkeit, zentrale Steuereinheit des ganzen Körpers, Sinnes- und Gedächtniszentrum, Steuerungsorgan für alle Bewegungen – zahlreich sind die Ansichten, die sich seit Jahrtausenden in allen Kulturen um die Funktion des Gehirns ranken, und ebenso zahlreich sind die wissenschaftlichen Untersuchungen und medizinischen Operationen am Gehirn.

Schon vor 5000 Jahren nahmen die Inder wie auch die Ägypter operative Eingriffe am menschlichen Gehirn vor: Schädelöffnungen, sogenannte Trepanationen, sind durch archäologische Funde vielfach belegt. Es ließ sich sogar nachweisen, dass etliche dieser Operationen erfolgreich verliefen, die Patienten überlebten und geheilt wurden, was auf weit entwickelte neurochirurgische und anatomische Kenntnisse der damaligen Zeit hindeutet. Das Wissen der ägyptischen Hochkultur über das Gehirn wird im Papyrus Edwin Smith,

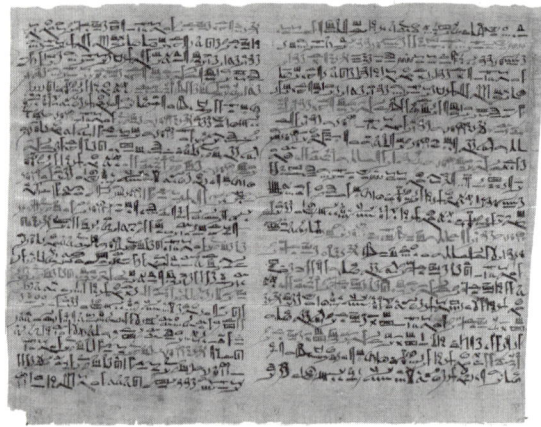

Zwei Seiten aus dem Papyrus Smith

einem der ältesten überlieferten medizinischen Dokumente der Menschheit, eindrucksvoll belegt: Man wusste bereits um die Windungen und Furchen des Großhirns, beschrieb das Rückenmark und erkannte Blutgefäße, Sehnen und Nerven, die allesamt als »Kanäle« bezeichnet wurden.

Im Abendland befassten sich zuerst die griechischen Denker der Antike mit dem Gehirn. Alkmaion von Kroton, der um 500 v. Chr. in Unteritalien lebte, nahm Sektionen an Tieren vor und entdeckte dabei, dass von den Sinnesorganen Nervenbahnen zum Gehirn ziehen. Er hielt das Gehirn für das zentrale Organ der menschlichen Wahrnehmung und glaubte, es scheide Gedanken aus, wie eine Tränendrüse Tränen absondere.

Auch Hippokrates von Kos, der Urvater des Medizinerstandes, war im 4. Jahrhundert v. Chr. überzeugt von der Macht des Gehirns. Ohne eigene Untersuchungen anzustellen, kam er zu der Schlussfolgerung: »Die Menschen sollten wissen, dass unsere Lustempfindungen und unsere Freuden, unser Lachen und Scherzen ebenso wie unsere Sorgen und Schmerzen, unser Kummer und unsere Tränen vom Gehirn und nur vom Gehirn kommen«, so schrieb er (zit. nach Lausch, S. 28). Ebenso wie Hippokrates sah der etwa zeitgleich lebende Philosoph Plato das Gehirn als Sitz der Seele an: Im Kopf sitze die Vernunft, und diese sei als »rationale Seele« unsterblich; demgegenüber wohne die irrationale Seele mit ihren höheren Anteilen im Herzen, während die niederen Anteile im Unterleib angesiedelt seien. Aristoteles, Platos Schüler, war anderer Ansicht: Für ihn galt allein das Herz als Sitz der Seele, während er das Gehirn als Kühlmaschine für das Blut deutete. Die Frage, ob nun Gehirn oder Herz als Sitz der Seele anzusehen sind, beschäftigte die Mediziner auch noch die folgenden Jahrhunderte.

Die ersten fundierten Kenntnisse über den funktionalen Aufbau des Gehirns im Abendland verdanken wir den beiden Ärzten Herophilos (335–285 v. Chr.) und Erasistratos (310–250 v. Chr.), die in Alexandria als Leibärzte des Königs Ptolemaios tätig waren. Der König gestattete Herophilos sogar, Sektionen an lebenden Menschen vorzunehmen, und zwar an zum Tode verurteilten Verbrechern. Die beiden Ärzte machten eine Fülle von Entdeckungen: Sie beschrieben Groß- und Kleinhirn, Hirnhäute und -höhlen; sie erkannten, dass die Nerven mit Gehirn und Rückenmark zusammenhängen und – verlegten den Sitz der Seele wieder zurück ins Gehirn, und zwar in die Hirnventrikel, die flüssigkeitsgefüllten Kammern.

Rund 200 Jahre später setzte Galen, ein aus Kleinasien stammender Mediziner und Leibarzt des römischen Kaisers Marc Aurel, in Rom den Schlusspunkt unter die Geschichte der antiken Medizin. Die Erkenntnisse Galens bildeten in Europa fast 1500 Jahre lang, das ganze Mittelalter hindurch, die herrschende Lehrmeinung der Medizin, auch wenn er in einigen gravierenden Punkte irrte. Galen entfernte Tieren systematisch bestimmte Hirnteile und durchtrennte Rückenmark und Nerven, um die daraufhin eintretenden Lähmungen zu beobachten. Auch er befasste sich mit den flüssigkeitsgefüllten Hirnkammern, den Ventrikeln, und glaubte, dass es eine Verbindung zwischen ihnen und der Seele gebe. Ähnlich wie Plato hielt er die Seele für dreigeteilt und verlegte sie in die Leber, ins Herz und ins Gehirn. Alle drei seien durch die von ihm als *Spiritus* bezeichneten Kräfte miteinander verbunden. Der *Spiritus naturalis* (Naturgeist) der Leber werde im Herzen zum *Spiritus vitalis* (Lebensgeist) verfeinert. Mit dem Blutstrom gelange der Lebensgeist ins Gehirn, besonders in die Hirnventrikel, wo aus ihm der *Spiritus animalis* (Seelengeist, auch *Pneuma psychikon* genannt) entstehe, eine luft- oder ätherartige Edelsubstanz. Der Seelengeist, so meinte er, sei so feinstofflich und beweglich, dass er sogar durch die feinsten Nerven strömen könne. Das Gehirn wurde von Galen als Drüse verstanden: Indem es sich zusammenziehe und wieder ausdehne, pumpe es unaufhörlich den Seelengeist aus den Hirnventrikeln in die Nervenröhren. Das Gehirn als Spirituspumpe – diese uns heute seltsam anmutende Lehre hielt sich in der Wissenschaft bis ins 17. Jahrhundert, nicht zuletzt deshalb, weil sich Galens Lehre mit der christlichen Seelenauffassung gut verbinden ließ.

Nach dem Mittelalter setzte die Hirnforschung mit der Renaissance im 15. Jahrhundert wieder ein. Leonardo da Vinci nahm Sektionen am Gehirn vor und fertigte exakte Hirnzeichnungen an, die er jedoch zunächst geheim hielt. Ihm folgten weitere Ärzte wie Andreas Vesalius, der die moderne Grundlage für die neuroanatomische Forschung legte und viele Irrtümer Galens aufdeckte. Im 17. Jahrhundert übte der französische Philosoph René Descartes einen großen Einfluss aus. Als Erster postulierte er die strikte Zweiteilung von Körper *(Res extensa)* und Seele *(Res cogitans)*. Dieser Dualismus als Trennung von Materie und Geist ist bis heute einflussreich und bestimmend in der Wissenschaft geblieben. Die Zirbeldrüse hielt Descartes für die Verbindung zwischen Körper und Seele. Zutreffender waren seine Ansichten über die Funktion des Nervensystems: Sensible Reize werden von den Nerven ins Gehirn geleitet, von wo die umgewandelte Information wieder über die Nerven zu den Muskeln gelangt.

Viele neue Erkenntnisse über das Gehirn brachten das 18. und das 19. Jahrhundert. Nicht zuletzt aufgrund der sich verbessernden medizinischen Untersuchungsmethoden – wie der Entwicklung des Mikroskops und der Möglichkeit, Hirnschnitte dauerhaft zu präparieren – schritt das anatomische Wissen über den Aufbau einzelner Teile des Gehirns schnell voran. Im frühen 19. Jahrhundert betrat noch einmal ein berühmter Mediziner die Bühne der Hirnforschung, der bis heute einflussreich geblieben ist, obwohl jedermann längst weiß, dass seine Theorie über das Gehirn falsch ist: Franz Joseph Gall, ein Arzt aus Pforzheim, auch der »Kopfjäger von Paris« genannt. Seinen Spitznamen verdankt er der Tatsache, dass er wie besessen Hunderte von Menschen- und Tierschädeln sammelte, von ihnen Gipsausgüsse und von den Gehirnen Wachspräparate anfertigen ließ. Gall glaubte, dass sich verschiedene menschliche Eigenschaften im Gehirn lokalisieren ließen, ja er ging sogar so weit zu behaupten, er könne die geistigen und seelischen Eigenschaften eines Menschen an dessen Kopfform erkennen. Bekannt wurde seine Schädelkartierung oder Lokalisationstheorie unter dem Namen »Phrenologie«.

Abenteuerlich ist Galls Vorstellung, er könne Eigenschaften wie Religiosität, Brutalität, Willenskraft, Gewissenhaftigkeit, Ehrgeiz, Fleiß, Frohsinn, Kinderliebe und viele andere exakt auf bestimmte Gehirnbereiche eingrenzen. Sei eine Region der Großhirnrinde überentwickelt, so lasse dies darauf schließen, dass der Betreffende die jeweilige Eigenschaft im Übermaß besitze.

Der berühmte Gall-Schädel

Gall fand begeisterte Anhänger. Noch im 19. Jahrhundert erschienen Lehrbücher über und eine Zeitschrift für Phrenologie. Längst sind seine Lehren obsolet, und doch hat sich »ein Quäntchen Gall« bis in die moderne Hirnforschung gehalten: Bis heute versucht die Wissenschaft, den anatomischen Strukturen des Gehirns bestimmte Funktionen zuzuweisen, wobei sich allerdings eine 1:1-Zuordnung, wie sie Gall anstrebte, als völlig unzulänglich und falsch erwiesen hat. Seine Einteilung des menschlichen Gehirns ist so unzuverlässig und unbrauchbar wie die Seekarten vor Christoph Columbus. Die Funktionen des menschlichen Gehirns – wie z. B. die Regelung von Hunger und Durst, motorische Bewegungen, Denken, Sprechen, Lernen und Erinnern – werden jeweils nicht nur von *einem* Hirnbereich, sondern fast immer von mehreren Bereichen wahrgenommen; es sind Prozesse, die in zum Teil komplexer Weise in Form von »Schaltkreisen« große Teile des Gehirns durchlaufen.

Dies hat vielfach dazu Anlass gegeben, das Gehirn als eine komplizierte Maschine aufzufassen. Seit dem Beginn der technischen Entwicklung im 18. Jahrhundert bestand immer wieder die Neigung, das Gehirn mit der jeweils aktuellsten Maschine zu vergleichen, z. B. einer Dampfmaschine oder einem Telegrafen. Heute betrachtet man es gerne als einen Computer inklusive Hardware, den anatomischen Strukturen, und Software, den Gedanken und Gefühlen. Doch viel mehr als einer Maschine gleicht das Gehirn einem hektischen China-Restaurant in einer Großstadt: Es ist überfüllt und chaotisch, und die Informationen laufen wie die Kellner ohne erkennbaren Zweck ständig hin und her – aber am Ende werden auf wundersame Weise alle Bestellungen erledigt und alle Gäste bedient. Und das oft sogar in Sekundenschnelle!

Der Aufbau des Gehirns

Im Folgenden gebe ich einen kurzen Überblick über den Aufbau des Gehirns, um die wichtigsten anatomischen Strukturen und Funktionen zu erläutern. Dies ist notwendig, um die Ausführungen in den kommenden Kapiteln zu verstehen. Wenn Sie möchten, können Sie die Seiten 19 bis 32 überschlagen, direkt auf Seite 33 oder Seite 38 weiterlesen und später bei Bedarf die anatomischen Begriffe, Funktionen und Abbildungen dazu nachschlagen.

Es besteht die Schwierigkeit, dass die anatomischen Begrifflichkeiten und die topografische Einteilung der Hirnareale über Jahrhunderte gewachsen und nicht immer ganz einheitlich, ja zum Teil in ihrer Benennung willkürlich sind. »Hippocampus« z. B. heißt übersetzt »Seepferdchen« und sieht allenfalls einem solchen entfernt ähnlich. Die Bezeichnungen der Hirnareale haben sich über Jahrhunderte entwickelt, und zwar aufgrund dessen, dass sie sich mit bloßem Auge oder unter dem Mikroskop als einheitliche Erscheinungsbilder identifizieren und anschließend präparieren ließen. In Wirklichkeit sind die verschiedenen Hirnbereiche anatomisch nicht so scharf voneinander getrennt, wie es die Begriffe vermuten lassen; es sind Ansammlungen von Zellkörpern und Faserbahnen – im Grunde ein riesiges Netzwerk von Verbindungen zwischen Nervenzellen. Die Analyse der Funktionen des Gehirns ist sehr viel neueren Datums als die Kenntnisse über seine anatomischen Strukturen, die erst ab der zweiten Hälfte des 20. Jahrhunderts gewonnen worden sind und noch immer gewonnen werden. So kommt es, dass Strukturen und Funktionen als miteinander vernetzt erscheinen.

Übrigens stammt das Wort »Gehirn« sprachgeschichtlich von der indogermanischen Wurzel »ker« mit der Bedeutung »das Oberste am Körper, Kopf, Geweih«. »Hirn« und »Horn« sind also miteinander verwandt. Aus »ker« entwickelte sich im Griechischen »kara« (Haupt, Kopf) und »kranion« (Schädel) und im Lateinischen »cervus« (Hirsch) wie auch »cerebrum« (Gehirn). Im Althochdeutschen tauchte um das Jahr 800 zuerst das Wort »hirni« auf, das lediglich eine leicht veränderte Aussprache von »ker« ist.

Das Gehirn braucht wie der übrige Körper Energie, um seine Funktion aufrechterhalten zu können. Diese Energie bezieht es aus der Nahrung. Bei der Auswahl der Nährstoffe nimmt das Gehirn jedoch eine besondere Stellung ein. Während der übrige Körper verschiedene Nährstoffe wie Kohlehydrate, Eiweiße oder Fette in eine von den Zellen verwertbare Energieform umwandeln kann, ist der Gehirnstoffwechsel auf die Verfügbarkeit von Glukose (Zucker) als »Brennstoff« angewiesen. Im Ruhezustand verbraucht das Gehirn eines Erwachsenen etwa 55 Prozent der im Körper verfügbaren Glukose. Gemessen daran, dass das Gehirn nur etwa zwei Prozent des Körpergewichts eines Erwachsenen ausmacht, übersteigt sein Verbrauch pro Gewichtseinheit den zehnfachen Energieverbrauch des restlichen Körpers.

Zum Zentralnervensystem, dem Steuerungssystem für unseren ganzen Organismus, gehören das Großhirn, das Kleinhirn, der Hirnstamm und das Rückenmark. Letzteres durchzieht unsere Wirbelsäule und ist weitaus mehr als nur ein »Kabelbündel«. Vielmehr leitet es Signale durch den Körper, z. B. zu den Muskeln und Gliedmaßen. Gehirn und Rückenmark sind in einen Flüssigkeitsmantel, den Liquor, eingehüllt und besonders sorgsam durch mehrere Häute und einen Knochenmantel vor Außeneinflüssen geschützt.

Beginnen wir mit dem **Hirnstamm,** der sich wiederum zusammensetzt aus dem verlängerten Mark *(Medulla oblongata),* der Brücke *(Pons)* und dem Mittelhirn *(Mesencephalon).* Diese drei Bereiche sind Transit- und Schaltstationen für die Leitungsbahnen des Groß- und des Kleinhirns. Im Hirnstamm beginnen zehn der zwölf Hirnnerven, die für die Sinneswahrnehmungen und Bewegungen im Kopf- und Halsbereich zuständig sind. Einer dieser Nerven, der *Nervus vagus,* nimmt eine Sonderstellung ein, weil er vegetative Grundfunktionen wie Atmung, Herzschlag, Schlaf, Aufwachen und Verdauung steuert. Alle diese Dinge laufen für uns meist unbewusst ab, weil wir sie kaum willentlich steuern können. Das verlängerte Mark enthält alle auf- und absteigenden Nervenstränge, die Gehirn und Rückenmark miteinander verbinden, und eine Reihe wichtiger Kerne von Nervenzellen.

Die Brücke verbindet den Hirnstamm mit dem Kleinhirn und spielt eine Rolle bei der Nahrungsaufnahme, bei der Kontrolle der Gesichtsmuskulatur, bei der Schmerzempfindung, für das Gleichgewicht wie auch bei der Weiterleitung akustischer Sinnesreize. Außerdem vermittelt sie Bewegungsinformationen aus der Großhirnrinde an das Kleinhirn. Im Mittelhirn werden Botenstoffe für die Erregungsübertragung im Nervensystem produziert, die im folgenden Kapitel noch genauer dargestellt wird. Der Hirnstamm gilt als der evolutionsgeschichtlich älteste Teil des Gehirns, daher zuweilen auch als »Reptiliengehirn« bezeichnet, und ist bei allen Säugetieren von den Funktionen her ähnlich, wenn auch in der Größe und in der Ausprägung der einzelnen Funktionen unterschiedlich. So sind z. B. bei Fledermäusen, die Ultraschallwellen wahrnehmen und aussenden können, gewisse Elemente des Hirnstamms sehr viel größer als bei anderen Tieren. Es besteht ein Prinzip der Korrelation zwischen der Größe und Komplexität einer Hirnstruktur und der Ausprägung des damit verbundenen Verhaltens. Das ist jenes wahre »Quäntchen Gall«, von dem bereits die Rede war.

Das **Kleinhirn** *(Cerebellum)* ist eine große Region im hinteren Bereich des Gehirns, die sensorische Informationen integriert und dadurch Bewegungen steuert. Hier laufen Informationen vom Großhirn, dem Rückenmark und dem Gleichgewichtsorgan zusammen. Die Koordination der Motorik im Kleinhirn sorgt dafür, dass wir beispielsweise mit einem Bleistift anders umgehen können als mit einem Schraubenzieher. Neben der Aufgabe, die Motorik zu steuern, spielt das Kleinhirn auch eine Rolle für Lernen und Gedächtnis. Von seiner Form her ist es stark verästelt und hat eine Vielzahl von Lappen und Furchen. Würde man seine daumenballengroße Form auffächern, so hätte es eine Ausbreitung von mehr als einem Meter.

Das **Großhirn** *(Cerebrum)* wird in das Zwischenhirn und das Endhirn unterteilt. Zum Zwischenhirn, das sich an das Mittelhirn anschließt, gehören Thalamus, Zirbeldrüse, Hypothalamus und Hirnanhangdrüse *(Hypophyse),* die eine Reihe sehr wichtiger Funktionen haben. Der Thalamus besteht aus zwei kleinen ovalen Strukturen, jeweils eine in jeder Hälfte des Großhirns. Er integriert wichtige Sinneseindrücke aus dem gesamten Nervensystem und beeinflusst unter anderem das Sehen, das Hören und das Riechen. Am Ende des Thalamus befindet sich die Zirbeldrüse, die das Hormon Melatonin produziert, den Tag-Nacht-Rhythmus regelt und das Immunsystem stimuliert. Der Hypothalamus hat Verbindungen zu zahlreichen Gehirnregionen und ist eine wichtige Leitstelle für das vegetative Nervensystem wie auch für das Hormonsystem. Er aktiviert die Hypophyse, die über ein Hormon die Nebennierenrinde in Gang setzt. Hypothalamus und Hypophyse sind gemeinsam das zentrale Bindeglied zwischen Hormon- und Nervensystem. Hormone spielen insgesamt eine wichtige Rolle im menschlichen Körper und steuern unter anderem Wachstum, Kampf-Flucht-Reaktionen, Sexualverhalten und viele weitere Verhaltensweisen, die einen großen Einfluss auf das emotionale Befinden haben. So ist der Hypothalamus ein wichtiges Kontrollzentrum für die Gefühle.

Über dem Zwischenhirn liegt wie ein Mantel das Endhirn mit seinen beiden **Großhirnhemisphären**. Die ca. 3 Millimeter dicke Oberfläche des Großhirns wird als Großhirnrinde *(Cortex cerebri)* bezeichnet und gilt als der evolutionsgeschichtlich jüngste Teil des Gehirns. Von allen Säugetieren verfügt nur der Mensch über eine Großhirnrinde. Sie nimmt vom Platz her rund 80 Prozent des Gehirns ein. Sie macht den Menschen zu dem, was er ist. In der Feinstruktur des Großhirns unterscheidet man zwischen der grauen Substanz und der weißen Substanz, dem Hirnmark.

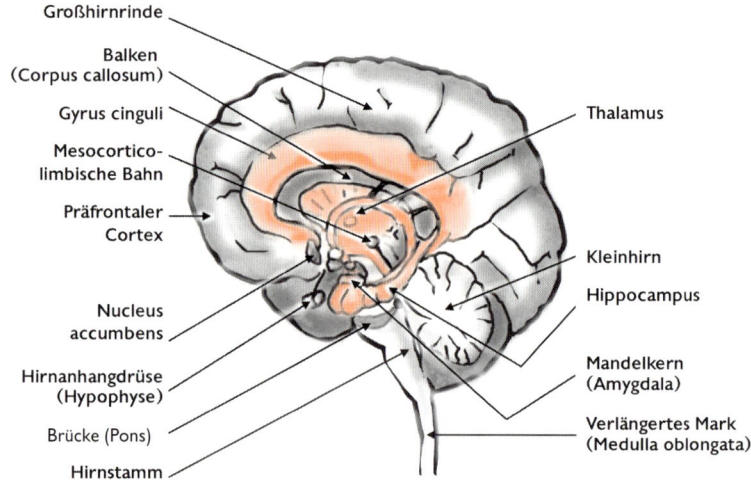

Die Regionen der Großhirnhemisphäre

Die Großhirnhemisphäre wird in vier Felder oder Regionen eingeteilt, die auch als »Lappen« *(Lobi)* bezeichnet werden: den Frontal- oder Stirnlappen, den Parietal- oder Scheitellappen, den Okzipital- oder Hinterhauptslappen und den Temporal- oder Schläfenlappen. Der vorne im Stirnbereich gelegene Frontallappen erteilt Bewegungsbefehle, erzeugt Sprache und entscheidet, welches Verhalten den eigenen Zielen und der Umwelt angemessen ist. Der Parietallappen an den Seiten des Kopfes empfängt Informationen von den Hautsinnen, fügt Informationen von allen Sinnen zusammen und lenkt die Aufmerksamkeit. Der Okzipitallappen an der Rückseite des Kopfes ist für die visuelle Wahrnehmung zuständig. Der Temporallappen liegt oberhalb der Ohren, ist am Hörvorgang beteiligt und versteht Sprache.

Der Stirnlappen auf der einen Seite wird vom Scheitel- und vom Schläfenlappen auf der anderen Seite durch die senkrecht verlaufende Zentrale Furche *(Sulcus centralis)* getrennt. Es gibt noch eine Reihe weiterer Furchen in der Großhirnrinde, doch ist die Zentrale Furche die größte und tiefste. Vor und hinter ihr ist das gesamte Körperschema abgebildet, das auch als *Homunculus* bezeichnet wird. Es ist in seinen Größenverhältnissen gegenüber der entsprechenden wahren Körpergröße verzerrt: Organe, die eine sehr komplexe Steuerung der Muskulatur verlangen, beanspruchen wesentlich mehr Platz auf den Hirnwindungen als solche, die keine feinen Bewegungsmuster verlangen. So sind Arme und Kopf von einem größeren Bereich repräsentiert als die Beine. Dies merken wir z. B. daran, dass wir an den Fingern viel feinere sensorische Eindrücke und Reize wahrnehmen können und dementsprechend sensibler reagieren, als dies an den Beinen der Fall ist. Wird der Rücken eines Menschen mit zwei spitzen Bleistiften berührt, so kann man diese bis zu sieben Zentimeter auseinander halten, ohne dass der Betreffende *zwei* unterschiedliche Druckpunkte bemerkt. Er ist der Auffassung, dass er nur an *einer* Stelle berührt wird. An den Fingerspitzen hingegen nehmen wir zwei unterschiedliche Druckpunkte schon im Abstand weniger Millimeter wahr. Den Abstand zwischen zwei Druckpunkten nennt man Zwei-Punkte-Diskriminationsschwelle. Sie wird von den Nervenzellen der Zentralen Furche gesteuert. Am kleinsten ist dieser Abstand auf der Zunge, die eine große Anzahl unterschiedlicher Geschmacksrichtungen wahrnehmen kann. Die Zunge beansprucht dementsprechend viel Platz auf der »Körperkarte«.

Die Großhirnhemisphäre ist nicht nur durch die Zentrale Furche senkrecht, sondern auch waagerecht in zwei Teile geteilt, die durch den Balken *(Corpus callosum)*, einen dicken Nervenstrang, miteinander verbunden sind. Untersuchungen an sogenannten Split-Brain-Patienten, bei denen man aus medizinischen Gründen die linke und die rechte Hemisphäre durchtrennt hatte, führten in den 80er-Jahren des 20. Jahrhunderts zu aufschlussreichen Erkenntnissen über die unterschiedlichen Funktionen der beiden Hälften: Die linke Hemisphäre ist für das logische, verbale und rationale Denken zuständig; hier werden Zahlen, Reihenfolgen, Vokabeln, Raster abgespeichert, Sachverhalte analysiert und Organisationsstrukturen erstellt. Die rechte Hemisphäre hingegen ist für das Musische, Intuitive und Emotionale zuständig. Hier sind Kreativität, Intuition, räumliches Vorstellungsvermögen sowie die Erzeugung von Bildern und Gefühlen angesiedelt. Diese – zugegeben populärwissenschaftliche – Einteilung der beiden Hemisphären stimmt näherungsweise, ist aber nicht ganz vollständig. Denn wie wir bereits erläutert haben, sind in alle komplexen Funktionen des menschlichen Tuns eine Vielzahl von Hirnbereichen involviert, nicht nur die des Großhirns. So werden Gefühle z. B. nicht nur in der rechten Großhirnhemisphäre verarbeitet, sondern ebenso im Limbischen System (dazu mehr ab Seite 29).

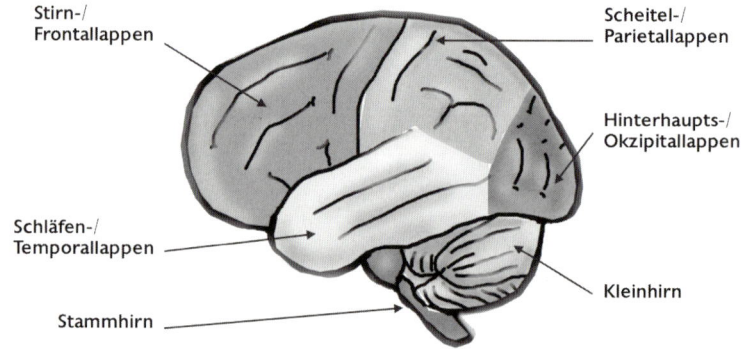

Die Gehirnregionen

2. Achterbahnfahren inbegriffen – Gefühlsmanagement im Gehirn

Wie viel kostet es eigentlich, glücklich zu sein? Antwort: Nur zehn Cent! »Für 'n Groschen« hat man bereits ein glückliches Leben. So jedenfalls könnte man das Ergebnis einer wissenschaftlichen Studie zusammenfassen. Man bestellte eine Reihe von Studenten für eine »psychologische Untersuchung« und sorgte dafür, dass etliche der Versuchspersonen kurz vor Eintreffen im Labor in einer öffentlichen Fernsprechzelle ein Zehn-Cent-Stück fanden, während die Kontrollgruppe leer ausging. Anschließend wurden die Studenten nach ihrer Zufriedenheit mit ihrem Leben befragt. Diejenigen nun, die kurz zuvor zehn Cent gefunden hatten, beurteilten ihr Leben – und zwar ihr *gesamtes früheres* Leben, nicht nur wenige vorausgegangene Tagen oder Wochen – signifikant *positiver* als diejenigen, denen das »Glück« der zehn Cent nicht zuteil geworden war.

Geld und Glück – ein Zusammenhang zwischen beiden wird gerne unterstellt. In einigen Ländern der Welt befragte man jeweils die reichsten Bewohner des Landes und eine Reihe von Durchschnittsverdienern nach ihrem Glück. Überall ergab sich dasselbe Bild: Man fand keine Korrelation zwischen dem Einkommen und dem Glück; die Reichsten waren kaum glücklicher als die Durchschnittsverdiener. Wie kann das sein: Eine Million Euro und mehr machen uns nicht glücklich, aber zehn Cent lassen unser gesamtes Leben im Licht des Glücks erscheinen?!

Forscher haben festgestellt, dass sich das durchschnittliche Glücksgefühl in unterschiedlichen Ländern anhand von neun Kriterien zuverlässig vorhersagen lässt:

- Wohlstand (Bruttosozialprodukt pro Kopf),
- Gesundheit (Lebenserwartung bei der Geburt),
- politische Stabilität,
- Scheidungsrate,
- Gemeinschaftsleben,
- Klima (je wärmer, desto besser),
- Arbeitslosenquote,
- politische Freiheit,

- Gleichbehandlung der Geschlechter (je näher die Einkommen von Männern und Frauen, desto glücklicher das Volk).

In Ländern mit einem relativ hohen Wohlstand wie Deutschland und anderen Industrieländern hat das Einkommen keinen großen Einfluss auf das Glücksgefühl, das sich oft über Jahre hinweg individuell kaum verändert. Anders ist dies in Ländern, wo extreme Armut und eine schlechte gesundheitliche Versorgung herrschen.

Weitere Untersuchungen zum Thema Glück sind nicht minder erstaunlich als der Zusammenhang zwischen Geld und Glück: Man befragte verheiratete Menschen nach ihrem Lebensglück und nach dem Glück in ihrer Ehe. Der einen Gruppe stellte man *zuerst* die Frage nach dem Glück allgemein und *anschließend* die Frage nach dem Eheglück; bei der anderen Gruppe war es umgekehrt. Ergebnis: Diejenigen, die zuerst nach ihrem Eheglück befragt wurden, bezeichneten sich selbst als glücklicher als diejenigen, die zuerst nach dem Lebensglück allgemein befragt wurden.

Die Wissenschaft ist noch weit davon entfernt, all diese Erkenntnisse vollständig deuten zu können. Fest steht aber zweierlei:

1. Es gibt keinen Maßstab für »absolutes« Glück; wenn überhaupt, dann ist Glück immer »relativ«: Der Mensch setzt sein empfundenes Glück stets in Relation zu anderem, z. B. zu anderen Menschen oder zu sich selbst in einer anderen Situation als der gegenwärtigen, und bewertet danach sein Glücksempfinden. Mit anderen Worten: Was uns glücklich oder unglücklich macht, ist der *Vergleich*, nicht unsere Lebenssituation als solche. Dazu ein Beispiel: Stellen Sie sich vor, Ihr Chef kommt zu Ihnen und verspricht Ihnen, dass Sie ab sofort 1000 Euro mehr Gehalt bekommen als vorher. Wie fühlen Sie sich in diesem Augenblick? Eine Woche später erfahren Sie zufällig, dass Ihre Kollegen seit Neuestem 2000 Euro mehr Gehalt bekommen. Wie fühlen Sie sich jetzt? Auf einmal dreht sich Ihr Gefühl komplett um, obwohl Sie vorher mit den 1000 Euro sehr zufrieden waren.

2. Glück und viele andere Emotionen wie Schmerz, Angst, Wut usw. lassen sich im Gehirn lokalisieren, und zwar im Limbischen System, das weit im Inneren des Großhirns liegt.

Das Limbische System verarbeitet Emotionen, koordiniert Gefühlseindrücke mit den Reaktionen unseres Körpers, nimmt Gerüche wahr, bewertet Sinneswahrnehmungen als positiv oder negativ und – hat einen maßgeblichen Einfluss auf unsere Gedächtnisleistungen. Zum Limbischen System gehören unter anderen der Mandelkern *(Amygdala)*, der Hippocampus, der *Nucleus accumbens* und die *Insula*.

Die Neuronen des **Mandelkerns** stehen in Verbindung mit dem Sehsinn, dem Gehör und dem Tastsinn. Der Mandelkern erhält aus allen Sinnessystemen Informationen und bewertet diese emotional. Dies führt zu einer Konditionierung, welche Reize als unangenehm und negativ gemieden und welche als angenehm und positiv gesucht werden. Darüber hinaus kommt dem Mandelkern eine bedeutende Aufgabe bei der Gedächtnisbildung zu: Der Mensch benötigt ihn, um sich auf emotional hervorstechende Ereignisse zu konzentrieren, was wiederum einen Einfluss auf die Gedächtnisleistung hat. Die gefühlsmäßige Erregung ist offenbar für die langfristige Speicherung wichtiger Einzelheiten eines Erlebnisses unentbehrlich.

Besonders bei der Verarbeitung negativer, stressbesetzter und Angst einflößender Reize spielt die **Amygdala** eine wichtige Rolle. Außerdem hat sie eine Bedeutung für die Motivation bei der Nahrungsaufnahme. Darin ist nämlich der Geruchssinn repräsentiert, was zu einer Assoziation zwischen Geruchsreizen und der Bewertung von Speisen führt. Anscheinend schaltet sich die **Amygdala** nur bei intensiv erlebten Situationen in das Gedächtnis ein, und zwar unabhängig davon, ob die Emotionen positiv oder negativ waren.

Menschen und auch Tiere, denen man die Amygdala entfernt hat, zeigen sich deutlich weniger emotional – sie wirken in vielen Situationen »gleichgültig«. Ein Patient mit einer geschädigten Amygdala wies nicht nur eine Affektverflachung auf, sondern hatte zudem Schwierigkeiten, sich an seine Vergangenheit zu erinnern. Er selbst sagte, dass für ihn alle Lebensereignisse weniger bedeutsam seien als für seine Familie.

Eine vollständige Zerstörung der Amygdala führt bei Menschen zum Verlust von Furcht und Aggressivität, zu Fresssucht, Merkfähigkeitsstörungen und gesteigerter sexueller Aktivität. Man könnte dennoch annehmen, dass eine reduzierte Aktivität der Amygdala vor allem im Hinblick auf das Ausbleiben von Ängsten positiv sei, doch dem ist nicht so. Denn Ängste haben auch eine positive Funktion: Sie sind nötig, um in Gefahrensituationen richtig zu reagieren und dementsprechend positive Verhaltensmuster zu motivieren. Gerade Emotionen, die ein unangenehmes Gefühl auslösen, bewegen uns häufig dazu, uns vorteilhaft zu verhalten.

Die zentrale Struktur des Limbischen Systems ist der **Hippocampus**, der als einer der ältesten Teile des Cortex gilt. Er ist Voraussetzung dafür, dass Informationen erinnert werden, und organisiert insbesondere das sogenannte deklarative Gedächtnis, die Erinnerung an Fakten und Ereignisse. Dies geschieht mit Hilfe des sogenannten Papezschen Schaltkreises, der den Hippocampus mit dem Thalamus verbindet. Der Schaltkreis ist für die kognitiven Aspekte der Informationsauswahl zuständig und vollzieht die Übertragung vom Kurz- ins Langzeitgedächtnis.

Dies funktioniert so: Bei emotionaler Erregung wird Adrenalin ausgeschüttet, welches den Sympathicus-Nerv anregt. Dieser leitet die Informationen an die Amygdala und den Hippocampus weiter, was die synaptische Plastizität, also die Ausbildung der Synapsen am Ende der Nervenzellen, verstärkt. Bei negativen Emotionen werden die Rezeptoren für eine eingehende Information an den Synapsen in der Amygdala blockiert; bei positiven Emotionen hingegen unterstützt das ausgeschüttete Adrenalin die Erinnerung, indem die Rezeptoren aktiviert werden. Hat eine Information den Papezschen Schaltkreis erst durchlaufen und ist sie im Langzeitgedächtnis verankert, so ist die Gefahr, dass sie wieder vergessen wird, sehr gering; demgegenüber sind Informationen, die nur im Kurzzeitgedächtnis gespeichert sind, anfällig für das Vergessen. Schädigungen im Hippocampus sind immer mit Störungen des Kurzzeitgedächtnisses verbunden (mehr zum Thema Gedächtnis im zweiten Teil ab Seite 50).

Übrigens: Taxifahren ist besonders förderlich für die Entwicklung des Hippocampus. Und zwar nicht Taxifahren in irgendeiner Stadt, sondern ausschließlich in London. Der hintere Teil des Hippocampus der Londoner Taxifahrer ist um sieben Prozent größer als der von Normalbürgern, wie wissenschaftliche Untersuchungen ergeben haben. Warum? Weil das Erlernen des Straßengewirrs von London mit seinen unzähligen Einbahnstraßen eine große Herausforderung darstellt, die nur wenige meistern und die großes Wissen voraussetzt. Im Durchschnitt dauert es zwei Jahre, bis angehende Taxifahrer mit der Ehrfurcht gebietenden Prüfung – allgemein nur »The Knowledge« (»Das Wissen«) genannt – ihre Fähigkeiten unter Beweis stellen können. Zuvor fahren die Bewerber, bewaffnet mit einem Stadtplan von der Dicke eines Telefonbuches, auf Motorrollern kreuz und quer durch London, bis sie die Straßenanordnungen erlernt haben und jede Straße auswendig lokalisieren können. Es scheint, dass kein anderer Taxischein auf der Welt so schwer zu erwerben ist wie der Londoner. Durch die wissenschaftlichen Untersuchungen an den Taxifahrern weiß man, dass der Hippocampus neben dem deklarativen Gedächtnis auch für das Ortsgedächtnis bedeutsam ist – eine Tatsache, die wir uns bei der Mnemotechnik mit der sogenannten Loci-Methode zunutze machen. Mehr dazu erfahren Sie am Ende des zweiten Teils.

Zurück zum Limbischen System: Sozusagen als Gegenspieler der Amygdala, durch die vor allem Ängste aktiviert werden, fungiert der **Nucleus accumbens**. Dieser Kern des Limbischen Systems dient als Sensor für positive Schlüsselreize – er ist sozusagen der »Glücksindikator« und meldet dem Gehirn, wann der Mensch glücklich ist. Zu den positiven Erlebnissen gehören z. B. persönliche Erfolge, Schokolade, bei Männern der Anblick einer »kurvenreichen« Frau und bei Frauen die Vorfreude auf die nächste Shoppingtour in der Einkaufspassage (mehr dazu ab Seite 120).

Auch am Humor hat der Nucleus accumbens ebenso wie andere Elemente des Limbischen Systems einen maßgeblichen Anteil. Wussten Sie übrigens, warum wir bei Witzen lachen müssen? Es ist das Überraschungsmoment, das wir am Ende der Geschichte woanders ankommen, als wir am Anfang geglaubt haben. Die erzählte Situation gewinnt durch die Pointe eine unerwartete Wendung, die eine Neubewertung der gesamten Geschichte nach sich zieht. Der Humor bewirkt, dass sich der Betreffende gut fühlt, weil die Belohnungsregionen des Gehirns aktiviert werden und ein Lachen oder Freude hervorrufen. Patienten mit Schäden an bestimmten Bereichen des Großhirns verstehen keine Witze mehr und können, wenn man ihnen mehrere Pointen zur Auswahl vorlegt, nicht entscheiden, welche die lustigste ist.

Leider ist die Meldung des Gehirns darüber, welche Ereignisse als positiv oder negativ zu bewerten sind, nicht besonders zuverlässig, hochgradig subjektiv und immer vergleichend orientiert an anderen Zuständen und Erlebnissen – wie wir beim Thema Glück bereits gesehen haben. Positive Erlebnisse regen das Gehirn an, sogenannte Endorphine oder »Glückshormone« zu produzieren. Leider passiert jedoch dasselbe, wenn der Mensch Drogen wie Kokain oder Ecstasy zu sich nimmt. Diese Drogen »täuschen« – um es vereinfacht auszudrücken – die Nervenzellen, vor allem die Synapsen (siehe folgendes Kapitel), chemisch, regen damit die Belohnungszentren an und führen dazu, dass der Körper die »angenehmen Gefühle« immer wieder erleben möchte, was bekanntlich zur Sucht führt.

Dass die Bewertung dessen, was als Glück empfunden wird, schwankt und sich an Vergleichen orientiert, scheint damit zu tun zu haben, dass das Gehirn neurochemisch stärker auf Änderungen reagiert als auf konstante Bedingungen. Das gilt für alle Zellen, auch für die Nervenzellen. Bei dauerhaften, sich nicht verändernden Zuständen tritt der Effekt der Gewöhnung ein. So werden z. B. keine Glückshormone mehr ausgeschüttet, wenn der Mensch »genug« hat – genug Geld, genug Nahrung, genug Sex usw. Alles hingegen, was neu, ungewohnt und nicht vorhersagbar ist, weckt die Aufmerksamkeit, macht neugierig und regt das Gehirn an, indem neue Belohnungsimpulse gesetzt werden. Auch dies ist ein Grund für die Entstehung von Sucht: Neue Belohnungsimpulse kann der Süchtige nur noch setzen, indem er die Dosis der Droge ständig weiter erhöht.

Übrigens reagieren Säugetiere mit einem ähnlichen Verhalten wie Menschen: Wissenschaftler brachten Ratten dazu, eine Taste zu drücken, die über einen elektrischen Impuls ihr Limbisches System im Gehirn angenehm stimulierte und offensichtlich Belohnungsimpulse weckte. Die Tiere betätigten daraufhin die Taste in immer kürzeren Abständen, um sich ihre Belohnung abzuholen, und vernachlässigten dafür sogar die Nahrungsaufnahme.

Bleibt als letzter Teil des Limbischen Systems noch die **Insula** vorzustellen. Dieser kleine Kern hat die Aufgabe, den Zustand des Körpers zu spüren und Emotionen auszulösen, die dazu anspornen, seinen Bedürfnissen nachzukommen. Die Insula sendet Informationen in Gehirnregionen des Cortex, die an der Entscheidungsfindung beteiligt sind. Außerdem ist die Insula für soziales Verhalten zuständig.

Wie Sie gesehen haben, ist das Limbische System in seiner Funktionsweise ausgesprochen komplex und vielschichtig. Zusammenfassend lässt sich Folgendes festhalten:

- Die limbischen Zentren bilden das zentrale Bewertungssystem unseres Gehirns und entscheiden, was wir als positiv oder negativ erleben.
- Das Limbische System steuert neben dem emotionalen Erleben vor allem die Geruchsempfindungen, die Informationsverarbeitung und die Gedächtnisbildung.
- Es besteht ein Zusammenhang zwischen Emotionen und Gedächtnisbildung: Sachverhalte oder Situationen, die wir als besonders eindrücklich erleben – sei es nun positiv oder negativ –, werden leichter erinnert als emotional »flache« Eindrücke.
- Die limbischen Zentren sind dafür verantwortlich, dass Informationen vom Kurzzeit- ins Langzeitgedächtnis überführt und damit dauerhaft verankert werden.
- Neurochemisch ist das Limbische System mit seinen Nervenzellen so strukturiert, dass der Mensch wie auch andere Säugetiere eher auf Veränderungen bzw. »neue« Zustände reagieren als auf konstante und gleich bleibende Situationen.
- Veränderungen, die als angenehm erlebt werden, setzen Belohnungsimpulse und veranlassen den Menschen, nach »mehr vom Gleichen« zu streben, bis ein Gefühl der Sättigung eintritt. Dieses kann allein durch neue stärkere Reize überwunden werden.
- Das Limbische System kann chemisch nicht zwischen förderlichen oder schädlichen Reizen unterscheiden. Beide können gleichermaßen Belohnungsimpulse in den Nervenzellen setzen. Auf diese Weise kommt es beim Menschen wie auch bei anderen Säugetieren zu falschen und will-

kürlichen Bewertungen von Reizen als gut oder schlecht, angenehm oder unangenehm, was eine der Ursachen für Drogensucht ist.

- Da Emotionen einen großen Teil des Sozialverhaltens steuern, ist das Limbische System insgesamt auch für die Verarbeitung sozialer Signale zuständig. Sogenannte soziale Gefühle wie Schuld, Scham, Eifersucht, Peinlichkeit und Stolz werden dort genauso verarbeitet wie Glück, Angst, Traurigkeit, Wut und Abscheu.

Nervenzelle mit synaptischen Verbindungen

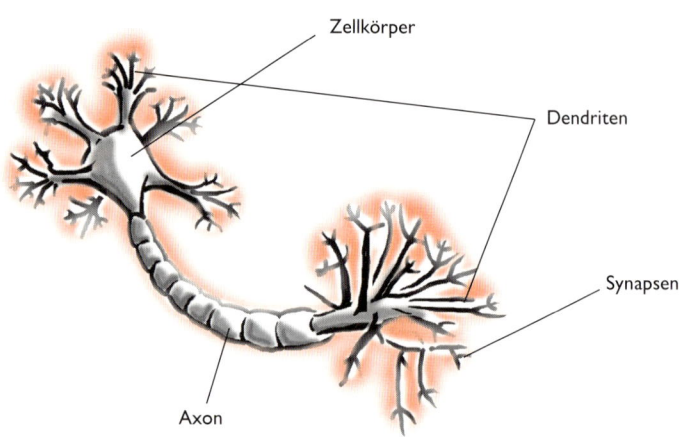

Zellkörper

Dendriten

Synapsen

Axon

3. Nervenzellen, die Stromleitung im Gehirn

Nervenzellen, auch Neuronen genannt, sind einer der beiden Zelltypen im Gehirn, die für die Verarbeitung von Reizen zuständig sind. Außer ihnen gibt es noch die Gliazellen, die verschiedene Funktionen erfüllen: Sie ermöglichen unter anderem eine schnelle Signalweiterleitung im Gehirn, versorgen die Nervenzellen mit Nährstoffen, sind an der Informationsverarbeitung im Gehirn beteiligt und stellen das Immunsystem des Zentralnervensystems dar.

Wenn der Mensch auf die Welt kommt, verfügt sein Gehirn bereits über 100 Milliarden Nervenzellen – das sind: 100 000 000 000 oder 10^{11} Neuronen. Diese unvorstellbar große Anzahl von Zellen hat sich also bereits beim Fötus im Mutterleib herangebildet. Im Laufe des Lebens verändert sich die Anzahl der Neuronen nicht mehr; lediglich ihre Verbindungen zu anderen Zellen verändern sich.

Aufgabe der Nervenzellen ist es, Signale vom und zum Gehirn weiterzuleiten. Eine Neuron besteht aus folgenden Elementen:

- den Dendriten, baumartigen Verzweigungen, die Signale von anderen Nervenzellen aufnehmen,
- dem Zellkörper, der vor allem den Stoffwechselprozessen der Nervenzelle dient, und wie alle Zellen einen Zellkern besitzt,
- dem Axon, einer Faser, die die Signale vom Zellkörper zu den Synapsen weiterleitet und extrem lang sein kann: von wenigen Zentimetern bei einer Maus bis zu mehreren Metern bei einem Elefanten; beim Menschen reicht das längste Axon vom Kopf bis in die Zehenspitzen,
- den Synapsen, die die Signale schließlich auf die nächste(n) Zelle(n) übertragen.

Im Jahre 1780 machte der italienische Arzt und Anatom Luigi Galvani eine bemerkenswerte Entdeckung: Er stellte fest, dass die Beine eines Frosches heftig zuckten, sobald ein Nerv mit einem Skalpell aus Metall berührt und damit statische Elektrizität erzeugt wurde. Weiters fand er heraus, dass bereits elektrische Funken am Froschbein ausreichten, um die Muskelkontraktion auszulösen. Mit dem zunächst als »Galvanismus« bezeichneten Phänomen legte Galvani den Grundstein für die Erkenntnis, dass Informationen in den Nervenzellen über Elektrizität – genauer gesagt: über elektrische Impulse – weitergeleitet werden.

Das funktioniert folgendermaßen: Angenommen, es trifft Licht auf unser Auge oder Schall auf unser Ohr, oder wir schmecken mit der Zunge den Geschmack der Nahrung, oder etwas berührt unsere Haut, so entstehen elektrische Impulse, auch *Aktionspotenziale* genannt. Dabei arbeiten alle Neuronen hoch spezialisiert. Das heißt, jede Nervenzelle reagiert immer nur auf eine kleine Anzahl von Ereignissen. Ein Neuron, das akustische Eindrücke aufnimmt und weiterleitet, kann beispielsweise keine visuellen Eindrücke verarbeiten.

Die durch das Aktionspotenzial entstehende elektrische Spannung entspricht einer Neun-Volt-Batterie. Die Neuronen leiten nun diese Impulse durch kurze elektrische Signale zum Axon weiter, und zwar mit einer sagenhaften Geschwindigkeit von 120 Metern pro Sekunde oder 432 Kilometern pro Stunde. Das ist in etwa doppelt so schnell wie der schnellste ICE, der derzeit in Europa fährt, und halb so schnell, wie ein Düsenjet fliegt. In jedem Augenblick ist im Gehirn nur ein Bruchteil aller Nervenzellen aktiv, wobei sich jedoch von Sekunde zu Sekunde das Zusammenspiel der Zellen in der Aktivität verändert.

Bei ihrem Eintreffen am Axon haben die elektrischen Impulse ihre Aufgabe erfüllt. Von dort aus nehmen die Neuronen ihre Tätigkeit als chemische Signalgeber auf. Die weitere Signalleitung erfolgt mittels chemischer Stoffe, den sogenannten Neurotransmittern (z. B. Acetylcholin), die über die Synapsen an die nächsten Zellen, die Empfängerzellen, weitergegeben werden. In der Nähe der Empfängerzellen – seien es andere Neuronen, Muskel- oder Drüsenzellen – spaltet sich die Synapse in eine Reihe kleinerer Äste auf, die sie mehr mit anderen Zellen verbindet.

Die Signalübertragung erfordert sogenannte Rezeptoren (Proteine) der Empfängerzellen, das sind Moleküle, die jeweils auf bestimmte chemische Transmitter reagieren, und zwar nach dem Schlüssel-Schloss-Prinzip. Das heißt, ein bestimmter Rezeptor ist immer nur für einen festgelegten Neurotransmitter

Neurochemische Übertragung an den Synapsen

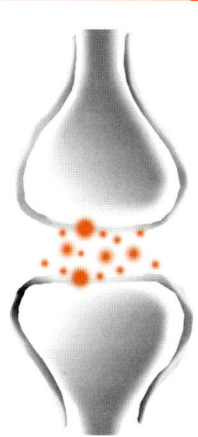

aufnahmefähig. Passt die Codierung nicht oder sind die verfügbaren Rezeptoren belegt oder blockiert, kann der Neurotransmitter nicht anbinden. In diesem Falle wird keine Information zur nächsten Zelle übertragen und es geschieht buchstäblich »nichts«. Grundsätzlich kann eine Nervenzelle immer nur zwei Dinge tun, um nachfolgende Zellen zu beeinflussen: deren Aktivität steigern oder sie reduzieren bzw. hemmen.

Die Aktionspotenziale und die chemische Übertragung der Signale geschehen immer auf die gleiche Weise, das heißt, die Aktionspotenziale haben immer die gleiche Form und es werden auch immer die gleichen Neurotransmitter übertragen, unabhängig davon, ob z. B. ein Bild vom Auge, ein Ton vom Ohr oder ein Tastendruck von der Haut ans Gehirn weitergeleitet wird. Die Interpretation der auf elektrischem und chemischem Wege übermittelten Signale als ganz spezifische und unterschiedliche visuelle, akustische oder taktile Sinneseindrücke – als »Onkel Heinz«, als »eine Klaviersonate von Schubert« oder als »eine stechende Mücke« – ist etwas, das die Gehirnforschung (noch) nicht erklären kann. Sie kann nur die neurophysiologische und -chemische Basis der Signalübertragung aufzeigen; alles Übrige ist Sache der Persönlichkeit des Menschen wie auch seiner besonderen individuellen Erfahrungen.

Die Übertragung der Nervenimpulse an den Synapsen kann mehr oder weniger stark sein. Ist die Verbindung stark, weil die Synapse über viele Endungen verfügt, so ist die Erregung der nachfolgenden Empfängerzelle ebenfalls stark; bei einer schwachen Verbindung wird das nachfolgende Neuron auch nur schwach erregt. Wie kommt es zu diesen Unterschieden? Hier spielt das Thema »Lernen« eine Rolle. Wie bereits erklärt, verändert sich die Anzahl der Nervenzellen bei einem Menschen von Geburt an nicht mehr. Was sich aber verändert, ist die Ausprägung der Dendriten und der Synapsen an den beiden Enden jedes Neurons, und genau dies ist erfahrungs- bzw. lernabhängig. Praktisch *jede* Erfahrung, die der Mensch macht – besonders solche in der frühen Kindheit –, ist für das Gehirn ein Lernvorgang. Es kann nicht NICHT lernen. Jede Erfahrung führt zu Veränderungen an den Nervenzellen.

Erfahrungen, die häufig gemacht, bzw. Lernprozesse, die oft durchlaufen werden, bewirken, dass sich die Synapsen am Ende der Neuronen verstärken und sich die Anzahl ihrer baumartigen Verzweigungen vermehrt. Umgekehrt verkümmern Synapsen, wenn sie nicht gebraucht werden, weil bestimmte Erfahrungen oder Eindrücke im Leben des Menschen ausbleiben. Manche Synapsen sind so winzig, dass sie kaum die nötige Ausrüstung haben, um überhaupt ihre Funktion zu erhalten. Sie arbeiten häufig unzuverlässig, so dass eintreffende Impulse keine Neurotransmitter freisetzen. Dasselbe gilt auch für die Dendriten am anderen Ende der Nervenzellen: Manche haben nur wenige und kurze Fasern und können nur wenige Signale aufnehmen; in manchen Fällen entsteht erst gar kein Aktionspotenzial, das weitergeleitet werden könnte. Andere Dendriten wiederum haben eine riesige Anzahl von Fortsätzen, die das Neuron wie einen Baum aussehen lassen. Ein Dendritenbaum kann mit 100 000 bis 200 000 Fasern anderer Neuronen in Verbindung stehen.

Das Zusammenspiel der Neuronen ist umso beeindruckender, wenn man sich die Zahlenverhältnisse anschaut: Die Länge aller Nervenbahnen des Gehirns eines erwachsenen Menschen beträgt etwa 5,8 Millionen Kilometer, also den 145-fachen Erdumfang. Pro Kubikmillimeter Gehirn verfügt der Mensch durchschnittlich über die unglaubliche Anzahl von einer Milliarde Synapsen. Jedes der 100 Milliarden Neuronen im Gehirn ist durchschnittlich mit 1000 anderen Neuronen verbunden, woraus sich die Größenordnung von 100 Billionen – 100 000 000 000 000 oder 10^{14} – Synapsen ergibt.

Unsere Großhirnrinde als Sitz des bewusstseinsfähigen Gedächtnisses enthält nach Aussage des Gehirnforschers Gerhard Roth eine halbe Trillion Synapsen (Kontaktpunkte). Unser Gedächtnis ist in synaptischen Kopplungsstärken kodiert, wobei jede Synapse zehn verschiedene Aktivitätsstufen annehmen kann. Wir müssen also diese zehn Stufen mit der halben Trillion Kontaktpunkte multiplizieren, um die Fähigkeit des Gedächtnisses zu bemessen. Per Kombinatorik können wir praktisch alles speichern, auch jedes Molekül im Weltall. Unsere Gedächtnisleistungen sind im Prinzip vollkommen unbegrenzt.

Die Leistungsfähigkeit des menschlichen Gehirns bei der Verarbeitung und Speicherung von Signalen übertrifft sogar den fortschrittlichsten Computer: Während das menschliche Gehirn etwa 10^{13} bis 10^{16} analoge Rechenoperationen pro Sekunde vollzieht, schafft selbst der schnellste Computer der Welt, der erst als Prototyp existiert, lediglich 10^{12} digitale Rechenoperationen pro Sekunde und verbraucht dabei noch wesentlich mehr Energie als das Gehirn. Dabei kommt die Leistung des Gehirns vor allem durch seine vielen parallelen Verbindungen, seine Netzwerke, zustande. Das menschliche Gehirn ist außerdem im Gegensatz zum Computer in der Lage, Informationen gleichzeitig zu verarbeiten und zu speichern.

Lernen besteht, wie wir gesehen haben, vor allem in einer Veränderung der »Verdrahtung« der Neuronen. Oftmals wiederholte Vorgänge und Prozesse führen zur Ausbildung intensiv im Gehirn zusammenarbeitender Netzwerke von Neuronen, die darauf schließen lassen, dass eine bestimmte Tätigkeit, ein Denkprozess, ein motorischer Ablauf, eine Gedächtnisübung usw. gut beherrscht wird. Im folgenden Kapitel wollen wir uns ansehen, wie sich das menschliche Gehirn von der Geburt an bis zu seiner Reife entwickelt.

4. Vom Rohling zum Relief – die Entwicklung des Gehirns von der Kindheit bis ins Erwachsenenalter

Eine Zelle, genau eine Zelle. Das ist die »Startausrüstung«, mit der ein Fötus beginnt, sich im Mutterleib zu entwickeln. Unvorstellbar, dass ein so hochkomplexes System wie der menschliche Organismus inklusive des ebenfalls hochkomplexen Zentralnervensystems mit seinen 100 Milliarden Nervenzellen sich aus nur einer einzigen Zelle, nämlich der Vereinigung einer Samenmit einer Eizelle, formt – und das in nahezu sagenhafter Geschwindigkeit.

In der dritten Woche nach der Empfängnis ist bereits das Zentralnervensystem angelegt und das Gehirn rudimentär erkennbar. Nach vier Wochen beginnen sich die beiden Großhirnhälften auszustülpen, nach sieben Wochen ist das Gehirn schon eindeutig als das eines Wirbeltieres zu erkennen, in der zwölften Woche zeigt es Ähnlichkeiten mit allen Säugetieren und im fünften Monat hat es das Aussehen eines Primatengehirns erreicht. Zu diesem Zeitpunkt ist die Bildung der Nervenzellen, die Neurogenese, bereits abgeschlossen und der Fötus besitzt schon die 100 Milliarden Nervenzellen, die auch ein Erwachsener hat. Während der Entwicklung bildet der Fötus an manchen Tagen bis zu 580.000 Gehirnzellen pro Minute (!) aus.

Im Großhirn entwickeln sich die weiter hinten gelegenen Hirnareale früher als die vorderen (Frontallappen), die noch lange nach der Geburt weiter wachsen. Auch das Kleinhirn bildet sich bereits vor der Geburt bis zum sechsten Monat heraus und steuert alle Bewegungsabläufe. Ab der 20. Lebenswoche kann der Fötus bereits hören und ab der 28. Woche reagiert er unterschiedlich auf bekannte und unbekannte akustische Reize. Wissenschaftliche Untersuchungen haben ergeben, dass der Fötus im Mutterleib Töne nicht nur hört, sondern sie sich auch merken kann.

Bei der Geburt schießlich wiegt das Gehirn eines Säuglings ca. 400 Gramm; im Verhältnis zum Körpergewicht von ca. 3500 Gramm ist sein Gehirn etwa 5,5-mal schwerer als das eines Erwachsenen. Die Gehirnmasse nimmt nach der Geburt schnell zu: Bereits nach elf Monaten hat der Säugling sein Gehirngewicht verdoppelt; bis zum dritten Lebensjahr steigt das Gewicht auf 1100 Gramm an, und bei der Einschulung wiegt es dann fast genauso viel wie das eines Erwachsenen, nämlich 1400 Gramm.

Nach der Geburt beginnt der spannendste Teil der Gehirnentwicklung: die Formung des Rohlings zu einem Relief. Denn das Gehirn ist trotz seiner beachtlichen Größe und des vollständigen Vorhandenseins aller Nervenzellen noch sehr unfertig. Keine andere Spezies kommt mit einem so offenen, lernfähigen und durch individuelle Erfahrungen formbaren Gehirn auf die Welt wie der Mensch. Und bei keiner anderen Spezies ist die Hirnentwicklung in so hohem Ausmaß von der Kompetenz der Bezugspersonen abhängig wie beim Menschen. So wie eine Festplatte vor Gebrauch formatiert werden muss, um betriebsfähig zu sein, so muss auch das kleine Gehirn für seinen späteren Gebrauch »geprägt« werden, um voll funktionsfähig zu sein.

Wann dies geschieht, ist keinesfalls beliebig; vielmehr gibt es für die Reifung des Gehirns mit seinen unterschiedlichen Funktionen jeweils bestimmte kritische Perioden oder sensible Phasen. Werden diese Zeitfenster verpasst – weil das Kind keine Gelegenheit hat, bestimmte Dinge zu lernen; weil seine Eltern oder Erzieher ihm bestimmte Erfahrungen nicht ermöglichen –, so kann manches nie mehr, anderes zu einem späteren Zeitpunkt nur noch mit großer Anstrengung und rudimentär gelernt werden.

Kleine Kinder sind wahre Lernmaschinen, Informationsstaubsauger und Motivationskünstler: Fast wie Schwämme saugen sie alles in sich hinein, was sich an Eindrücken und Reizen in ihrer Umgebung findet, und das mit einer unbändigen Neugier und Begeisterungsfähigkeit, die keine Grenzen und fast keinen Frust kennt. Haben Sie einmal ein kleines Kind beim Laufenlernen beobachtet? Haben Sie gesehen, dass es mehrere Hundert Mal hinfällt und wieder aufsteht, bevor es auf seinen zwei kleinen Füßen zuerst nur wackelig steht und dann erst gehen kann? Auch wenn es hinfällt, sich wehtut und weint, lässt es sich auf keinen Fall demotivieren, sondern probiert nach einem kurzen Stopp unermüdlich weiter, bis es wirklich laufen kann und ihm das Gehen keine Mühe mehr bereitet. Daran können wir Erwachsene uns ein

Beispiel nehmen: Wie schnell sind wir frustriert, wenn etwas nicht klappt wie gewünscht, wenn es nicht funktioniert, wie es soll! Meist heißt es dann voreilig: »Das kann ich nicht« oder »Das liegt mir nicht«. Als Erwachsene geben wir bereits häufig nach dem zweiten Versuch auf, wenn etwas nicht so läuft wie erwartet. Stellen Sie sich zum Vergleich ein kleines Kind beim Laufenlernen vor, das liegen bleibt und nicht mehr aufsteht, nachdem es nur zweimal hingefallen ist. Es würde zu den Eltern sagen: »He, ich habe es zweimal versucht. Alle in Betracht kommenden Möglichkeiten habe ich analysiert und herausgefunden, dass es nicht funktioniert. Ihr könnt mir glauben, das mit dem Aufrechtgehen funktioniert nicht. Ich hab's bewiesen.« Unsere Kinder würden noch im Alter von 18 Jahren auf allen Vieren herumkriechen, wenn sie so wenig Motivation, Neugier und Durchhaltevermögen hätten wie wir Erwachsene. Würde ein kleines Kind sich selbst Denkbarrieren setzen, würde es nie lernen, was alle anderen Menschen können, und in seiner Entwicklung meilenweit hinter seinen Möglichkeiten zurückbleiben.

Unermüdlichen Lerneifer – den brauchen die Kleinen auch, denn gleich nach der Geburt geht es los mit der Formung des Rohlings zum Relief. Eine besondere Aufgabe erfüllen in diesem Zusammenhang die Nervenzellen. Zwar verändert sich ihre Anzahl nicht mehr, aber was sich kontinuierlich verändert, ist die Anzahl der Verbindungen zwischen den Zellen, die Synapsen und Dendriten. Zum Zeitpunkt der Geburt sind nur die zum Überleben unbedingt erforderlichen Verschaltungen bereits gut ausgebildet; sie sorgen dafür, dass z. B. die Verdauung und der Saugreflex gut funktionieren und die innere Ordnung des Körpers aufrechterhalten werden kann.

Bis zum zweiten Lebensjahr nimmt die Anzahl der Synapsen und Dendriten an den Nervenzellen kontinuierlich und wahllos zu. Dabei führen alle Informationen und Sinneseindrücke, die das Kind in dieser Zeit aufnimmt, zu einem ständigen Umbau des Nervensystems. Deshalb ist es wichtig, dass dem Kind in dieser Zeit ein reiches Erfahrungsspektrum geboten wird. Dies führt dazu, dass häufig »in Betrieb genommene« Synapsen sich verstärken und sich dadurch die Verbindungen der Nervenzellen ausdifferenzieren. Nervenzellen, die in dieser Zeit nicht genutzt werden, schrumpfen; die Dendriten- und Synapsenkontakte zu anderen Zellen bilden sich zurück. Nach zwei Jahren ist nur noch etwa ein Drittel der angelegten Nervenverbindungen erhalten. Man mag dies einerseits bedauern, es zeigt jedoch andererseits, dass das Kind auf diese Weise lernt, wichtige von unwichtigen Reizen zu unterscheiden. Nur geistig behinderte Menschen behalten die hohe Synapsendichte ein Leben lang bei, während sich das neuronale Netz Gesunder auf die wirklich benötigten Verbindungen konzentriert. Man kann es auch so sehen:

Das Gehirn stellt dem Neugeborenen das größtmögliche Potenzial zur Verfügung; »Lernen« bedeutet, aus diesem Angebot gezielt auszuwählen und sich damit für bestimmte Angebote und Erfahrungen für den weiteren Verlauf des Lebens zu entscheiden.

Die Zeitfenster, in denen bestimmte Fähigkeiten erlernt werden, sind recht unterschiedlich. Schon gleich nach der Geburt reagiert das Kind auf Bewegung und Körperkontakt sowie auf Geruchssignale. Babys können bekanntlich ihre Mutter am Geruch erkennen. Sehen hingegen lernt das Kind erst später, und noch später bilden sich die Motorik und das Langzeitgedächtnis heraus.

Während sich der Tastsinn entwickelt, bildet sich zugleich der in Kapitel 1 beschriebene Homunculus, die Abbildung des Körperschemas auf der Sylvanischen Furche, heraus. Dieser Prozess nimmt die ersten sechs Lebensjahre in Anspruch. Die Motorik, die Steuerung der Bewegungen, hingegen braucht noch wesentlich länger, weil sich die zuständigen Großhirnbereiche nur sehr langsam entwickeln und erst im 13. oder 14. Lebensjahr ausgereift sind. Zwar lernt das Kind sehr früh greifen und nach und nach auch laufen, aber insbesondere die Ausprägung der Feinmotorik – der präzisen und feinen Körperbewegungen, z. B. spezielle Handbewegungen wie das Schreiben von Buchstaben oder das exakte Ausschneiden eines Bildes mit einer Schere – nimmt viel Zeit in Anspruch. Das ist der Grund, warum kleine Kinder in ihren Bewegungsabläufen uns Erwachsenen oft so niedlich-tolpatschig erscheinen: Sie können ihre Bewegungen noch nicht so genau steuern, stolpern manchmal hin und her, werfen in ihrer Tapsigkeit auch mal das eine oder andere versehentlich um oder lassen etwas fallen. Zu dem Zeitpunkt, wenn die Motorik ausgereift ist, beginnt sich bei den meisten Menschen auch die Handschrift zu verändern und nimmt langsam die Form der Erwachsenenschrift an.

Spannend ist die visuelle Entwicklung von Kindern. Sie ist wissenschaftlich besonders gut untersucht. In den ersten Monaten nach der Geburt kann der Säugling nur in einem Radius von 20 Zentimetern etwas um sich herum erkennen, allerdings eher verschwommen. Es fehlt dem Kind auch noch das Gefühl für Räumlichkeit; das Sehen der dritten Dimension, der Tiefe, ist ebenfalls noch nicht ausgeprägt. Nach sechs Monaten kann das Kind seine Augen erstmals zielgerichtet bewegen, Dinge scharf sehen und Farben unterscheiden. Nach acht Monaten hat die Verbindungsdichte der Sehrinde ihren Höhepunkt erreicht und nach etwa anderthalb Jahren kann das Kind so gut sehen wie ein Erwachsener.

Die ersten zwei Jahre sind die sensible Phase für die Entwicklung der Sehfähigkeit. In diesem Zeitfenster müssen vielfältige optische Signale ins Gehirn des Kindes gelangen, damit sich die Synapsen ausprägen können. Wird das verhindert, bleiben entweder bestimmte Sehfähigkeiten gestört oder der Mensch ist blind. Eindrucksvoll ist dies an Experimenten mit jungen Kätzchen belegt worden: Eine Gruppe von Kätzchen hat man in den ersten Lebenswochen in Räume gesetzt, die nur vertikale Linien enthielten; eine andere Gruppe setzte man in Räume mit ausschließlich horizontalen Linien. Die erste Katzengruppe blieb daraufhin im späteren Leben blind für Formen und Strukturen, die horizontal angeordnet waren; die zweite Gruppe konnte keine vertikalen Formen erkennen. Die auf horizontales Sehen eingestellten Tiere torkelten in Räumen mit senkrechten Linien hilflos herum und verloren völlig die Orientierung; das Gleiche galt für Katzen mit Training in »senkrechtem Sehen«, die in Räume mit horizontalen Linien versetzt wurden.

Für Menschen gilt dasselbe: Einseitige oder fehlende visuelle Eindrücke behindern das Erlernen des Sehens. Ein Patient, der ab dem 10. Lebensmonat blind war, erhielt erst im Alter von 50 Jahren durch die Implantation künstlicher Augenlinsen seine Sehfähigkeit. Er konnte nun zwar sehen, aber die gesehenen Formen und Strukturen sehr lange Zeit nicht als Gegenstände erkennen und auch nicht nachzeichnen. Wollte er ein vertrautes Objekt identifizieren, so musste er es zuerst ertasten, bevor er es identifizieren konnte. Nach und nach verbesserten sich seine Sehfähigkeiten, erreichten allerdings niemals die gleiche Ausprägung wie die gesunder Menschen. So unterlag der Patient noch lange dem Irrtum, dem auch kleine Kinder bis zum Alter von etwa zwei Jahren unterliegen: Er glaubte, dass etwas, das verdeckt war, zugleich nicht vorhanden war. So war ihm nicht einsichtig, dass ein Autobus einen Motor hat, weil dieser unsichtbar unter der Motorhaube versteckt liegt.

Auch das Gedächtnis entwickelt sich beim kleinen Kind erst langsam. Möglicherweise kennen auch Sie die Situation, dass Sie mit Ihrem Kind im Alter von ein bis zwei Jahren nahe stehende Verwandte besucht und dem Kind vorher genau erklärt haben, um wen es sich handelt. Doch schon beim nächsten Besuch, der unter Umständen nur wenige Tage später erfolgt, kann sich das Kind nicht mehr an »Tante Margarete« oder »Onkel Jochen« erinnern. Und auch beim dritten Besuch weiß es nicht mehr, wer die beiden Verwandten sind. Es dauert eine ganze Weile, bis sich dem Kind die Personen eingeprägt haben und es durch mehrfache Wiederholungen seine Verwandten kennen »gelernt« hat. Dies liegt daran, dass sich der Hippocampus als zentrales Organ für die Organisation des Langzeitgedächtnisses erst nach anderthalb Jahren auszuprägen beginnt; dasselbe gilt für die Gefühlswelt, die ja ebenfalls mit dem Limbischen System verknüpft ist. Zu dieser Zeit ist das Kurzzeitgedächtnis bereits fertig entwickelt und das Kind erinnert sich kurzzeitig auch an solche Dinge, die ihm visuell gerade nicht präsent sind; vorher hieß es buchstäblich: Aus den Augen, aus dem Sinn.

Auch wenn das Gehirn im Alter von sechs Jahren zu 90 Prozent ausgewachsen ist, spielt sich in den letzten 10 Prozent des Wachstums noch viel ab. Das Kind lernt z. B., seine Muttersprache besser zu beherrschen, erweitert seinen Wortschatz und seine grammatikalische Kompetenz und erwirbt Fremdsprachenkenntnisse. Speziell in der Teenagerzeit ist das Gehirn dann besonders stressanfällig, was zu den wilden pubertären Stürmen und Unberechenbarkeiten im Verhalten führt. Es bilden sich in dieser Zeit präfrontale Hirnstrukturen aus, die die Risikofreude und Impulsivität fördern.

Der letzte Aspekt der Hirnstruktur schließlich entwickelt sich noch bis zum 21. Lebensjahr: Die Axone, die die elektrischen Signale von einem Neuron zum anderen weiterleiten, sind erst zu diesem späten Zeitpunkt mit einer isolierenden Scheide, dem Myelin, vollständig umgeben. Die Myelinisierung sorgt dafür, dass elektrische Signale schneller weitergeleitet werden. Der präfrontale Cortex (Stirnlappen) ist erst im 21. Lebensjahr vollständig ausgereift. Damit ist auch die Fähigkeit zu einem angemessenen sozialen Verhalten gegeben.

Ein vielfältiges Erfahrungsspektrum, also eine reichhaltige Lernumgebung, in den sensiblen Phasen der Gehirnentwicklung scheint sich bei allen Säugetieren – Menschen eingeschlossen – positiv auf die Entwicklung der Intelligenz auszuwirken. Dies haben Experimente mit Ratten eindrucksvoll bestätigt: Die Tiere wurden in drei unterschiedlichen Gruppen großgezogen: Die erste Gruppe erhielt eine an Reizen reiche Laborumgebung; die zweite Gruppe hatte eine reizarme Umgebung, aber dafür viele soziale Kontakte zu anderen Ratten; die dritte Gruppe schließlich hatte wenig soziale Kontakte und bewegte sich in einer reizarmen Umgebung. Praktisch alle Messungen zeigten eine stärkere Hirnentwicklung bei den »reichen« als bei den »armen« Ratten; die »armen, sozialen« Ratten schnitten mittelmäßig ab. Die Tiere, die in einer reichhaltigen Umgebung groß geworden waren, bewiesen größere Geschicklichkeit beim Lernen von Labyrinthwegen und anderen komplexen Verhaltensaufgaben. In den Gehirnen der »reichen« Ratten konnte eine signifikant größere Anzahl von Dendriten in den Nervenzellen nachgewiesen werden. Allerdings sind die Auswirkungen der beschriebenen Erziehung nicht ganz dauerhaft: So entwickelte sich bei den »reichen« Ratten das Gehirn später wieder ein wenig zurück, wenn man sie in eine reizarme Umgebung versetzte; umgekehrt zeigten die »armen« Ratten eine gewisse Zunahme an Fähigkeiten, wenn man sie in eine reizvolle Umgebung setzte. Ähnliches wie bei den Ratten konnte auch bei Affen nachgewiesen werden.

Übrigens entspricht die an Reizen reiche Umgebung im Grunde dem »Normalzustand« der Tiere in freier Wildbahn. So zeigten auch wilde Tiere, die nicht in einer Laborumgebung groß geworden worden waren, eine mindestens ebenso ausgeprägte Lernfähigkeit wie die »reichen« Laborratten. Daran ist erkennbar, dass alle Lebewesen unter »normalen« Umständen genau die Umgebung erhalten, die sie für ihre Entwicklung benötigen.

Deshalb brauchen sich auch Eltern keine Sorgen zu machen, dass ihre Kleinen nicht genügend Reize für ihre Gehirnentwicklung erhalten könnten.

Kinder, die beschützt und in einer liebevollen Umgebung von ihren Eltern erzogen werden, nehmen automatisch genügend Reize aus ihrer Umwelt auf, um alle sensiblen Phasen der Gehirnentwicklung mühelos zu meistern. Die Kinder suchen sich im Grunde selbst zum richtigen Zeitpunkt die Reize in ihrer Umgebung aus, die sie für ihre Weiterentwicklung brauchen, und signalisieren mit ihrem Verhalten, was sie gerade benötigen oder haben möchten – ob es nun der Teddybär, das rollende Spielzeugauto oder die Umarmung der Mutter ist. Eltern brauchen im Grunde nicht mehr zu tun, als auf die von den Kindern geäußerten Bedürfnisse einzugehen. Elterlicher Übereifer, den Kindern Dinge zu präsentieren oder Fähigkeiten von ihnen zu fordern, für die ihr Gehirn noch gar nicht ausgereift ist, führt zu keinerlei positiven Resultaten; schlimmstenfalls fühlt sich das Kind überfordert und ist frustriert. Übrigens gehört Fernsehen – bei Erwachsenen sehr beliebt – zu denjenigen Reizen, die bei Kindern vor allem in den kritischen Phasen der Gehirnentwicklung eher schädlich wirken. Bestenfalls wirkt sich Fernsehen noch wie die reizarme Umgebung bei den Laborratten aus; schlimmstenfalls jedoch werden die Kinder über das Fernsehen mit Situationen, Geschichten und Sachverhalten konfrontiert, die sie intellektuell nicht verstehen und emotional noch gar nicht verarbeiten können. Mehr dazu im nächsten Teil des Buches, wo es um Lernen geht.

Praktisches Gedächtnistraining:
Ihr Kopf läuft sich warm

Nachdem Sie erfahren haben, wie unser Gehirn aufgebaut ist, sind Sie vielleicht neugierig, wie Sie es am besten trainieren können. Wir fangen in ganz kleinen Schritten an – mit einfachen Übungen. Denn Ihr Gehirn muss sich erst einmal warmlaufen. Kein Sportler schafft es, aus dem Stand heraus Höchstleistungen zu erbringen, kaum dass er in den Sportdress geschlüpft ist; das würde nur Sehnenzerrungen, Muskelrisse und schwere Verletzungen nach sich ziehen. Deshalb beginnt jede sportliche Tätigkeit mit Aufwärm- und Dehnübungen. Das funktioniert auch beim »Gehirnmuskel«. Natürlich ist das Gehirn kein Muskel im eigentlichen Sinne, aber es funktioniert ähnlich.

Aufwärm- und Dehnübungen heißen beim Gedächtnistraining »Mentales Aktivierungstraining« (MAT) und »Gehirnjogging«. Die brauchen wir, weil unser Gehirn nach Möglichkeit im Energiesparmodus arbeitet; es benötigt ja, wie Sie gelesen haben, ohnehin sehr viel Energie in Form von Glukose (Zucker), und die soll so sparsam und zielgerichtet wie möglich eingesetzt werden. Um unser Gehirn aus dem »Stand-by-Modus« herauszuholen und »hochzufahren«, eignen sich Übungen, die es Ihnen ermöglichen, für die nächsten Stunden auf einem hohen Konzentrationsniveau zu bleiben. Durch das MAT wird die Gehirndurchblutung aktiviert, die Reizübermittlung in den Synapsen erhöht und vor allem die Dendritenbildung angeregt, was zu einer größeren Vernetzung unter den Nervenzellen führt.

Probieren Sie doch gleich mal folgende Übungen aus. Kleiner Tipp: Immer schön locker und gelassen bleiben, dann geht es leichter und macht mehr Spaß. Bei den Übungen kommt es weniger auf das Resultat an als darauf, dass Sie sie überhaupt durchführen. Beantworten Sie die Fragen am Ende der Übungen.

- *Übung 1: Der weise Mann und die Beduinen*
Ein weiser Mann wandert durch die Wüste und trifft auf zwei Beduinen, die auf ihren Kamelen regungslos auf einem Hügel stehen. Er fragt beide nach dem Grund dafür, und der eine antwortet: »Dort unten in der Ebene liegt ein großer Goldklumpen. Wir möchten ihn beide gerne haben, aber damit wir nicht in Streit geraten, haben wir uns geschworen, dass derjenige den Goldklumpen haben soll, dessen Kamel als letztes bei ihm ankommt. Und nun stehen wir hier.« Der weise Mann lächelt und sagt: »Ich weiß einen Rat.« Kurz darauf hetzen die beiden Beduinen auf den Kamelen dem Goldklumpen entgegen. Was hat der Weise geraten?

- *Übung 2: Die drei Lichtschalter im Treppenhaus*
Stellen Sie sich ein Haus mit Treppenhaus vor, in dem es drei Lichtschalter gibt. Sie wollen auf den Speicher gehen, wissen aber nicht, welcher Lichtschalter der richtige ist, um die Lampe dort oben einzuschalten. Die Frage lautet: Wie finden Sie heraus, welcher Schalter das Licht im Speicher einschaltet, wenn Sie nur einmal nach oben gehen wollen, um nachzusehen? Es dringt natürlich kein Licht aus dem Speicher.

- *Übung 3: Die Familie auf der Hängebrücke*
Eine Familie (Vater, Mutter, Sohn und Tochter) möchte nachts eine baufällige Hängebrücke überqueren. Aufgrund des schlechten Zustands der Brücke können maximal zwei Personen gleichzeitig die Brücke betreten. Die Familie hat nur eine Taschenlampe zur Verfügung, um den Weg zu beleuchten. Die zwei Personen müssen somit gemeinsam gehen. Damit das nächste Paar gefahrlos das andere Ufer erreichen kann, muss die Taschenlampe wieder zurückgebracht werden. Das Tempo der Familienmitglieder ist unterschiedlich. Zum Überqueren der Brücke braucht: die Mutter 25 Minuten, der Vater 20 Minuten, die Tochter 10 Minuten und der Sohn 5 Minuten. In welchen Paarungen muss die Familie gehen, wenn sie maximal 60 Minuten Zeit hat, die Brücke zu überqueren? (Die Lampe kann nicht zurückgeworfen, sondern muss zurückgetragen werden.)

● *Übung 4: Buchstabenrätsel*

Dieser Test gibt Aufschluss über Flexibilität und Kreativität der Gedankenführung. In den fünf Jahren, seit denen dieser Test entwickelt wurde, konnten nur wenige Testpersonen mehr als die Hälfte aller Fragen im ersten Versuch lösen. Viele berichteten jedoch, dass sie auf Antworten stießen, lange nachdem sie den Test zur Seite gelegt hatten. Besonders zu unerwarteten Zeitpunkten, wenn ihr Geisteszustand entspannt war, kamen sie auf Lösungen und konnten den Test über eine Dauer von mehreren Tagen lösen. Versuchen Sie es selbst! Die Lösungen sind stets eindeutig. (Bsp.: 1000 = G hat ein K – Ergebnis: 1000 Gramm hat ein Kilo)

Nr. 1) 26 = B im A	Nr. 11) 2 = R hat ein F
Nr. 2) 7 = WW	Nr. 12) 11 = S in einer FBM
Nr. 3) 12 = SZ	Nr. 13) 29 = T hat der FieSJ
Nr. 4) 9 = P im SS	Nr. 14) 32 = K in einem SB
Nr. 5) 19 = GR im GG	Nr. 15) 64 = F auf einem SB
Nr. 6) 0 = GCidTbdWg	Nr. 16) 5 = F an einer H
Nr. 7) 18 = L auf dem GP	Nr. 17) 16 = BL hat D
Nr. 8) 90 = G im RW	Nr. 18) 60 = SseM
Nr. 9) 4 = Q in einem KJ	Nr. 19) 3 = W aus dem ML
Nr. 10) 24 = S hat der T	Nr. 20) Alle = WfnR

Haben Sie die Antworten und Lösungen gefunden? Wenn nicht, dann schlagen Sie auf meiner Website *www.markus-hofmann.de* nach. Dort finden Sie Lösungen in der Rubrik Gehirnjogging.

Wenn es Spaß gemacht hat, können Sie gleich mit den praktischen Übungen am Ende von Teil 2, Seite 101 fortfahren. Oder Sie lesen jetzt erst einmal im zweiten Teil, wie Lernen funktioniert und was es damit auf sich hat. Wenn Sie dann anschließend die praktischen Übungen machen, sollten Sie darauf achten, dass Ihr Gehirn sich vorher wieder warmgelaufen hat. Weitere Übungen zum Gehirnjogging finden Sie auch auf meiner Website: *www.markus-hofmann.de*

2. Teil

Lernen mit Lust und Leidenschaft

»Die Erinnerung ist das einzige Paradies, aus welchem wir nicht vertrieben werden können.« (Jean Paul)

»Es gibt kein schlechtes Gedächtnis, es gibt nur Interesse oder Desinteresse.« (Quelle unbekannt)

»Gedächtnis ist Fantasie mit Bewusstsein.« (Immanuel Kant)

»Die Menschen werden immer vergesslicher, weil man in Papiertaschentücher keine Knoten machen kann.« (Irmgard Wolter)

»Aus der Schulzeit sind mir nur die Bildungslücken in Erinnerung geblieben.« (Oskar Kokoschka)

1. Faszination Gedächtnis

Beeindruckende Gedächtnisbeispiele

Lange Listen mit 70 vierstelligen Zahlen- oder Buchstabenkombinationen konnte er nach nur einmaligem Vorlesen beliebig vorwärts, rückwärts oder diagonal wiedergeben. Darüber hinaus konnte er sich an diese Listen Wochen, Monate, ja sogar Jahre später noch erinnern. Solomon Veniaminoff war in der Lage, dem Gedächtnisforscher, der mit ihm experimentierte, selbst nach Jahren genau zu sagen, welchen Anzug dieser bei dem Versuch getragen und mit welchen Worten er ihm die Liste vorgestellt hatte. Der Forscher – es handelte sich um den bekannten russischen Psychologen Alexander R. Luria – bemerkte dazu: »Als Versuchsleiter fand ich mich bald in einem Zustand wieder, der an totale Verwirrung grenzte. Ich musste einfach einräumen, dass das Fassungsvermögen seines Gedächtnisses keine erkennbaren Grenzen hatte« (zit. nach Taylor, S. 353f.).

In der Tat hatte Veniaminoff erhebliche Schwierigkeiten, etwas zu vergessen und z. B. eine einmal erlernte Liste wieder loszuwerden. Er merkte sich alles, indem er offenbar unbewusst seine bildliche Vorstellungskraft nutzte. »Andere Menschen denken, während sie lesen, doch ich sehe das alles«, erklärte er. Um etwas zu vergessen, benutzte er einen Trick: Im Geiste legte er einfach ein Tuch darüber, um den betreffenden Gegenstand nicht mehr zu sehen. Kurioserweise schrieb er alles, was er vergessen wollte, auf, um sich zu merken, was er nicht mehr erinnern wollte.

Doch nicht nur mit dem Vergessen hatte Veniaminoff Schwierigkeiten. Luria beschrieb ihn als einen schüchternen, schwerfälligen Menschen, der nur wenig von dem verstand, was er auswendig gelernt hatte, und der kein klares Lebensziel besaß. Obgleich die bildliche Vorstellungskraft bei ihm eine so große Rolle spielte, hatte er Probleme, Metaphern zu verstehen. Bildhafte Redewendungen wie »seine Worte auf die Waage legen« verstand er nicht.

In die Geschichte der Gehirnforschung ging Veniaminoff, der zu Anfang des 20. Jahrhunderts lebte, als der Mann mit dem »totalen Gedächtnis« ein. Heute nennt man Menschen, die derart große Mengen an Wissen speichern können »Savants« oder Wissende. Sie können z. B. komplizierteste mathematische Aufgaben auf mehrere hundert Stellen hinter dem Komma im Kopf lösen – ohne jegliche Hilfsmittel wie Taschenrechner oder Computer. Manche haben ein phänomenales fotografisches Gedächtnis, wie z. B. Steven Wiltshire, den man »the human camera« nennt. Er ist unter anderem in der Lage, nach einem einmaligen (!) Rundflug über eine Großstadt wie Rom sämtliche Details dessen, was er lediglich in Bruchteilen von Sekunden gesehen hat, im Kopf abzuspeichern. Wie eine lebende Kamera kann er aus dem Gedächtnis nicht nur jedes Haus, das er gesehen hat, sondern auch noch jedes Fenster in jedem Haus erinnern und maßstabsgetreu sowie perspektivisch korrekt auf metergroßen Leinwänden aufzeichnen.

Kim Peek, der wahre »Rain Man«, der von Dustin Hoffman in dem bekannten Film schauspielerisch überzeugend dargestellt wurde, hat sich seinen Spitznamen »Kimputer« redlich verdient. Kim merkt sich alles – und zwar so exakt und ungefiltert wie ein Computer. Er kennt die Kalenderdaten der letzten 2000 Jahre, alle Vorwahlen und Highways der USA, unzählige Daten der Weltgeschichte, eine Fülle von vielbändigen Enzyklopädien und jede Melodie, die er einmal gehört hat. Aber Kim kann sich kein Spiegelei braten und sich nicht alleine anziehen. Er wird nie einen Führerschein oder eine Freundin haben, denn das wäre zu viel für sein Gehirn.

Als seine Eltern ihn im Alter von neun Monaten zur Untersuchung zu einem Kinderarzt brachten, sagte man ihnen, ihr Sohn sei geistig schwer behindert. Er würde niemals lernen oder laufen können und sie sollten ihn in ein Heim geben, was sie gottlob nicht taten. In Salt Lake City lebt Kim mit über 50 Jahren noch immer bei seinem Vater Fran, der ihn Tag für Tag anzieht, ihm die Zähne putzt und ihn in die Stadtbibliothek begleitet, wo er seiner Lieblingsbeschäftigung, dem Lesen, nachgeht. Schon mit 16 Monaten hatte Kim angefangen zu lesen. Mit vier Jahren konnte er die ersten acht Lexika-Bände auswendig – Wort für Wort!

Um eine Buchseite zu »lesen« und für immer in seinem Gedächtnis abzuspeichern, benötigt Kim nicht mehr als drei bis vier Sekunden. Jedes Buch »liest« er nur ein einziges Mal; er wendet keine Gedächtnistechniken an und lernt auch nicht vorsätzlich auswendig. Trotzdem hat er von den 12 000 Büchern, die er auf seiner Festplatte im Gehirn gespeichert hat, nicht ein einziges Wort vergessen.

Mit 33 Jahren lief Kim dem Drehbuchautor Barry Morrow über den Weg, der ihn zu seinem Film »Rain Man« inspirierte. Als der Film zum Erfolg wurde, flog Kim mit seinem Vater Fran nach Hollywood, wo Dustin Hoffman der Oscar überreicht wurde. Hoffman widmete Kim seinen Oscar mit den Worten: »Ich mag der Star sein, aber du bist der Himmel.« Mit Bekanntwerden des Films hat sich Kim vom menschenscheuen Gedächtniswunder zum Entertainer entwickelt. Heute beantwortet er auf Vorträgen, Schulbesuchen und Forschungsseminaren Tausende von Fragen der Zuhörer.

Leider haben extreme Gedächtnisleistungen nicht nur Vorteile. Ähnlich wie Kim Peek und Veniaminoff sind viele der Savants psychisch nicht gesund. Rund 50 Prozent von ihnen sind Autisten, deren soziales Verhalten im Verhältnis zu »durchschnittlichen« Menschen unterentwickelt ist. Etliche von ihnen sind nur mit Hilfe von Angehörigen in der Lage, ein halbwegs normales Leben zu führen, weil ihr Sozialkontakt so stark eingeschränkt ist, dass sie keine Schule besuchen, keine Familie gründen und keinen Beruf ausüben können.

Und wenn wir uns wieder einmal über unser eigenes angeblich so »schlechtes Gedächtnis« beklagen, dann sollten wir uns erinnern: Manchmal kann es auch eine Gnade sein, etwas vergessen zu *dürfen,* nicht jede unwichtige Kleinigkeit noch Jahrzehnte später abrufen zu müssen, sondern sich auf die wichtigen Inhalte des Lebens konzentrieren zu können, um dafür in allen übrigen Bereichen lebenstüchtig zu sein.

Allgemein geht natürlich ein gutes Gedächtnis häufig mit hoher Intelligenz einher. Alessandro Volta – der Erfinder der Batterie und der Entdecker der elektrischen Spannung, bekanntlich als »Volt« bezeichnet – lernte den Inhalt einer 20-bändigen Enzyklopädie auswendig und konnte noch 50 Jahre später ganze Seiten daraus auswendig hersagen. Thomas Macaulay, ein bekannter britischer Historiker und Politiker des 19. Jahrhunderts, kannte genau den Platz jedes einzelnen Buches in seiner Bibliothek; wenn man ihm eine Seite nannte, konnte er in vielen Fällen den Text der Seite aus dem Gedächtnis zitieren. Doch es gibt einen entscheidenden Unterschied zwischen Veniaminoff und Kim Peek sowie den Herren Volta und Macaulay: Letztere waren in der Lage, Beziehungen zwischen den Dingen herzustellen – etwas, das wesentlich Intelligenz ausmacht.

Ein anderes Beispiel: Der Patient Henry M. verlor im Zuge einer Hirnoperation in den 50er-Jahren des letzten Jahrhunderts sein Langzeitgedächtnis. Um eine simple dreistellige Zahl wie 584 auch nur 15 Minuten zu behalten, musste er eine ungeheure »Gehirnakrobatik« betreiben, um sich fortlaufend diese Zahl vor Augen zu halten. Seine Welt war auf wenige Minuten begrenzt: Seine Ärztin, die ihn 20 Jahre lang betreute, lernte er in jedem Gespräch neu kennen; dasselbe galt für alle Personen, die er nach seiner Operation kennenlernte. Vom Tode seines Lieblingsonkels, der kurz nach seiner Operation verstarb, war er jahrelang immer wieder von neuem gleichermaßen erschüttert. An Ereignisse jedoch, die vor seiner Operation geschehen waren, erinnerte er sich mühelos; sein sogenanntes »Altgedächtnis« war also intakt. Neue Bewegungsabfolgen konnte er mühelos erlernen; sein Problem war jedoch, dass er sich nicht daran erinnerte, sie erlernt zu haben. Henrys Erlebnishorizont war auf die Zeit vor der Operation und wenige Minuten, das Jetzt, beschränkt.

Die konträren Beispiele von Veniaminoff und den Savants einerseits sowie Henry M. andererseits zeigen uns deutlich, wie eng das Gedächtnis mit unserer Persönlichkeit verknüpft ist. Ja, man könnte sogar sagen:

Ein gut funktionierendes Gedächtnis macht uns erst zu einer Persönlichkeit! Sprich: *Das Gedächtnis ist die Schatzkammer unseres Seins.* Ein gesundes Gedächtnis ist eines, das auch einmal etwas vergessen darf, ja sogar muss, um »Platz im Kopf« zu schaffen für neue Eindrücke, neue Erlebnisse und soziale Kontakte. »Erinnerungen sind der Stoff, der unsere Persönlichkeit zusammenhält«, so Hans J. Markowitsch (2006, S. 303), der bekannte Gedächtnisforscher und Professor für Physiologische Psychologie an der Universität Bielefeld.

Erinnerung und Gedächtnis – was ist das eigentlich genau? Eine klassische Definition stammt von Rainer Sinz:

»Unter Gedächtnis verstehen wir die lernabhängige Speicherung ontogenetisch erworbener Information, die sich phylogenetischen neuronalen Strukturen selektiv einfügt und zu beliebigen Zeitpunkten abgerufen, d. h. für ein situationsangepasstes Verhalten verfügbar gemacht werden kann« (Sinz 1979, zit. nach Markowitsch S. 74).

Unter »Ontogenese« ist die individuelle Entwicklung des einzelnen Menschen zu verstehen, unter »Phylogenese« die stammesgeschichtliche Entwicklung aller Lebewesen. Mit anderen Worten bedeutet Gedächtnis die Fähigkeit, Informationen zu speichern und zu gegebener Zeit und gegebenem Anlass jederzeit abrufen zu können.

Seit der Antike hat man sich vorgestellt, dass sich Informationen wie Engramme ins Gehirn einprägen – so wie man mit einem Griffel etwas in eine Wachstafel einritzt. Heute wissen wir, dass die »Engramme« – wenn man die »Gedächtnisabdrücke im Gehirn« überhaupt so nennen kann – physiologischer Natur (Synapsen- und Dendritenanzahl und -dichte), chemischer Natur (Übertragung von Neurotransmittern wie Acetylcholin) und elektrischer Natur (Übertragung von elektrischen Impulsen durch das Axon) sind. Die heutigen wissenschaftlichen Modelle gehen davon aus, dass Gedächtnisinhalte jeweils nicht an einer bestimmten Stelle im Gehirn lokalisiert sind, sondern dass sie sich netzwerkartig über mehrere Bereiche des Gehirns verteilen. Dementsprechend muss eine Reihe von Nervenzellen gleichzeitig aktiviert werden, um die Erinnerung an einen bestimmten Sachverhalt wachzurufen.

Es gibt aber auch ganz andere Gedächtnistheorien, die von einer eher feinstofflichen als grobstofflichen Repräsentation ausgehen: Nach Rupert Sheldrake sind Lebewesen von elektromagnetischen oder morphischen Feldern umgeben, die dafür sorgen, dass auch andere die darin enthaltenen Informationen abrufen können, ohne dass ein Nachahmen oder ein Lernprozess stattgefunden hat. Bekannt ist dieses Phänomen bei verschiedenen Tierarten geworden: So ist ein Affenweibchen erstmals auf die Idee gekommen, Kartoffeln im Salzwasser zu waschen, weil sie dadurch schmackhafter wurden. Ihre

Tätigkeit wurde zunächst von anderen Affen ihrer näheren Umgebung durch Zuschauen nachgeahmt. Doch schließlich sprang das Verhalten unerwartet auch auf andere, weit entfernt lebende Affenpopulationen über, die den Kartoffel waschenden Affen schon aufgrund der riesigen Distanz von Tausenden Kilometern unmöglich hatten zusehen können. Ähnliches wurde bei Vögeln beobachtet: Einem Tier in England war es zuerst gelungen, die Aluminiumverschlüsse von Milchflaschen durch Picken mit dem Schnabel zu öffnen, und nach einer gewissen Zeit sprang das Verhalten schließlich auf alle Vögel im ganzen Land über. Es ist, als ob eine »kritische Masse« an Lernern vorhanden sein müsste, damit das neu Gelernte schließlich allen Wesen derselben Spezies zur Verfügung steht. Übermittelt wird der »Lernstoff« in solchen Fällen nach Sheldrake über die morphischen Felder.

Eine andere Theorie über die Struktur des Gedächtnisses ist die des Gehirnforschers Karl Pribram: Seiner Ansicht nach arbeitet das Gedächtnis wie ein Hologramm. Das heißt, jede Idee ist überall im Gehirn repräsentiert, sodass einzelne Bereiche des Gehirns niemals eine Idee vollständig repräsentieren können.

Die Vergessenskurve

VIK – WOC – LAS – PID – HIX – SYP – SIF – QOL – KRU – TAS – und das Ganze noch einmal von vorn. Anschließend geht es weiter mit: DAK – ZUB – VAR – SAF – VLA – MOV – TIJ – ZIY – MRU – GOZ – und dann so fort, bis etwa 2000 »Wörter« erreicht sind. Das ist nicht etwa eine unbekannte Sprache aus Melatupfingen. Und es sind auch keine Sprachübungen aus dem Musical Mayfair Lady, in dem das Blumenmädchen Eliza Dolittle bei Professor Higgins mit einer Handvoll Steine im Mund sprechen üben muss, bis ihre Aussprache des britischen Englisch so akkurat ist, dass sie mühelos in der High Society verkehren kann. Nein, vielmehr handelt es sich hier um den Anfang der Gedächtnispsychologie vor ungefähr 150 Jahren. Hermann Ebbinghaus, ein deutscher Psychologe, war Begründer der experimentellen Gedächtnisforschung. Um herauszufinden, wie das menschliche Gedächtnis arbeitete, unterzog er sich der mühevollen Aufgabe, rund 2000 Nonsenssilben auswendig zu lernen. Nonsenssilben wählte er wegen ihrer semantischen

Neutralität und »Objektivität« aus, denn er nahm an, dass bedeutungstragende Wörter leichter zu erlernen seien und daher zu subjektiven Verzerrungen der Erinnerungsleistung führen könnten. Nonsenssilben entsprachen seiner Ansicht nach eher einer »echten« Lernsituation, denn Schulkinder beispielsweise sind auch oft gezwungen, Dinge wie fremdsprachige Vokabeln zu erlernen, die sie noch nicht verstehen und mit denen sie inhaltlich nichts verbinden können.

Ebbinghaus stellte die Nonsenswörter in Listen von unterschiedlicher Länge zusammen, wiederholte sie mehrfach und notierte dabei akribisch, welche und wie viele Fehler er machte. So fand er heraus, dass er nach einmaligem Lesen sieben Silben behalten konnte, jedoch 15 Wiederholungen brauchte, um 12 Silben zu lernen, und bis zu 50 Wiederholungen, um 30 Silben auswendig zu beherrschen. Seine Methode war variantenreich: An wie viele Silben kann man sich nach einer Stunde, nach einem Tag, nach einer Woche erinnern? Wie viele Wiederholungsdurchläufe sind erforderlich, um einmal Gelerntes wieder perfekt zu beherrschen?

Über seine Ergebnisse veröffentlichte Ebbinghaus ein bahnbrechendes Buch mit dem Titel »Über das Gedächtnis«, das als Grundlage der weiteren psychologischen Forschung für die nächsten hundert Jahre galt. Ebbinghaus war es auch, der noch heute gültige psychologische Messmethoden der Gedächtnisleistung einführte. Ihm verdanken wir die sogenannte *Vergessenskurve* – ein Meilenstein nicht nur für die Gedächtnisforschung. Danach haben wir

- 20 Minuten nach dem Lernen 40 Prozent des gelernten Stoffes,
- nach einer Stunde bereits 55 Prozent,
- nach einem Tag schon 66 Prozent,
- nach sechs Tagen 77 Prozent *vergessen.*

Dauerhaft erinnert werden – ohne Wiederholungen – lediglich 15 Prozent des Lernstoffes.

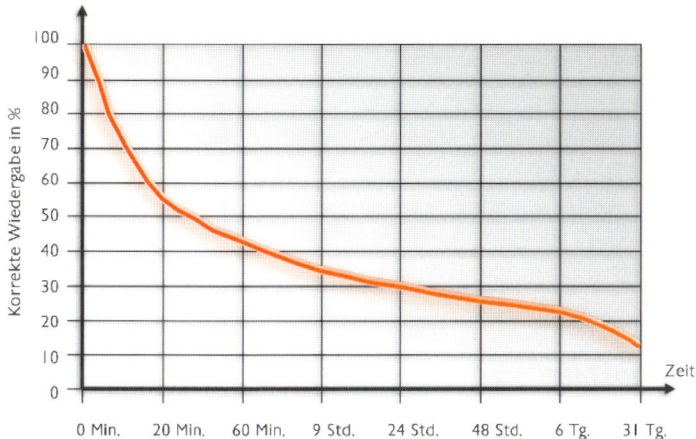

Die Vergessenskurve von Ebbinghaus

Ebbinghaus selbst hat nach Veröffentlichung seines Werkes über die menschliche Gedächtnisleistung seinen Forschungsgegenstand für immer aufgegeben – erschöpft, wie ich annehme, von der überwältigenden Anstrengung, sein Gehirn mit VOD, GUG und ERK zu foltern. WÜRG!

Der Gedächtnisforscher brauchte 15 Wiederholungen, um nur 12 Silben zu lernen, und sogar 50 Wiederholungen, um 30 Silben zu lernen. Liebe Leserin, lieber Leser, ich gebe Ihnen mein Wort darauf: *Das können Sie hundertmal besser als Ebbinghaus!* Mit der Methode der Mnemo-Technik, die ich Ihnen in diesem Buch vorstelle, lernen Sie eine 20-stellige Zahl in 40 Sekunden auswendig, und das sogar ohne Ihr Gehirn zu foltern – nämlich mit Spaß und Freude.

Kleiner Vorgeschmack gefällig? Gut, dann schauen wir uns jetzt mal die folgenden Nonsenssilben von Ebbinghaus an:
VIK – WOC – LAS – PID – HIX – SYP – SIF – QOL – KRU – TAS

Nehmen wir an, Sie müssten diesen Unfug auswendig lernen. Dann verfahren Sie folgendermaßen:
- VIK – hier denke ich an die Wikinger,
- WOC – da gibt es so einen chinesischen Kochtopf, der sich Wok nennt,

- LAS – ich stelle mir ein Lasso vor,
- PID – eine altmodische Kurzform für »Peter«,
- HIX – klingt, als ob jemand einen Schluckauf hätte und »hickst«,
- SYP – ein Sud oder eine Suppe, genannt »Syp«,
- SIF – klingt ein wenig wie »Schiff«,
- QOL – ich stelle mir vor, wie etwas »überquollt«,
- KRU – ein »Kruzifix«,
- TAS – eine Tasse.

So, jetzt haben wir über Bilder Assoziationen zu den Nonsenssilben hergestellt. Damit wird es schon sehr viel leichter, sich die einzelnen Silben zu merken. Aber wie merken wir uns nun die ganze Liste? Indem wir die einzelnen Bilder zu einer Geschichte verbinden, und zwar beispielsweise folgendermaßen:

Die Wikinger (VIK) sitzen vor ihrem chinesischen Kochtopf (WOC) und wollen etwas zu essen haben. Weil der Koch nicht da ist, werfen sie ein Lasso (LAS) nach ihm und fangen ihn, den Peter (PID), schließlich ein. Peter hat zwar einen fürchterlichen Schluckauf (HIX), kocht aber den Wikingern nun endlich ihre Suppe (SYP). Als sie fertig gegessen haben, begeben sich die Wikinger auf ihre Schiffe (SIF) und fahren aufs Meer. Es herrscht hoher Seegang, die Wellen »quollen« (QOL) nur so am Schiffsbug hoch, was die Wikinger reichlich seltsam empfinden, denn eigentlich hatten sie eine ruhige See erwartet. Vor Schreck halten sie ein Kruzifix (KRU) zum Himmel und beten für besseres Wetter. Der Wellengang ist so hoch, dass die Wikinger nicht einmal mehr ihre Tassen (TAS) in den Händen halten können und ihr geplantes Saufgelage verschieben müssen.

Mit dieser lustigen Geschichte lernen Sie in null Komma nichts die ganze Liste der zehn Nonsenssilben auswendig. Und dafür brauchen Sie garantiert keine 15 Wiederholungen wie Ebbinghaus, sondern wahrscheinlich höchstens zwei! Probieren Sie es doch gleich einmal selbst aus: Lesen Sie die Wikinger-Geschichte noch einmal durch, und fahren Sie dann mit der Lektüre dieses Buches fort. Wenn Sie den zweiten Buchteil zu Ende gelesen haben, rufen Sie sich die Geschichte erneut in Erinnerung und stellen fest, wie viele Nonsenssilben Ihnen noch im Gedächtnis geblieben sind.

Nach diesem kleinen Vorgeschmack darauf, wie effektiv Mnemotechnik ist und wie Sie damit Ihr Gedächtnis gegenüber Durchschnittsleistungen erheblich verbessern können, kehren wir zurück zur Gedächtnisforschung. Übrigens wird das Lernen noch erheblich einfacher, wenn Sie statt Nonsens Sinnhaftes erlernen, wie es normalerweise der Fall ist.

Die verschiedenen Arten des Gedächtnisses

In der Wissenschaft werden drei Gedächtnisarten, nämlich das Ultrakurzzeitgedächtnis, das Kurzzeitgedächtnis und das Langzeitgedächtnis, sowie fünf verschiedene Gedächtnissysteme unterschieden. Schon die Begrifflichkeit weist auf den zentralen Faktor hin: die *Zeit*. Für die Gedächtnisleistung ist entscheidend, wie lange etwas in Erinnerung behalten wird und ob es zu einem gegebenen, passenden Anlass dann auch gewissermaßen »auf Knopfdruck« in Sekundenschnelle abgerufen werden kann.

Das Zeitempfinden ist übrigens auch einer der Faktoren, der bei Patienten mit Gehirnschäden nicht intakt ist. Nicht selten empfinden Menschen mit einem gestörten Gedächtnis die Zeit als verzerrt: Mancher hat die Vorstellung, die Zeit schrumpfe; andere berichten, die Zeit dehne sich ins Unendliche aus, als ob ein Tag niemals zu Ende gehe (und täglich grüßt das Murmeltier …). Manchen kommt eine Minute wie eine Viertelstunde vor, andere wieder datieren jüngst Erlebtes weit in die Vergangenheit zurück. Man bezeichnet dies als Korsakow-Phänomen. Grundsätzlich läuft die Verarbeitung von Informationen auf der neuronalen Ebene in fünf Schritten ab, die zur dauerhaften Gedächtnisbildung erforderlich sind:
1. Informationsaufnahme,
2. Informationseinspeicherung oder -enkodierung,
3. Informationsabspeicherung oder -ablagerung,
4. Informationsfestigung oder -konsolidierung,
5. Informationsabruf.

Eine Information, die über die Sinne aufgenommen worden ist, wird zunächst im Ultrakurzzeitgedächtnis »online« eingespeichert. Es umfasst maximal 20

Sekunden, in denen die Information in Form einer elektrischen Spannung in den Neuronen kreist. Das Ultrakurzzeitgedächtnis benötigen wir beispielsweise, um kurzfristig eine Telefonnummer, die wir gerade von einem Blatt abgelesen haben, so lange zu behalten, bis wir sie gewählt haben; oder um einen längeren Satz zu lesen und am Ende des Satzes noch eine geistige Verbindung zum Anfang herstellen zu können.

Gelingt es, die Information innerhalb von 20 Sekunden zu verankern – weil entsprechende Synapsenfortsätze für die Weiterleitung im Gehirn vorhanden sind und das Wahrgenommene inhaltlich mit bereits gespeichertem Wissen verknüpft werden kann –, so wandert sie ins Kurzzeitgedächtnis, auch Arbeitsgedächtnis genannt. Dort bleibt sie ca. 20 bis 40 Minuten gespeichert. Der Kurzzeitspeicher ist begrenzt. Wird die Information in dieser Zeit nicht mehr abgerufen, so wird sie vergessen, weil der Stromkreis in den Neuronen wieder abklingt und keine neurochemische Übertragung von Transmittern an den Synapsen stattfindet. Das Kurzzeitgedächtnis wirkt wie ein Filter oder ein Pförtner: Die hereinkommenden Informationen werden nach Wichtigkeit sortiert; nur die wesentlichen passieren den Filter, sodass verhindert wird, dass nicht benötigte Informationen die Ressourcen belegen.

Die Überführung einer Information vom Kurzzeit- ins Langzeitgedächtnis ist natürlich derjenige Vorgang, der uns am meisten interessiert, weil wir oft den Eindruck haben, dass es dort am meisten »hakt«. Das Langzeitgedächtnis ist der permanente Speicher, dessen Kapazität im Gegensatz zu den beiden anderen Gedächtnisarten weder zeitlich noch von seinem Umfang her begrenzt ist. Unzählige Informationen können hier Jahre oder Jahrzehnte abrufbereit gelagert werden, vorausgesetzt sie wurden von Anfang an richtig verankert.

Man könnte es auch so sehen: Das Kurzzeitgedächtnis ist der Engpass zwischen Ultrakurz- und Langzeitgedächtnis. Wenn es gelingt, diesen Flaschenhals zu überwinden, dann ist es fast nicht mehr möglich, etwas zu vergessen.

Wie meistern wir nun die Hürde der dauerhaften Verankerung im Langzeitspeicher? Im ersten Teil des Buches (1. Kapitel) habe ich ausgeführt, dass das Limbische System, insbesondere der Hippocampus, wichtig ist für die Übertragung einer Information ins Langzeitgedächtnis. Ich habe auch erklärt, dass es insbesondere Emotionen sind, die das Limbische System verarbeitet und die zur Gedächtnisbildung beitragen. Wissenschaftler sprechen hier von der *Verarbeitungstiefe.*

Je intensiver wir uns mit einer im Kurzzeitgedächtnis eintreffenden Information beschäftigen, je »tiefer« ihr Inhalt verarbeitet wird, desto besser bleibt sie in der Erinnerung haften, denn es erhöht sich der Grad der Vernetzung der Information mit anderen. Mit positiven Gefühlen beladene Informationen haben besonders gute Chancen, langfristig behalten zu werden. Untersuchungen haben gezeigt, dass emotionale Zugänge messbar schneller ablaufen als kognitive.

Neben Gefühlen gibt es eine weitere Möglichkeit, einer Information die notwendige Tiefe zu verleihen, nämlich ihre *Wiederholung,* wie sie das klassische Lernen ja von jeher kennt. Die Verarbeitungstiefe entscheidet über die Informationsfestigung oder -konsolidierung. Gut gefestigte Informationen werden im Großhirn abgespeichert; sie ist quasi die »Festplatte« des Gehirns.

Entscheidend ist es, die Zeitabstände zwischen den Wiederholungen richtig zu wählen. Die Abstände sollten nicht zu kurz, aber auch nicht zu lang sein. Optimal ist Folgendes:

Sinnvolle Wiederholungsraten für Lernstoff

Sie lernen maximal eine halbe Stunde und wiederholen nach einer Pause von 20 bis 40 Minuten, in der die Information im Kurzzeitgedächtnis eingespeichert wird, den Stoff zum ersten Mal. Die zweite Wiederholung ist erst nach 24 Stunden nötig. In den folgenden drei Tagen sollte die Information noch weitere drei- bis fünfmal wiederholt werden, dann hat sie den Engpass passiert und wird im Langzeitgedächtnis verankert. Von dort erfolgt der Abruf unter Einbeziehung des rechten Frontallappens und des rechten Temporallappens im Großhirn. Soll die Information sehr langfristig behalten werden, so ist es vorteilhaft, sie noch einmal nach einem Monat und dann wieder nach einem halben Jahr zu wiederholen. Schreiben Sie sich eine kleine Notiz in Ihren Terminkalender, damit Sie erinnert werden, das, was Sie langfristig wissen wollen, auch tatsächlich zu wiederholen.

Viele Menschen, die von sich irrtümlich glauben, sie hätten ein »schlechtes« Gedächtnis – z. B. Schüler, die sich mit dem Vokabellernen schwertun – wählen *falsche Zeitabstände* zwischen den Wiederholungen. Es ist z. B. nicht effektiv, eine Information innerhalb von 24 Stunden mehrmals zu wiederholen. So gelangt sie nur ins Kurzzeitgedächtnis. Wird dann versucht, sie nach einigen Wochen oder Monaten wieder zu erinnern, ist im Langzeitspeicher nichts »hängen« geblieben. Das ist die Art des kurzfristigen Lernens für eine Prüfung am nächsten Tag, die langfristig nichts bringt; der Lernstoff wird direkt nach der Prüfung sofort vergessen. Mehr zu diesem Thema im nächsten Kapitel.

Die Gedächtnissysteme

Es werden heute fünf für die Informationsverarbeitung wichtige Gedächtnissysteme unterschieden:

- Das deklarative Gedächtnis, zu dem das semantische und das episodische Gedächtnis gehören,
- das nicht deklarative oder prozedurale Gedächtnis sowie
- das perzeptuelle Gedächtnis und
- Priming.

Das deklarative Gedächtnis ist das höchststehende, das aber auch für Störungen wie Traumata und Hirnschäden am anfälligsten ist. Das *semantische Gedächtnis,* auch als »Wissenssystem« bezeichnet, bezieht sich auf kontextfreie Fakten. Es ermöglicht uns, Sachverhalte, chemische Formeln, Vokabeln oder Allgemeinwissen (»London ist die Hauptstadt von England«) zu behalten. Das *episodische oder autobiografische Gedächtnis* beinhaltet alle unsere persönlichen Erlebnisse und Erfahrungen, und zwar in Form von bildhaften Vorstellungen und Geschichten (der erste Kuss, eine gewonnene Goldmedaille usw.) inklusive ihrer situativen Einbindung. Es ist kontextspezifisch im Hinblick auf Zeit und Ort und erlaubt mentale Zeitreisen; zudem ist es fast immer eng mit Emotionen verbunden. Es ist wesentlich derjenige Teil, durch den wir uns als individuelle Persönlichkeit erfahren und von anderen unterscheiden. Eine schöne Zusammenfassung der Leistungen des episodischen Gedächtnisses hat Tobias Wolff gegeben:

»*Das Gedächtnis ist ein Geschichtenerzähler, und wie alle Geschichtenerzähler zwingt es der Rohmasse der Erfahrung Gestalt auf. Es schafft Form und Bedeutung, indem einige Dinge hervorgehoben, andere ausgelassen werden. Es stiftet Zusammenhänge zwischen Ereignissen, legt nahe, was Ursache und was Wirkung ist, macht jeden von uns zur zentralen Figur in einer epischen Reise ins Dunkel oder ins Licht*«* (New York Times, 24.4.2001; zit. nach Nelson, S. 80).*

Man könnte meinen, dass Zahlen grundsätzlich im semantischen Gedächtnis abgespeichert werden, weil sie in gewisser Weise Fakten und Sachverhalten ähneln. Doch jüngst haben Wissenschaftler herausgefunden, dass das Gehirn zwischen »mathematischen« und »episodischen« Zahlen unterscheidet. Mathematische Zahlen sind solche, mit denen der Mensch rechnet, während episodische eine Beziehung zur eigenen Biografie haben. Zu solchen Zahlen gehören z. B. das eigene Geburtsdatum, die eigene Telefon- oder Kontonummer, die Nummer des eigenen Dienstzimmers oder die Buslinie, mit der man täglich zur Arbeit fährt. Episodische Zahlen werden im Gehirn anders abgespeichert als mathematische, wie man bei Patienten mit Gehirndysfunktionen festgestellt hat: Sie waren unfähig, Rechenoperationen auszuführen, konnten sich aber noch an ihre »persönlichen« Zahlen erinnern.

Generell gilt für die Speicherung von Zahlen wie auch von allen anderen Informationen: Die rechte Großhirnhemisphäre ist vor allem für episodische und die linke für semantische Erinnerungen zuständig. Sowohl das episodische als auch das semantische Gedächtnis sind der Sprache zugänglich und gezielt trainierbar.

Das *prozedurale Gedächtnis* speichert mechanisch-motorische Fähigkeiten. Dazu gehören z. B. die Bewegungsabläufe, wie sie für verschiedene Sportarten notwendig sind, das Beherrschen eines Musikinstrumentes oder das Mischen eines Kartenspiels. Elemente des prozeduralen Gedächtnisses sind zwar gut trainierbar, aber sprachlich nicht oder nur sehr unvollständig in Worten ausdrückbar. Man kann jemandem nur rudimentär erklären, wie er seine Knie beim Skifahren bewegen muss, um richtig zu »wedeln«, oder wie er seinen Körper beim Stabhochsprung dehnen muss, um eine Latte zu überspringen. Solche Dinge müssen motorisch Hunderte Male praktisch geübt werden, bis der Körper den Bewegungsablauf perfekt bis ins Detail abgespeichert hat und dann abrufen kann.

Das *perzeptuelle Gedächtnis* bezieht sich auf das passive Wiedererkennen von Reizen aufgrund von Ähnlichkeits- oder Bekanntheitsurteilen. Wir erkennen eine Banane wieder – gleich ob groß oder klein; dick oder dünn; braun, grün oder gelb –, weil wir schon Hunderte Bananen im Leben gesehen haben. Eine Banane zu erkennen, lernen wir nicht theoretisch durch eine verbale Beschreibung, sondern dadurch, dass wir eine Vielzahl unterschiedlicher Bananen sehen und essen. Das heißt, wir extrahieren aus wiederkehrenden konkreten Beispielen und modellhaften Situationen Regeln und Muster.

Mit *Priming* ist eine höhere Stufe des Wiedererkennens gemeint. Nehmen wir an, Sie verfahren sich in einer Stadt, in der Sie schon des Öfteren gewesen sind. Eine Weile irren Sie durch die Straßen, können sich aber nicht orientieren. Plötzlich erkennen Sie eine Straßenkreuzung wieder, obwohl Sie diese bisher aus einer anderen Richtung befahren und damit aus einer anderen Perspektive wahrgenommen haben. Fähigkeiten dieses Gedächtnissystems sind beliebt für Spiele aller Art, z. B. für das Erkennen optischer Täuschungen wie auch für Rätsel, bei denen Dinge aus ungewohnten Perspektiven und in verzerrten Größenverhältnissen identifiziert werden müssen.

Priming und das prozedurale Gedächtnis verlaufen weitestgehend unbewusst und können kaum gesteuert werden. Daher sind ihre Leistungen so gut wie nicht gezielt trainierbar. Auch diese Formen des Gedächtnisses entziehen sich zu einem großen Teil des sprachlichen Ausdrucks. Man kann jemandem zwar erklären, *was* er erkennen oder identifizieren soll bzw. um welchen Gegenstand es sich handelt, aber der Erkenntnisprozess als solcher, das *Wie,* lässt sich nicht erklären; ob jemandem die Identifikation eines Gegenstandes gelingt, ist weder eine Frage des Trainings noch des individuellen Willens.

Beim Lernen von Fakten bemühen wir am stärksten das semantische Gedächtnis. Am Ende des zweiten Buchteils werden Sie sehen, dass wir für die Mnemotechnik gezielt außerdem das episodische Gedächtnis, unseren »Geschichtenerzähler«, einsetzen, um die Gedächtnisleistungen zu verbessern.

2. So funktioniert Lernen

Man nehme ihn, setze ihn ungefähr auf der Mitte des Kopfes an und gieße anschließend die Flüssigkeit hinein. So fließen die Lerninhalte problemlos in den Kopf, und die »fluide Intelligenz« erhöht sich eigentlich ziemlich automatisch. Oder doch nicht? Der Nürnberger Trichter existiert nicht – jedenfalls nicht als Lernmethode, sondern nur in seiner historischen Form als Poetiklehrbuch des Dichters Georg Philipp Harsdörffer aus dem 17. Jahrhundert. Leider sind aber einige moderne Theorien und die vielfach geübte pädagogische Praxis immer noch dem Trichter recht nahe.

Das klassische Modell der Informationsverarbeitung besagt: Der Sender, z. B. ein Lehrer, sendet Informationen (z. B. Lernstoff) aus, die der Empfänger, z. B. ein Schüler, aufnimmt und in seinem Gedächtnis abspeichert. Das klingt verdächtig nach Nürnberger Trichter, aber ganz so einfach ist es leider nicht. So funktioniert zwar die technische Datenverarbeitung, Lernen jedoch ist »etwas« komplizierter und entspricht keineswegs einem »Eintrichtern«. Oder,

Der Nürnberger Trichter

wie der Gehirnforscher Manfred Spitzer es ausdrückt: »Vermitteln« kann man eine Mietwohnung oder eine Heirat, Informationen oder Lernstoff hingegen nicht – und zwar darum nicht, weil dies kein Problem des Transfers von einer Stelle zu einer anderen ist. Warum nicht? Aus zwei Gründen:

1. Wissen kann nicht einfach »übertragen« werden, sondern muss im Gehirn des Lernenden erst *erschaffen* werden. Dafür ist die *Erzeugung eines Bedeutungskontextes* erforderlich.
2. Lernen ist nicht passiv, sondern ein *aktiver* Vorgang, der nur unter Mitwirkung des Lernenden überhaupt funktionieren kann.

Eine pure »Wissensvermittlung« oder »-eintrichterung« geht im Prinzip vollkommen an der Realität vorbei. Gehirnen wird nichts vermittelt, sondern sie produzieren selbst. Und jedes Gehirn erzeugt Wissen sowie die dazugehörige Bedeutung auf seine ganz individuelle Weise.

Liebe Leserin, lieber Leser, ich bin davon überzeugt, dass wir in Deutschland – und wahrscheinlich auch in anderen europäischen Ländern – ein massives Problem mit dem Langzeitgedächtnis haben, und zwar vor allem an unseren Schulen. Dass die Kinder bei PISA so schlecht abgeschnitten haben, liegt nicht daran, dass wir nicht genügend Know-how hätten, sondern dass es vielfach nicht gelingt, das Wissen dauerhaft im Gehirn zu verankern. Erschreckend ist das Ergebnis, das sich im Rahmen meiner Diplomarbeit zum Thema Gedächtnistraining herausgestellt hat. Ich habe 15 weiterführende Schulen besucht und die Schulleiter befragt, welcher Notendurchschnitt im Allgemeinen bei Prüfungen erzielt wird. Die Antworten lauteten: zwischen 2,8 und 3,5. Im gleichen Atemzug fragte ich, was passieren würde, wenn man die gleichen Prüfungen mit identischen Fragen unangekündigt nach einem halben Jahr wiederholte. Die Schulleiter antworteten mir: »Dann würden wahrscheinlich 85 Prozent unserer Schüler durchfallen.« Wohlgemerkt: Schüler, die ansonsten einen Notendurchschnitt von gut bis befriedigend haben! Diese Aussage hat mich sehr erschüttert, zeigt sie doch, dass wir aus keinem Wissensfundus mehr dauerhaft schöpfen, keine kreativen Gedankengänge mehr entwickeln und kein Transferwissen mehr herstellen können.

Dies liegt meiner Ansicht nach daran, dass der Übergang vom Kurzzeit- ins Langzeitgedächtnis in den Schulen nicht genügend trainiert und praktiziert wird. Dabei ist die Langzeitverankerung von Wissen im Grunde einfach und bedarf nicht einmal einer besonderen Anstrengung – im Gegenteil. Es kann und soll sogar Freude machen! Je »cooler« und gelassener man das Lernen angeht, desto effektiver ist es. Mit den folgenden Ausführungen möchte ich Wege und Methoden aufzeigen, wie Lernstoff jeder Art leicht und mühelos den Filter vom Kurz- zum Langzeitgedächtnis passieren kann, um dort jederzeit abrufbereit zur Verfügung zu stehen. Die Mnemotechnik leistet einen wertvollen Beitrag dazu.

Geschichten und Emotionen

Entscheidend für das Erzeugen von Bedeutungen – eine der Voraussetzungen für das Lernen – ist der Kontext, in dem etwas Neues sich darbietet bzw. aufgenommen wird. Der Kontext, also der Gesamtzusammenhang bzw. die Geschichte, ist das gesamte Umfeld, an dem eine neue Information erscheint, angefangen vom Ort, an dem sich der Lernende befindet, über die augenblickliche Lern- und Lebenssituation bis zu den Emotionen, die mit der Präsentation des neuen Stoffes verbunden sind. Emotionen haben nach wissenschaftlicher Definition zwei Dimensionen: eine Stärke (viel – wenig) und eine Wertigkeit (gut – schlecht; positiv – negativ). Sie haben nicht nur einen qualitativ-gefühlsmäßigen Aspekt, sondern auch einen körperlichen, woran das autonome Nervensystem einschließlich des Hormonsystems beteiligt ist.

Die Gehirnforschung hat experimentell herausgefunden, dass Faktenwissen – also das, was im *semantischen* Gedächtnis gespeichert wird – erheblich leichter zu behalten ist, wenn es ausdrücklich mit *emotional geladenen Geschichten* – dem episodischen Gedächtnis – verbunden wird. Ein wissenschaftliches Experiment soll hier vorgestellt werden, weil es zeigt, wie einflussreich Geschichten und Emotionen auf das Lernen sind: Vier Gruppen von Versuchspersonen wurde eine Geschichte vorgelesen, und zwar jeweils in einer von zwei unterschiedlichen Varianten. Beide Varianten enthielten dieselben Fakten, die es zu lernen galt.

- Variante 1: »Ein Junge fährt mit seiner Mutter durch die Stadt, um den Vater, der im Krankenhaus arbeitet, zu besuchen. Dort zeigt man dem Jungen eine Reihe medizinischer Behandlungsverfahren.«
- Variante 2: »Ein Junge fährt mit seiner Mutter durch die Stadt und wird bei einem Autounfall schwer verletzt. Er wird rasch in ein Krankenhaus gebracht, wo eine Reihe medizinischer Behandlungsverfahren durchgeführt wird« (zit. nach Spitzer 2007b, S. 158).

Den Probanden wurde im Anschluss an die jeweilige Geschichte eine Liste mit den Bahandlungsmaßnahmen der Klinik vorgelesen. Danach durften sie nach Hause gehen und wurden nach einer Woche – ohne zwischenzeitliche Wiederholungen – befragt, welche dieser Maßnahmen sie noch im Gedächtnis behalten hatten. Das Ergebnis war überraschend:

- Gruppe 2 hatte Variante 2 der Geschichte gehört und konnte sich am besten an die medizinischen Behandlungsmaßnahmen erinnern.
- Gruppe 1 hatte Variante 1 der Geschichte gehört und schloss bei den Behaltensleistungen schlechter als Gruppe 2 ab.
- Gruppe 3 erhielt, bevor sie Geschichte 1 zu hören bekam, einen Beta-Rezeptorenblocker – ein Medikament, das Reaktionen des sympathischen Nervensystems dämpft und z. B. bei Lampenfieber und Prüfungsangst verordnet wird, aber nicht müde macht. Gruppe 3 schnitt bei den Behaltensleistungen genauso schlecht ab wie Gruppe 1.
- Gruppe 4, die ebenfalls einen Beta-Rezeptorenblocker erhielt, wurde Geschichte 2 erzählt, aber sie schnitt bedeutend schlechter als Gruppe 2 ab.

Die Ergebnisse sind folgendermaßen zu erklären: Variante 1 der Geschichte ist eher »flach«, während Variante 2 eine emotionale Ladung enthält: Dass der Junge schwer verletzt wird, berührt den Zuhörer, macht ihn betroffen. Durch diese emotionale Betroffenheit werden die Fakten des medizinischen Behandlungsverfahrens besser erinnert; es sei denn, es wurde vorher ein Medikament verabreicht, dass Emotionen dämpft. Konnte das Medikament keine Emotionen dämpfen, weil die Geschichte sowieso keine enthielt – wie im Fall von Gruppe 3, so waren die Behaltensleistungen weder besser noch schlechter als die anderer Personen. Manfred Spitzer, Professor für Psychiatrie an der Universität Ulm mit Forschungsschwerpunkt Neurowissenschaften und Lernen, zieht aus diesen Experimenten die Schlussfolgerung:

»Was den Menschen umtreibt, sind nicht Fakten und Daten, sondern Gefühle, Geschichten und vor allem andere Menschen« (Spitzer 2007b, S. 160).

Fakten sind gewissermaßen die Knochen, während erst die Geschichten den Lernstoff mit Muskeln und Fleisch umgeben. Knochentrockene Fakten allein sind langweilig zu lernen und schwer zu behalten; sie sind dürr wie ein Skelett. Erst die Verbindung mit einer emotional geladenen Geschichte gibt dem Lernen »Würze«. Dabei spielt der Hippocampus eine wichtige Rolle. Wie in Kapitel 2 im ersten Teil ausgeführt, lernen wir leichter und erheblich schneller, wenn derjenige Teil des Gehirns, der für Emotionen zuständig ist, nämlich das Limbische System, involviert wird. Der Hippocampus, gelegentlich auch als »Neuigkeitsdetektor« bezeichnet, identifiziert neuen Lernstoff, indem er ihn mit vorhandenen Erfahrungen vergleicht und dann beurteilt, ob er mit ihm vertraut ist oder nicht. Ist er damit nicht vertraut, so wird bewertet, ob der Stoff interessant ist; dies ist offensichtlich fast immer der Fall, wenn Emotionen beteiligt sind. Interessanter Lernstoff passiert leichter den Engpass des Kurzzeitgedächtnisses und wird schneller gespeichert, langweiliger Lernstoff hingegen wird entweder gleich vergessen oder braucht mehr Wiederholungen, bis er im Langzeitgedächtnis verankert ist.

Nun war der in den Experimenten gewählte Lernkontext von negativen Emotionen (schwere Verletzung, Krankenhausaufenthalt) gekennzeichnet, leider nicht von positiven. Trotzdem wirken sich emotional negative Geschichten offensichtlich immer noch besser auf die Erinnerungsleistungen aus als das Fehlen jeglicher Emotionen. Um wie viel leichter wird das Lernen dann erst, wenn wir *positiv* beladene Geschichten zum Lernen verwenden! Auch dazu hat die Gehirnforschung einiges herausgefunden.

Emotionale Beteiligung beim Lernen und Motivation

Manfred Spitzer untersuchte, ob sich die Erinnerungsleistung neutraler Wörter je nach Gefühlskontext änderte. Den Versuchspersonen wurden vor jedem Wort, das ihnen gezeigt wurde, zunächst Bilder präsentiert, die positive, neutrale oder negative Emotionen hervorriefen. Anschließend sollten sie sich an die Wörter frei erinnern. Eindeutig wurde festgestellt: Der emotionale Kontext, in dem ein Wort jeweils erlernt wurde, hat einen Einfluss auf die Gedächtnisleistung. Am besten wurden Wörter erinnert, die mit einem positiven emotionalen Zusammenhang eingespeichert wurden. Es ließen sich sogar unterschiedliche Gehirnbereiche identifizieren, die je nach emotionalem Kontext an der Erinnerung beteiligt waren: Das erfolgreiche Erinnern von Wörtern in einem positiven emotionalen Kontext aktiviert Hippocampus und Parahippocampus; dasjenige in einem negativen emotionalen Kontext die Amygdala, das »Angstzentrum« des Limbischen Systems; und dasjenige in einem neutralen Kontext aktiviert den Frontallappen des Cortex. Die Ergebnisse zeigen, dass Gefühl und Denken eng miteinander verbunden sind und – dass Lernen bei guter Laune am besten funktioniert! Optimal ist Lernen dann, wenn es Spaß macht. Das Wohlbefinden setzt im Gehirn Neurotransmitter wie Dopamin frei, die Voraussetzung dafür sind, dass die elektrochemischen Impulse in den Nervenzellen weitergeleitet werden.

Unser Gehirn kann nicht NICHT lernen – es lernt in jedem Augenblick, wie ich bereits im ersten Teil ausgeführt habe. Denn in jedem Moment nimmt es Signale, Informationen, aus seiner Umgebung auf und verarbeitet sie. Und immer dann, wenn das Gehirn die Begegnung mit etwas interessantem Neuen registriert, wird Dopamin ausgeschüttet, eine Art natürlicher Motivator. Die Dopaminfreisetzung bewirkt eine größere Klarheit des Denkens und versieht Dinge und Ereignisse in der Umgebung mit Bedeutung. Mit anderen Worten: Es entspricht eigentlich der menschlichen Natur, motiviert zu sein; das Gehirn liefert dazu das notwendige Rüstzeug und ist immer aktiv. Die Motivation führt zu einem positiven Lernkreislauf: Neues wird leicht im Gehirn verarbeitet und eingespeichert; die daraus entstehenden Lernerfolge führen zu Optimismus und Selbstbewusstsein, was wiederum die Motivation stärkt.

Wenn Motivation die natürlichste Sache der Welt ist, fragt es sich, warum Lerner, insbesondere Schüler, so oft demotiviert sind und »keinen Bock« auf Lernen haben. Die Antwort ist klar: Weil der Lernstoff falsch dargeboten und falsch aufgenommen wird! Ein ganz großer Hemmschuh ist die dauernde »Fehlersuche« beim Lernen, die sich durch sämtliche Tests, Klassenarbeiten und Prüfungen praktisch von der Schulzeit an bis ins Berufsleben hinein hindurchzieht. Penibel wird immer und überall die Anzahl der Fehler registriert und in Form von Noten bewertet, aber es wird kaum je gelobt, wie viel richtig gemacht wurde. Unter dem Englisch-Diktat steht dann, der Schüler habe fünf Fehler gemacht, aber es steht nicht darunter, dass er 50 Sätze richtig geschrieben hat. Kinder, die noch nicht zur Schule gehen, sind oft viel motivierter als Schulkinder: Sie lernen in einem atemberaubenden Tempo und schneiden bei Spielen wie z. B. Memory erheblich besser ab als Schulkinder und Erwachsene, die es sich mit falschem Lernverhalten unnötig schwer machen.

Uns wird von der Schulzeit an eine falsche Perspektive auf das Lernen ver-mittelt: Es kommt nicht darauf an, beim Lernen immer alles richtig zu machen und penibel die Fehler zu zählen, sondern es kommt auf die positiven Emoti-onen und den *Spaß* am Lernen an! Man sollte das Lernen cool und gelassen angehen und es sich gestatten, Fehler machen zu dürfen.

Es gibt Untersuchungen, die zeigen, dass Lob und Anerkennung – statt Kri-tik von Fehlern – sich positiv auf das Lernverhalten von Schülern auswirken. Der Psychologe Robert Rosenthal führte folgendes Experiment durch: Eine Schulklasse wurde den Lehrern als überdurchschnittlich intelligent vorge-stellt, andere Klassen hingegen als »durchschnittlich«. Die angeblich über-durchschnittliche Klasse war in Wahrheit auch nur durchschnittlich. Nach einem Monat Unterricht verglich man die Leistungen der »überdurchschnitt-lichen« Schüler mit den übrigen Klassen. Das Ergebnis war verblüffend: Die angeblich überdurchschnittlich intelligenten Schüler verzeichneten einen Lernzuwachs von ca. 50 Prozent! Die Lehrer, die diese Schüler unterrichtet hatten, lobten sie viel mehr als sonst üblich. Das Loben war für die Kinder ein Erfolgserlebnis und steigerte ihre Leistung. Wir sehen daran, wie sehr die Erwartungshaltung von Lehrenden (wie Lehrer, Ausbilder, Eltern etc.) das Empfinden beim Lernen beeinflusst und einen positiven emotionalen Kon-text schafft. Und wir sehen auch: Lehrende sollten von ihren Schülern, Auszu-bildenden, Kindern etc. immer nur das Beste annehmen; sie sollten in ihnen das sehen, was sie ihrer Möglichkeit nach sind, wenn sie Höchstleistungen er-bringen. Denn dann – und nur dann – entwickeln die Lernenden tatsächlich solche Höchstleistungen.

Netzwerke im Gehirn

Noch aus einem weiteren Grund sind Geschichten und Emotionen für das Lernen förderlich: Sie sorgen dafür, dass beim Lernen des Stoffes gleich eine Vielzahl von situativen, emotionalen und interaktiven Bezügen hergestellt wird, die dazu beiträgt, den Lernstoff an mehreren Stellen im Gehirn »abzu-legen«. Dadurch kommt es zu vielfältigen *Vernetzungen* auf der neuronalen

Ebene, die dazu beitragen, dass die gespeicherten Inhalte leichter wieder abgerufen werden können.

Wie wir im ersten Teil des Buches gesehen haben, geht Lernen im Gehirn mit einer Veränderung der Synapsenstärke einher. Je stärker die Übertragung an einer Synapse, desto größer die Wahrscheinlichkeit, dass sie »feuert«, also den Erregungsimpuls elektrochemisch an die nachfolgende Nervenzelle weitergibt. Beim Vorhandensein von Emotionen und Geschichten »feuern« die Synapsen viel öfter und stärker als ohne; emotionale Zugänge laufen messbar schneller ab als rein kognitive, also auf das Denken bezogene.

Ein Lernstoff, der an mehreren Stellen im Gehirn gespeichert wird, erzeugt ein bestimmtes *Muster* im Gehirn, eine Matrix-Repräsentation, an der eine ganze Gruppe von Neuronen, eine sogenannte *Neuronenpopulation*, beteiligt ist. Man spricht hier auch von einer »landkartenförmigen« Repräsentation oder einem *Netzwerk* im Cortex mit folgenden Merkmalen:

- Ähnliche Reizsignale liegen nahe beieinander.
- Häufige Reizsignale nehmen einen größeren Raum im Gehirn ein als seltene.
- Mit Intensität aufgenommene Reizsignale erzeugen eher ein Netzwerk der Repäsentation als mit Gleichgültigkeit aufgenommene.

Neuronen, für sich allein betrachtet, sind, wie manche Forscher sagen, eine »lausige Hardware«: Sie sind langsam und unzuverlässig; manchmal geben sie einen Erregungsimpuls an das nächste Neuron weiter, manchmal auch nicht. Im zweiten Fall geschieht gar nichts; mit anderen Worten: Wir können uns nicht erinnern. Würden unsere Computer so unzuverlässig arbeiten und ihre Bits und Bites so »launisch« abrufen wie einzelne Neuronen, so hätten wir sie längst weggeworfen. Trotzdem ist das Gehirn, als Ganzes betrachtet, sehr viel leistungsfähiger, flexibler und schneller als jede Maschine.

Dies liegt an der Bildung von Netzwerken, in denen viele Informationen dann abgespeichert werden, wenn sie in einem reichhaltigen Kontext (Geschichte, Emotionen) gelernt wurden. Der Lernstoff bildet dann ein typisches Erregungsmuster im Gehirn aus, mit dem sich die Wahrscheinlichkeit, dass die

Neuronen eine Information weiterleiten, enorm erhöht. Solche Neuronennetzwerke oder -muster sind in ihrer Tätigkeit bedeutend robuster, zuverlässiger und genauer als ein einzelnes Neuron. Selbst dann, wenn eine einzelne Nervenzelle ausfällt, können alle übrigen im Netzwerk die Arbeit genauso gut übernehmen.

Man könnte es auch so ausdrücken: Statt lediglich *eines* Schlüssels zum Lernstoff erhalten wir durch emotional geladene Geschichten oder Bilder einen ganzen Schlüsselbund, mit Hilfe dessen wir das Erlernte auf vielfache Weise wieder »erschließen«, also abrufen können. Denn es ist an unterschiedliche Reize gekoppelt worden, von denen *jeder* als Zugang zum Erlernten fungieren und damit die Nervenzellen zur Weiterleitung der Information bewegen kann.

Liebe Leserin, lieber Leser, geben wir unseren Gehirnen doch eine Chance – *lassen* wir sie lernen! Verschaffen wir ihnen den Kontext und die Geschichten, die Lernen angenehm, leicht und harmonisch machen. Unser »Geschichtenerzähler« im Kopf, das episodische Gedächtnis, ist ein mächtiges Wesen, das wir viel zu wenig um Mithilfe bitten, wenn wir versuchen, uns angespannt und oft krampfhaft trockenen Lernstoff »in die Birne zu trommeln«.

Machen wir es uns doch einfach, indem wir humorvolle und fröhliche Geschichten erfinden, die nicht nur Spaß machen, sondern auch die Fantasie anregen! Beim kreativen Erfinden von Geschichten kann uns die Mnemotechnik helfen, über die Sie am Ende dieses Buchteils mehr erfahren. Apropos: Erinnern Sie sich noch an die Wikinger-Geschichte im letzten Kapitel? Können Sie sie noch auswendig, zusammen mit den zehn Nonsenssilben? Versuchen Sie es gleich noch einmal, indem Sie die Geschichte *jetzt* wiederholen (ohne sie nachzulesen)!

Nebenbei bemerkt: *Storytelling* ist mittlerweile sogar eine anerkannte Methode im Management. In der Analyse von Unternehmenskulturen, im Coaching, im Change- und Wissensmanagement wird Storytelling als Methode in der Unternehmensberatung eingesetzt. Sogar die Weitergabe von Fachwissen und Erkärungsmodellen wird durch Erzählen begleitet, denn Geschichten machen Ideen, Argumente und Gedanken greifbar, weil sie sie in einer vorstellbaren und konkreten Umwelt und Situation ansiedeln.

»Wer der Kraft des Erzählens vertraut, wer das Wissen und die Bilder, die in Geschichten liegen, ernst nimmt und versteht, der wird eine ganzheitlichere Sicht auf das Unternehmen und die mit ihm verbundenen Menschen gewinnen, der wird viel eher Meisterschaft im Herstellen und Entdecken von Beziehungen erlangen. Wer die Kraft des Erzählens entdeckt hat, der wird sich schließlich nach der Maxime verhalten, die lautet: Verhalte dich so, dass Kollegen und Kunden positive Geschichten über dein Unternehmen erzählen können« (Frenzel/Müller/Sottong 2004, S. 10).

Auch in Marketing und Werbung werden ständig Geschichten erzählt. Kein Produkt ließe sich heute noch verkaufen, wenn es nicht in einer Geschichte verpackt daherkäme. »Zeige das Produkt und seine Nutzer in Aktion« – so lautet das Motto jeglicher Werbung. Die ganze Werbeindustrie lebt davon, sich tolle Geschichten rund um Produkte auszudenken und sie dann so komprimiert in 30-Sekunden-Filmspots hineinzupacken, dass der Zuschauer in den nächsten Laden läuft und sein Portemonnaie zückt. Die Geschichten, die die Werbung schreibt, sind häufig kleine Mini-Dramen mit einem klassischen Aufbau: Besitzer *ohne* Produkt – oder mit einem Produkt der Konkurrenz – ist unglücklich und hat Probleme; Besitzer *mit* dem zu verkaufenden Produkt strahlt, ist glücklich und hat keine Probleme. Diese Art von Schwarzweiß-Malerei nennt man in der Werbung schlicht den »Vorher-Nachher-Effekt«. Merke: Der Besitz eines bestimmten Produkts wird durch eine Mini-Geschichte mit *positiven* Gefühlen im Gehirn des Zuschauers verknüpft. (Dass manche Werbespots schlicht Lügenmärchen sind und uns oft Leistungen vorgegaukelt werden, die die Produkte gar nicht erfüllen, steht auf einem anderen Blatt.)

Verschiedene Lerntypen ansprechen

Was können wir noch tun, um Netzwerke und Muster im Gehirn zu erzeugen und dadurch das Gedächtnis zu stärken? Wir sollten dafür sorgen, dass der Lernstoff über verschiedene Sinneskanäle gleichzeitig aufgenommen wird.

Allgemein gilt: Wir behalten
- 10 Prozent dessen, was wir nur lesen,
- 20 Prozent dessen, was wir hören,
- 30 Prozent dessen, was wir sehen,
- 50 Prozent dessen, was wir hören und sehen,
- 70 Prozent dessen, was wir selbst sagen, und
- 90 Prozent dessen, was wir selbst tun.

Beim Lernen stehen vielfach nur Lesen, Hören und Sehen im Vordergrund; häufig ist überhaupt keine Gelegenheit, das Erlernte auch anzuwenden, so dass alles leere Theorie bleibt. Da ist es kein Wunder, wenn so vieles vergessen wird und das Langzeitgedächtnis gar nicht erst erreicht.

Wir wissen heute, dass es unterschiedliche Lerntypen gibt:
- Der *visuell-verbale* Typ lernt am ehesten durch Informationen aus Texten und Büchern.
- Der *auditiv-verbale* Typ lernt am wirksamsten durch das gesprochene Wort (Vorträge, Reden usw.).
- Der *auditiv-kommunikative* Lerntyp lernt, indem er über den Lernstoff spricht und Informationen im Frage-Antwort-Spiel austauscht.
- Der *haptisch-motorische* Lerntyp lernt, indem er Dinge erfühlt und sich dabei bewegt.

Sinnvoll wäre es daher, jeden Lernstoff auf allen Sinneskanälen darzubieten, damit alle Lerntypen zu ihrem Recht kommen und die Informationen auf die jeweils passende individuelle Weise aufnehmen können. Auch dadurch ergibt sich eine netzwerkartige Repräsentation im Gehirn.

Üben und Wiederholen

Um Informationen im Langzeitgedächtnis zu verankern, müssen wir etwas tun, damit unsere »lausige Hardware« im Kopf so auf Trab gebracht wird, dass sie schließlich hochgradig zuverlässig und effektiv funktioniert. Aus der Gehirnforschung ist bekannt, dass nicht die *Dauer* eines bestimmten Inputsignals für die Einspeicherung im Langzeitgedächtnis entscheidend ist, sondern die *Häufigkeit,* mit der gleiche oder ähnliche Signale auf die Neuronen einwirken. Das ist eine wichtige Erkenntnis, die uns zum Bereich Üben und Wiederholen führt. Wie ich bereits im Zusammenhang mit den verschiedenen Gedächtnisarten ausgeführt habe, kommt es bei Wiederholungen auf die richtigen Abstände dazwischen an. Intensives Pauken in letzter Minute vor einer Prüfung ist genauso ineffektiv wie zu viele Wiederholungen in zu kurzen Abständen oder zu wenige Wiederholungen insgesamt.

Unser Gehirn lernt langsam, *sehr langsam.* Bis ein Netzwerk der Wissensrepräsentation im Gehirn entstanden ist, das bei einem bestimmten Inputsignal konstant und verlässlich reagiert, bedarf es etlicher Wiederholungen. Bei drei bis fünf Wiederholungen innerhalb der ersten drei Tage nach Erstaufnahme des Stoffes ist eine erste Gedächtniskonsolidierung eingetreten und der Lernstoff ist ins Langzeitgedächtnis übergegangen, sollte allerdings auch dann noch mehrfach repetiert werden.

Zeitlich gestrecktes Lernen hat den Vorteil, dass es sehr gut wirkt: Mehrere kurze Lerneinheiten sind effektiver als eine sehr lange. Mit jeder Wiederholung verändert sich das Netzwerk der Neuronen im Gehirn, in dem der Stoff gespeichert ist, ein klein wenig und die Synapsen werden stärker. Da sie nicht endlos gestärkt werden können, erfolgt eine nutzungsabhängige Schwächung, sobald eine Information nicht mehr abgerufen wird. (Man spricht hier von »synaptischer Plastizität«.) Deshalb sollte der Lernstoff in Abständen von Tagen und Monaten wiederholt werden.

Das virtuose Beherrschen einer Fähigkeit, das echte Können, braucht noch sehr viel mehr Übungseinheiten als das »durchschnittliche« Lernen. Dabei ist es völlig gleichgültig, ob es sich um das Spielen eines Musikinstrumentes oder eine bestimmte Anzahl von Handgriffen am Fließband handelt. Ein guter Musiker z. B. hat bis zu seinem 20. Lebensjahr mindestens 10 000 Stunden mit seinem Instrument geübt. Und sogar ein Fließbandarbeiter erreicht erwiesenermaßen erst nach ein bis zwei Millionen (!) Wiederholungen von Handgriffen eine hohe Leistungskompetenz. Und selbst dann verbessern sich noch mit jeder Wiederholung seine Handgriffe. Es dauert Tausende von Stunden bis zur virtuosen echten Könnerschaft eines Lernstoffes! Übung macht den Meister, wie schon der Volksmund sagt.

Aufmerksamkeit und Schlaf

Es klingt wahrscheinlich banal, wenn ich darauf hinweise, dass auch Aufmerksamkeit notwendig ist beim Lernen. Mit Aufmerksamkeit ist die Hinwendung auf bestimmte Sachverhalte und das gleichzeitige Ausblenden anderer Sachverhalte, beispielsweise ungewollter Umgebungsreize, gemeint. Aber wie sieht es denn z. B. heute aus, wenn im Hintergrund der Fernseher läuft und die Kinder gleichzeitig Schularbeiten machen?

Aufmerksamkeit erhöht die Behaltensleistungen, denn erst die Konzentration auf einen bestimmten Ausschnitt der Umwelt, der gerade unsere Sinne erregt, führt zur Aktivitätszunahme derjenigen neuronalen Strukturen, die für die Verarbeitung zuständig sind. Fehlt es an Aufmerksamkeit, so wird nichts gelernt, selbst wenn das Gehirn fortlaufend mit Lernreizen bombardiert wird. Dann ist nämlich das »Hintergrundrauschen« aus der Umgebung so laut, die Anzahl der gleichzeitig auf den Lerner einströmenden Reize so groß, dass das Gehirn völlig damit überfordert ist, sich auf irgendetwas zu fokussieren. Bei fehlender Aufmerksamkeit wird rein gar nichts gelernt, wie die Hirnforschung bei Experimenten ebenfalls festgestellt hat.

Zuletzt sei noch der Schlaf angesprochen: Tatsächlich ist er unentbehrlich für die Konsolidierung des Gedächtnisses. Die Schlafforschung ist noch weit davon entfernt, alle Gründe dafür zu kennen, warum der Mensch schlafen muss. Aber eines wissen wir heute schon ganz genau: Ohne Schlaf ist es *überhaupt nicht möglich,* Informationen vom Kurz- ins Langzeitgedächtnis zu überführen. Daher ist es ja auch sinnvoll, Lernstoff erst nach 24 Stunden zu wiederholen, wenn man zuvor einmal »darüber geschlafen« hat. Der Wissenschaftler Jan Born hat die Auswirkungen des Schlafes auf das deklarative und das prozedurale Gedächtnis untersucht. Ergebnis: Bei der Erlernung von Bewegungsabläufen (Sport, Musikinstrument usw.) ist der Leistungszuwachs nach dem Schlaf größer als zuvor.

Dasselbe gilt für Vokabellernen, wie durch eine Studie mit Kindern im Alter von acht bis zehn Jahren festgestellt wurde: Die Schüler lernten morgens und abends Vokabeln. Eine erste Wiederholung der Vokabeln erfolgte am selben Abend, die zweite Wiederholung am nächsten Morgen. Am Morgen war der Leistungszuwachs bei den Kindern deutlich höher als am Abend zuvor. Die Gedächtnisbildung im Schlaf scheint auf einem Dialog zwischen dem Hippocampus und der Hirnrinde (Neokortex) zu beruhen. Die Informationen werden offenbar zuerst im Hippocampus zwischengespeichert und anschließend in einer bestimmten Schlafphase durch messbare und langsame elektrische Potenziale in den Neokortex überführt.

Lernen im Schlaf – angenehmer geht es ja gar nicht! Also lassen wir doch unsere Heinzelmännchen nachts die Gehirnzellen aufräumen und die »Ablage« in Ordnung bringen. Dann finden wir am nächsten Morgen in unserem sauber aufgeräumten »Lernbüro« auch alles wieder. Nur die uralte Methode, nachts ein Buch unter das Kopfkissen zu legen, um im Schlaf zu lernen, funktioniert leider nicht. Man muss schon vorher den Lernstoff *aktiv* durch eigene Beteiligung ins Kurzzeitgedächtnis aufgenommen haben, denn die Heinzelmännchen haben leider keinen Zugriff auf »externe« Quellen außerhalb des Gehirns.

Spiegelneuronen – Lernen durch Nachahmen

Viele Lernvorgänge laufen typischerweise so ab, dass der Lehrende etwas vormacht, der Schüler dabei zunächst zusieht und anschließend das Beobachtete nachahmt. Bis vor wenigen Jahren war nicht bekannt, was dabei im Gehirn genau vor sich geht. Dann entdeckte in den frühen Neunzigerjahren die Forschergruppe um den italienischen Neurophysiologen Giacomo Rizzolatti zufällig bei einem Experiment eine besondere Art von Nervenzellen. Die Forscher untersuchten die Aktivität in den Gehirnen eines Makakenäffchens, während es nach Nüssen, Spielzeug oder Obst griff. Kurz vor einer Messung griff einer der Wissenschaftler selbst nach einer Weintraube, die eigentlich für das Äffchen bestimmt war. Es bewegte sich zwar nicht, aber trotzdem schlug das Messgerät aus. Im Gehirn des Tieres hatte sich etwas getan, und zwar an genau derselben Stelle, die zuvor beteiligt gewesen war, als es selbst nach der Nahrung gegriffen hatte: im prämotorischen Cortex. Als das Experiment treffsicher mehrfach wiederholt werden konnte, gab man den beteiligten Nervenzellen einen besonderen Namen: Man nannte sie *Spiegelneuronen*. Damit hatte man auch die Verbindung zwischen Wahrnehmung und Bewegung gefunden, denn das Zuschauen bei einer Tätigkeit aktiviert dieselben Nervenzellen, die beteiligt sind, wenn das Tier die Tätigkeit selbst ausführt. Die Spiegelneuronen sind eine Art Knotenpunkte zwischen dem sensorischen und dem motorischen Netzwerk. »Spiegelneurone erlauben uns, die Absicht fremder Aktionen zu verstehen, und zwar, indem wir mit ihrer Hilfe die Handlung intern simulieren und so ihren Ausgang vorwegnehmen«, so einer der Forscher um Rizzolatti (zit. nach Gaschler 2006, S. 28).

Damit war ein neues Kapitel in der Gehirnforschung aufgeschlagen worden, das zu aufschlussreichen Erkenntnissen führte, die durch weitere Experimente gewonnen wurden. In einem Versuch mit einem Makaken tat der Experimentator so, als ob er nach einem Leckerbissen greifen wollte, griff dann aber ins Leere. In diesem Fall tat sich nichts im Gehirn des kleinen Affen. Als ob das Tier geahnt hätte, dass man es an der Nase herumführen wolle! Andererseits jedoch reagierten seine Spiegelneuronen schon, wenn er lediglich *hörte,* dass ein Artgenosse eine Nuss knackte, ohne diesen Vorgang sehen zu können. Dieses Geheimnis der vorausschauenden Intuition ist noch nicht ergründet. Bekannt hingegen ist inzwischen, in welchen Gehirnregionen sich die Spiegelneuronen befinden. Beim Menschen sind dies der motorische Cortex, das

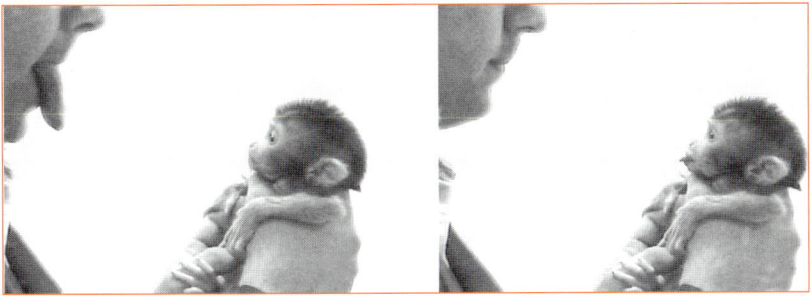

Ätsch, das kann ich auch! Ein neugeborenes Makakenäffchen ahmt spontan einen Menschen nach.

Broca-Areal, das für die Sprachproduktion zuständig ist, der Scheitel- und der Schläfenlappen des Großhirns sowie die Insula im Limbischen System; vermutlich haben noch weitere Regionen die Fähigkeit des Spiegelns.

Einige spannende Experimente wurden im Anschluss an die Untersuchung mit Affen auch an Menschen durchgeführt, allerdings mit der Einschränkung, dass man bei Menschen das Gehirn nicht direkt beobachten kann. Besonders interessierte die Forscher das Thema Mitgefühl: Was passiert z. B., wenn eine Person weiß, dass einer anderen im Augenblick Schmerz zugefügt wird? Wissenschaftler beobachteten unter anderem eine Reihe von Frauen, deren Partnern unangenehme, aber harmlose Stromstöße versetzt wurden, was allerdings die Frauen nicht sehen konnten. Sie konnten nur aus eingeblendeten Zeichen und Reaktionen ihrer Partner indirekt erschließen, was gerade mit diesen geschah. Bei einer Spiegelung zeigen sich Aktivitäten in den für die Bewertung von Schmerz bedeutenden Gehirnregionen der Frauen. Offenbar ist für das Zustandekommen einer Spiegelung generell entscheidend, ob die Personen, denen Schmerz zugefügt wird, den Betreffenden sympathisch sind. Denn die Spiegelneuronen reagieren nicht, wenn eine Person zuvor als »unsympathisch« im Versuch eingeführt wurde.

Ganz ausgezeichnete Nachahmer sind Babys und Kleinkinder. Säuglinge können bereits kurz nach ihrer Geburt – genauso wie neugeborene Makakenäffchen – spontan bestimmte ihnen gezeigte Gesichtsausdrücke imitieren. Im Alter von 12 bis 14 Monaten können Kleinkinder bereits die Absichten von beobachteten Handlungen voraussehen und verstehen, ab dem 18. Monat dann sogar Bewegungsabfolgen gezielt durch Nachahmung einüben. Kleine Kinder im Alter bis zu zehn Jahren sind oft wahre »Äffchen«, die viel Spaß daran haben, alles nachzumachen, was sie bei den Erwachsenen beobachten. Ein Großteil allen Spielzeugs ist nichts weiter als die »Miniaturausgabe« von Teilen der Erwachsenenwelt, die sich die Kinder durch Nachahmung erschließen.

Als Erwachsene unterliegen wir oft unbewusst der Nachahmung, beispielsweise wenn wir die Mimik oder die Körperhaltung unseres Gegenübers während eines Gespräches imitieren, ohne es selbst zu bemerken. Der Gesprächspartner schlägt die Beine übereinander, wir tun im Sekundenabstand dasselbe; er lächelt uns an, und wir lächeln zurück. Kennen Sie auch die folgende Situation: Sie sitzen mit ein paar Freunden in geselliger Runde zusammen. Auf einmal beginnt jemand einen eher unterdurchschnittlichen Witz zu erzählen, was Sie höchstens zu einem müden Lächeln bewegen würde. Doch einer Ihrer Freunde findet diesen Witz so lustig, dass er sich vor lauter Lachen kaum mehr auf dem Stuhl halten kann. Automatisch beginnen Sie ebenfalls lauthals zu lachen, weil Ihr Freund Sie »angesteckt« hat. Wir haben ganze Netzwerke solcher automatisierter Handlungen im Gehirn gespeichert und die Spiegelneuronen werden aktiv. Forscher haben festgestellt, dass das System der Spiegelneuronen lernfähig und flexibel ist. So sind z. B. bei einem Pianisten, der ein Musikstück hört, auch die für die Fingerbewegungen zuständigen motorischen Areale aktiv.

Inzwischen wird das Reaktionsvermögen der Spiegelneuronen in Rehabilitationsprogrammen für Patienten genutzt, deren motorische Fähigkeiten durch eine Hirnblutung eingeschränkt sind: Man zeigt ihnen Filmaufnahmen von Bewegungsabläufen, die sie vor ihrer Erkrankung beherrschten und nun wieder erlernen sollen. Anschließend werden sie aufgefordert, das Gesehene zu imitieren. Die Patienten lernen die Bewegungsabläufe erheblich schneller als Vergleichsgruppen, die keine Videotherapie erhalten. Auch dies gilt nicht nur für kranke, sondern ebenso für gesunde Menschen; und es ist dabei nicht entscheidend, ob man einen wirklichen Film gesehen hat oder der Film nur in Form einer bildhaften Vorstellung im Kopf ablief. Sportler beispielsweise nutzen diese Art des *Mentaltrainings,* um sich auf neue Leistungen einzustimmen: Sie schauen sich in einem Film an, wie andere Sportler die zu erlernende Bewegungsabfolge bereits perfekt ausführen, und stellen sich außerdem noch bildhaft vor, wie sie die Bewegungen selbst vollziehen und bereits beherrschen. Dies beschleunigt den Lernprozess enorm.

Spiegelneuronen sind ein spannendes neues Kapitel der Gehirnforschung, in dem es noch viel zu entdecken gibt. Nicht verschwiegen werden soll jedoch, dass sich mittlerweile unter den Wissenschaftlern auch Stimmen mehren, die das Konzept der Spiegelneuronen in Frage stellen: Fast alle weiteren Experimente fördern neue Hirnregionen zutage, die spiegeln können, sodass es sich fragt, ob letztlich *sämtliche* Nervenzellen das Potenzial zur Spiegelung besitzen. In diesem Fall würde das Konzept spezieller Spiegelneuronen keinen Sinn mehr machen, denn die Fähigkeit des Spiegelns käme dann letztlich allen Neuronen zu und wäre lediglich eine ihrer vielen Funktionen. Zudem wenden die Kritiker der Spiegelneuronen ein, die Netzwerke im Gehirn seien so weitreichend, dass bei allen Gehirnexperimenten grundsätzlich immer nur eine gemittelte gleichzeitige Aktivität von Hunderttausenden von Nervenzellen messbar sei, sodass es recht willkürlich wäre, irgendwelche davon herauszugreifen und als »Spiegelneuronen« zu bezeichnen.

Zusammenfassung

Fassen wir noch einmal zusammen, mit welchen Methoden Lernen – im Sinne einer Überführung von Informationen und Wissensstoff vom Kurz- ins Langzeitgedächtnis – optimal funktioniert:

Jeder Lernstoff sollte am besten in einem *reichhaltigen Kontext* aufgenommen werden. Vielfältige Eindrücke beim Lernen garantieren, dass der Stoff über verschiedene Wege gleichzeitig in die Nervenzellen gelangt und diese ein umfassendes Netzwerk schaffen, in dem der Stoff repräsentiert ist und auf verschiedene Weise – statt nur durch ein einziges Inputsignal – wieder abgerufen werden kann. Ein reichhaltiger Kontext entsteht, wenn

- der Lernstoff in eine Geschichte eingebettet wird – gleich ob diese real oder erfunden ist;
- der Lernvorgang mit positiven Emotionen verbunden wird (Lob des Lehrers; angenehmes, entspanntes Lernklima; kein Stress, alles richtig machen zu müssen; witzige Geschichten), weil dadurch automatisch Motivation im Sinne von Interesse am Lernstoff entsteht;
- der Lernstoff nicht nur verbal-abstrakt-theoretisch präsentiert wird, sondern die Lerninhalte selbst erlebt, praktisch erprobt und angewandt werden können;
- der Lernstoff auf mehreren Sinneskanälen (hören, sehen, riechen, anfassen) dargeboten wird, damit alle Lerntypen gleichermaßen angesprochen werden.

Weiter ist es wichtig,

- den Lernstoff zeitlich gestreckt über einen Zeitraum von mindestens mehreren Tagen – statt komprimiert in zu kurzer Zeit – mehrfach zu wiederholen,
- dem Lernstoff während der Einspeicherung ins Kurzzeitgedächtnis die volle Aufmerksamkeit zu widmen und alle störenden Umfeldreize abzuschalten sowie
- ausreichend zu schlafen.

3. So funktioniert Lernen nicht

»*Ich kam in der Schule nie zurecht. Ich war immer der Letzte. Ich hatte immer das Gefühl, dass mein Lehrer mich nicht mochte … Mein Lehrer nannte mich vor der ganzen Klasse einen Hohlkopf. Das traf mich so sehr, dass ich den Unterrichtsraum verließ und zu meiner Mutter nach Hause lief. Ich ging nie wieder zur Schule zurück*« (zit. nach Hühold 1994, S. 39).

Der »Hohlkopf« erhielt in seinem Leben nur wenige Monate geregelten Schulunterricht, doch blieb er nicht ohne Bildung. Zum Glück unterrichtete ihn seine gebildete Mutter in den wichtigsten Fächern. Er besuchte keine Universität und kein College. Irgendwann muss dem »Hohlkopf« doch ein Licht aufgegangen sein! Denn ihm verdanken wir, dass wir heute nicht mehr bei Kerzenschein arbeiten müssen, sondern fast die ganze Welt zu Anfang des letzten Jahrhunderts in der atemberaubenden Geschwindigkeit von weniger als 15 Jahren mit Elektrizität versorgt wurde. Ihm verdanken wir ebenfalls, dass wir Musik auf Medien aufnehmen und wieder abspielen und dass wir fernsehen können.

Der »Hohlkopf« hieß Thomas Alva Edison. Über seine Mutter sagte er: »Sie hat mich zu dem gemacht, was ich bin.« Nicht zuletzt weckte sie das Interesse des Jungen an der Naturwissenschaft durch ein Buch über Naturphilosophie, das sie ihm schenkte. So entwickelte Edison eine unerschütterliche Eigenmotivation – oder anders gesagt: Seine Mutter schuf durch ihre Zuwendung ein positives Lernklima, in dem sich der Junge entfalten und in seinem späteren Leben zu ungeahnten Höhen emporsteigen konnte, und zwar indem er sich alles autodidaktisch aneignete und durch unzählige praktische Experimente (reichhaltiger Bedeutungskontext!) viele technische Erfindungen bis zur Produktionsreife entwickelte. Bis zu seinem 84. Lebensjahr meldete er über 2500 Patente an.

Sollen wir jetzt sagen: *Zum Glück* hat er nie eine Schule und eine Universität besucht? Denn dann wäre er vielleicht in seinem Denken so festgefahren und als angeblicher Versager so demotiviert gewesen, dass er niemals so bahnbrechend innovative technische Geräte wie Phonographen, Filmaufnahmeapparate, Glühbirnen, Stromgeneratoren, Elektrizitätswerke und Eisen-Nickel-Akkumulatoren hätte entwickeln können.

Thomas A. Edison, Gerhart Hauptmann, Wilhelm Busch, Winston Churchill und viele andere – sie alle waren Schulversager, taten sich mit dem Lernen schwer, schlugen zum Teil jahrzehntelang einen falschen, frustrierenden Lebensweg ein, auf dem sie nicht weiterkamen und nur Misserfolge ernteten. Manch einer fand nur durch »Zufall« in seinen späteren Lebensjahren seine wahre Berufung und Begabung, nachdem ihm das Lernen erst einmal gründlich vermiest worden war. Wären diese Männer nicht berühmt geworden mit ihren Lebenswerken, so hätte von ihrer angeblichen »Lernschwäche« im Nachhinein niemand Notiz genommen.

Thomas A. Edison: Schulversager und genialer Erfinder

Mir persönlich ging es übrigens ganz ähnlich: Ich hatte die Note »mangelhaft« in Deutsch. Mein Lehrer erklärte mir, ich könnte weder reden noch Aufsätze schreiben. Heute rede ich als Keynote-Speaker und Trainer für Mnemotechnik fast den ganzen Tag lang und schreibe sogar ein Buch. Vor einigen

Jahren war ich für das Marketing einer Bank zuständig und schrieb Reden für den Vorstand. Das war nur zwei Jahre, nachdem ich meine Fünf in Deutsch bekommen hatte. Es muss etwas grundlegend falsch sein an dem Zusammenspiel von Schulsystem, Eltern, Lehrern und Schülern! Zwischen den Erkenntnissen der Gehirn- und Lernforschung und den häufig erfolgswidrigen Umständen des Lernens herrscht eine deutliche Diskrepanz. Das wollen wir uns in diesem Kapitel genauer anschauen.

Stress und Angst oder die Not mit den Noten

Kinder sind von Natur aus neugierig, begeisterungsfähig und offen für alles, was es in der Welt zu sehen, zu erleben, zu erfahren und zu lernen gibt. Ihre Gehirne sind dafür bestens ausgerüstet: Die Nervenzellen schütten Dopamin aus, sobald sich etwas Interessantes, aufregend Neues in der Umgebung tut, und diese Ausschüttung verleiht den eingehenden Informationen sofort eine Bedeutung. Das Gehirn fühlt sich auf angenehme Weise angeregt und ist sogleich auf »Lernen« programmiert. Haben Sie einmal beobachtet, wie stolz und aufgeregt kleine Kinder sind, sobald sie etwas Neues gelernt haben, wie sie herumhüpfen und allen in der Umgebung erzählen, was sie jetzt schon können? In dem Moment, in dem sie das Stadium des Könnens einer neuen Fertigkeit oder Fähigkeit erreicht haben, ist für sie alle Mühe vergessen, die sie aufwenden mussten, um dorthin zu gelangen. Vergessen hat das Kind, dass es, bevor es laufen konnte, mehr als 2000-mal hingefallen ist, sich dabei wehgetan hat, manchmal die Knie blutig waren, es sich von der Mutter trösten lassen musste. Der Wille zu lernen war stärker als alle Mühe, die notwendig war, um das Ziel zu erreichen. Für Kinder ist es dabei sehr motivierend, »erwachsen« zu werden und alles zu erlernen, was die Erwachsenen schon längst können. Die Freude bewirkt in ihnen Motivation und lässt sie sich sogleich auf die nächsten spannenden Aufgaben stürzen. Ein positiver Kreislauf ist in Gang gesetzt.

Kommen die Kinder in die Grundschule, so sind sie meist noch sehr motiviert. Mit der großen Schultüte unter dem Arm treten sie in die Welt des Lesens und Schreibens, des Rechnens und Zeichnens ein. Sie sind voller Vorfreude, dass sie nun endlich noch mehr lernen dürfen und der Erwachsenenwelt wieder einen Schritt näher rücken. Und dann? Befragen Sie einmal ältere Schüler nach ihrer Einstellung zur Schule. Die Antwort wird meistens »keinen Bock« lauten. Empirische Untersuchungen an 15-Jährigen zeigten, dass sie mit Schule gerade noch das Treffen mit Freunden verbinden, hin und wieder auch noch mal interessanten Unterricht, aber Lernen?! Gerade noch 20 Prozent verbinden Schule mit Lernen. Eine Art Lernverweigerungsmentalität hat sich heute auf breiter Front entwickelt, wie sich deutlich an den schlechten PISA-Ergebnissen ablesen lässt.

Ein Problem beim Lernen ist, dass Leistungsmessung und -bewertung in der Regel in stress- und angstbesetzten Situationen erfolgen. Der Fokus liegt bei allen Prüfungen darauf zu ermitteln, was die Schüler *nicht* können und *nicht* gelernt haben, aber nicht darauf, was sie können.

Neben der Art und Weise der Bewertung sowie der bereits besprochenen Erwartungshaltung, die Lehrer auf ihre Schüler projizieren – also ob sie sie generell für fähig und begabt halten oder nicht –, liegt ein weiterer Stressfaktor darin, dass alle gezwungen werden, denselben Stoff zu lernen, unabhängig von ihrer individuellen Begabung. Man stelle sich folgende Situation vor: Ente, Adler, Fisch und Elefant besuchen gemeinsam die Schule. Das Lernprogramm ist für alle gleich. Die Ente schneidet hervorragend im Schwimmen ab, im Fliegen erreicht sie so gerade den Durchschnitt, aber im Laufen ist sie mit ihren tolpatschigen Füßen und ihrem Watschelgang ein hoffnungsloser Fall – sie handelt sich ein Mangelhaft ein. Der Elefant kommt so richtig auf Touren, wenn er rennen und dabei laut trompeten kann. Das Schwimmen bekommt er gerade noch hin, wenn das Wasser nicht zu tief ist, aber als er auf einen Baum klettern soll, brechen schon die Äste unter seinem Gewicht zusammen; der Lehrer erklärt ihn zum Versager. Der Fisch kann nur schwimmen, sonst nichts. Das kann er besser als alle anderen. Aber weil er weder rennen noch auf einen Baum klettern kann, bleibt er leider sitzen. Der Adler schließlich erhebt sich in jeder Flugstunde erneut zum Herrn der Lüfte und macht darin sogar noch dem Lehrer Konkurrenz. Der Lehrer erklärt ihn jedoch zum Problemfall, weil er beim Klettern auf einen Baum zwar als Erster oben ankommt, aber eigenwillig darauf besteht, auf seine individuelle Weise, nämlich fliegend, den Baumwipfel zu erreichen …

Das Lernen, wie wir es heute kennen, nimmt keine Rücksicht auf individuelle Begabungen oder Fähigkeiten. Ja, das Problem ist, dass Schüler vielfach gar keine Chancen haben, ihre Begabungen überhaupt zu entdecken und zu entfalten, da sie in uniforme Lehrpläne hineingezwängt werden. Alle Schüler werden über einen Kamm geschert und am Ende kommt dann nur noch ein »Durchschnittsmaß«, ein »Mittelmaß«, heraus. Nebenbei bemerkt, ist dies auch eines der Probleme in den heutigen Unternehmen, die zunehmend Schwierigkeiten haben, fähige Mitarbeiter zu finden. Bewerber zeichnen sich nur zu häufig durch »Austauschbarkeit« aus: Sie haben dieselben Fähigkeiten und Fakten wie alle übrigen erlernt und dieselben Ausbildungsgänge durchlaufen. Entsprechend stehen in Hunderten von Bewerbungen dieselben Qualifikationen drin. Wen soll man unter diesen Umständen einstellen? Es wird für Arbeitgeber zunehmend schwieriger, aus der Masse der eingehenden Bewerbungen befähigte Kandidaten herauszufiltern. In Deutschland beklagen heute schon etliche Unternehmen, sie könnten – weil es nämlich gar nicht an Aufträgen fehle – viel schneller wachsen, wenn sie nur endlich die richtigen Mitarbeiter bekämen, nämlich motivierte Leute, die auf einem Spezialgebiet herausragend sind, anstatt auf vielen Gebieten »durchschnittliche« und damit austauschbare Leistungen aufzuweisen.

Wie wir am Beispiel der Tierschule gesehen haben, kann es für Schüler ungeheuren Stress bedeuten, Dinge lernen zu müssen, für die sie definitiv keine Begabung haben. Das Ganze könnte allerdings weit weniger stressig sein, wenn das Hauptaugenmerk nicht auf den Noten läge. Ich behaupte: Das vorherrschende Notensystem muss durch ein differenziertes Evaluationssystem erweitert oder gar ersetzt werden. Schüler benötigen in erster Linie keine Noten, sondern ein qualifiziertes *Feedback,* eine Rückmeldung, über ihren Leistungsstand. Geschieht das ohne Druck und Zwang, dann ist durchaus auch eine Motivation vorhanden, weiter zu lernen und zu probieren, bis das Lerngebiet wenigstens einigermaßen beherrscht wird. Man denke an die 2000 Versuche Edisons, eine funktionsfähige Glühbirne zu entwickeln! Hätte der Mann beim 1999. Versuch aufgegeben, dann würden Sie dieses Buch bei Kerzenlicht lesen.

Noten- und Leistungsdruck, zu viel Lernstoff in zu kurzer Zeit (dafür aber nach Lehrplan), unnötige soziale Konflikte durch künstlich geschürte Konkurrenz der Schüler untereinander – all das bedeutet Lernstress. Dieser kann auch durch Zeit- und Termindruck, Lärm, Reizüberflutung, Mobbing, zu wenig Schlaf und andere Faktoren entstehen.

Stress wurde in den 30er- und 40er-Jahren des letzten Jahrhunderts als Erstes von Hans Selye erforscht und als »körperliche und geistige Belastung aufgrund erhöhter Anforderungen der Umwelt« definiert. Wir wissen heute, was unter Stress im Körper geschieht: Im Gehirn – genauer gesagt im Bereich von Hypothalamus und Hypophyse – werden Stresshormone (Adrenalin und Glucoicorticoide) ausgeschüttet, die eine Erhöhung von Puls- und Atemfrequenz sowie Blutdruck bewirken. Dies geht mit einer sich ausbreitenden Unruhe und Erregung im Körper einher, sodass die über die Sinneskanäle eintreffenden Signale nicht mit den bereits gespeicherten Informationen abgeglichen und verknüpft werden können; man könnte das vereinfacht als »Tunnelblick« bezeichnen: Der Wahrnehmungshorizont verengt sich auf das Notwendigste. Unter diesen Umständen kann nichts Neues hinzugelernt und im Gehirn verankert werden – es tritt eine Blockade ein! Ganz übel ist chronischer Stress: Er verändert dauerhaft die Nervenzellen des Hippocampus, die für die Übertragung vom Kurz- ins Langzeitgedächtnis zuständig ist, und führt zu vorzeitiger Gehirnalterung; chronischer Stress kann durch neuronale Schäden eine völlige Lernunfähigkeit bewirken.

Unter Stress ist der Körper nur auf ganz wenige Reaktionen programmiert: nämlich auf Kämpfen oder Fliehen. Wenn wir genau hinschauen, können wir beides an den Schulen beobachten. Die Schüler, die »keinen Bock« mehr haben und sich dem Lernen so weit wie möglich verweigern, fliehen; und das zunehmende Aggressionsniveau, das an den Schulen zu beobachten ist, weist auf Kampf hin. (Einschränkend muss man dazu sagen, dass Gewalt und Aggression bei Jugendlichen sicher auch Ursachen haben, die außerhalb der Schule liegen, und zwar, wie in Untersuchungen festgestellt wurde, im Fernseh- und Medienkonsum, der durch die Betrachtung von Gewalt deren Ausübung fördert. Da das Gehirn in jeder Situation lernt, lernt es aus der Darbietung von Gewalt in den Medien eben auch.)

Angst und Pauken

Ähnlich wie bei Stress reagiert der Organismus auch bei Angst. Unter Angst kann man zwar noch lernen, aber nur sehr eingeschränkt: Angst erzeugt einen bestimmten Verhaltensstil, der auf das rasche Ausführen einfacher gelernter Routinen ausgerichtet ist, aber das lockere Assoziieren erschwert. Unter Prüfungsangst kommt man nicht auf eine einfache, etwas Kreativität erfordernde Lösung, die man normalerweise leicht finden würde. Man verrennt sich in einer Situation und bleibt in einem gedanklichen Käfig stecken. Die Art, wie unter Angst gelernt wird, erinnert an das »Pauken«.

Pauken

Der seltsame Begriff stammt übrigens aus der Studentensprache und bezeichnet ursprünglich das akademische Fechten bei schlagenden Studentenverbindungen. In einem streng reglementierten Fechtkampf mit scharfen Waffen ging es darum, dem Gegner eine Verletzung, »Schmiss« genannt, zuzufügen. Einen Schmiss erhalten und eine Narbe davongetragen zu haben, galt als Ehre, bezeugte es doch, dass man als tatkräftiger, unerschrockener Mann auch vor bedrohlichen Situationen nicht zurückschreckte. Die Studenten übertrugen den Begriff »pauken« im 19. Jahrhundert schließlich auf das Auswendiglernen von Lernstoff. Ob sie es wohl als genauso schmerzhaft empfunden haben wie den Schmiss im Gesicht? Ob sie es mit Eigenschaften wie »bedrohlich« und »gefährlich« assoziiert haben?

Pauken meint heute das bedeutungsleere, sinnleere, sture Stoffbimsen, und zwar auch dann, wenn kein Lerninteresse oder kein Vorwissen vorhanden ist – ungefähr so, wie Ebbinghaus seine Nonsenssilben gelernt hat. Das ist eben jene Art von »Lernen«, die auch unter Angst noch so halbwegs funktioniert.

Wir müssen uns von all diesen negativen Assoziationen und Verhaltensweisen, an die das Lernen immer noch gekoppelt ist, endgültig verabschieden und uns in Richtung Leichtigkeit, Freude und Spaß bewegen, wenn wir effektiv lernen wollen! Im Grunde ist es doch einfacher, als vielfach angenommen, denn unser Gehirn liefert ja schon die richtige Ausrüstung dafür. Es ist auf positive Emotionen, Interesse und Spaß an Neuem eingestellt, wenn wir ihm nur die Chance dafür geben.

Ein Skandal ist es, dass wir positive Emotionen beinahe ausschließlich einer oberflächlichen Unterhaltungsindustrie überlassen und Entdeckerfreude und Gestaltungslust ausschließlich in die Freizeit verlegen, anstatt beides gezielt in den Lernkontext einzubinden. Nachfolgend eine Zusammenfassung, wie Lernen nicht funktioniert:

»Die Herausbildung komplexer Verschaltungen im kindlichen Gehirn kann nicht gelingen,

- wenn Kinder in einer Welt aufwachsen, in der die Aneignung von Wissen und Bildung keinen Wert besitzt (Spaßgesellschaft),
- wenn Kinder keine Gelegenheit bekommen, sich aktiv an der Gestaltung der Welt zu beteiligen (passiver Medienkonsum),
- wenn Kinder keine Freiräume mehr finden, um ihre eigene Kreativität spielerisch zu entdecken (Funktionalisierung),
- wenn Kinder mit Reizen überflutet, verunsichert und verängstigt werden (Überreizung),
- wenn Kinder daran gehindert werden, eigene Erfahrungen bei der Bewältigung von Schwierigkeiten und Problemen zu machen (Verwöhnung),
- wenn Kinder keine Anregungen erfahren und mit ihren spezifischen Bedürfnissen und Wünschen nicht wahrgenommen werden (Vernachlässigung)« (Hüther 2007, S. 71).

Die Mnemotechnik, die Sie im folgenden Kapitel kennenlernen, macht viel Spaß, fördert Kreativität und Fantasie und ist absolut gehirngerecht. Vergessen Sie stures Auswendiglernen, gehen Sie Lernen ab jetzt cool und gelassen an!

4. Die Mnemotechnik und ihre Anwendung

Bei Ihnen piept's wohl?!

Der Kampf gegen das Vergessen scheint heute allgegenwärtig zu sein. Früher war es der Knoten im Taschentuch, der einen rechtzeitig an etwas erinnern sollte. Heute haben wir einen Palm, ein Handy, einen Laptop und einen PC. Wir verlagern mehr und mehr unser Gedächtnis aus unserem Gehirn heraus nach außen und bedienen uns externer Merkhilfen – anstatt unser Gedächtnis so zu nutzen und zu trainieren, dass wir uns alles leicht merken können. Ist Ihnen schon einmal aufgefallen, dass solche externen Gedächtnishilfen seit dem Aufschwung elektronischer Einbauelemente in allen Geräten vor rund 15 Jahren fast ausschließlich mit elektronischen Pieptönen arbeiten? Es piept nahezu pausenlos an allen Ecken und Enden: Wenn uns Outlook an einen wichtigen Termin erinnern will, erklingt ein Piepton; wenn eine neue E-Mail eingeht, erklingt ein Piepton; wenn wir uns im Auto vergessen haben anzuschnallen, erklingt ein Piepton; wenn das Bügeleisen seine Zieltemperatur erreicht hat, erklingt ein Piepton; wenn eine SMS oder ein Anruf auf dem Handy eingeht, erklingt ein Piepton; wenn wir uns morgens wecken lassen, dann garantiert mit einem Piepton des Weckers – vorbei die Zeiten, wo Wecker gemütlich rasselten. Wenn auf der Straße ein LKW rückwärts setzt, erklingt ein Piepton; in manchen Straßen, in denen gebaut wird, piept es auf diese Weise monatelang unaufhörlich – zur »Freude« der Anwohner. Wenn ein Motorradfahrer den Blinker setzt und abbiegt, erklingt ein Piepton. Dieses Dauer-Gepiepe ist fast schon unerträglich geworden. Und es stumpft ab! Niemand nimmt es mehr als Erinnerungshilfe zur Kenntnis, weil es eigentlich nur noch eine Dauerlärmbelästigung ist, die an den Nerven zerrt.

Ja, und dann die Armada der Haftnotizzettel, die in allen Leuchtfarben und Größen an Computern, auf Schreibtischen, an Kühlschränken und auch sonst überall kleben, was das Zeug hält. Mit den Haftnotizzetteln, ursprünglich eine patentierte Erfindung der innovativen Firma 3M unter dem Markennamen »Post-it«, verdient sich mittlerweile eine ganze Büroartikelindustrie goldene Nasen mit unserer Vergesslichkeit. Allein in Deutschland werden 4,5 Millionen Blöcke Haftnotizzettel jährlich verkauft; sie zählen zur Gruppe der fünf erfolgreichsten Büromaterialien und stellen sogar die guten alten Aktenordner, die schon 1886 erfunden wurden, in den Schatten. Wenn man nur den europäischen Markt ohne die USA betrachtet, ist mit dem Verkauf der Haftnotizzettel schon ein Jahresumsatz in mehrstelliger Millionenhöhe verbunden!

Fazit: Es piept und es klebt, nur leider haftet es nicht – in unseren Köpfen! Woran liegt es, dass die kleinen Helferlein auf die Dauer wirkungslos bleiben?

Effektive Gedächtnishilfen müssen zwei entscheidende Kriterien erfüllen:
1. Sie müssen genügend Informationen liefern, damit man sich an den Inhalt dessen erinnert, was man sich merken möchte.
2. Sie müssen zum richtigen Zeitpunkt am richtigen Ort verfügbar sein.

So sieht unser »Gedächtnis« heute vielfach aus – gelb, klebrig und kopflos wie »Post-its«.

Die Pieptöne erfüllen zwar das zweite, aber eindeutig nicht das erste Kriterium: Sie sind *unspezifisch,* weil sie keinen Hinweis darauf geben, woran man sich erinnern wollte. Die Haftnotizzettel erfüllen das erste Kriterium, sofern sie eindeutig ausformuliert sind, aber längst nicht immer das zweite Kriterium, weil sie sich nicht überall ankleben lassen, auch schon einmal herunterfallen oder in der Masse der Zettel untergehen.

Wir tragen alles, was wir für ein gutes Gedächtnis brauchen, bereits bei uns: Es sind die rund 1370 Gramm, die genau oberhalb unserer Augen fest installiert in unseren Köpfen sitzen. Wir müssen sie nur richtig nutzen, dann können wir auf externe Gedächtnishilfen weitgehend verzichten! Dabei kann uns die Mnemotechnik helfen.

Lassen Sie sich nicht einreden, Sie hätten ein »schlechtes Gedächtnis«. Dass das Erinnerungsvermögen angeblich nicht gut ist, liegt häufig nur daran, dass falsch gelernt wird, wie in den vorausgegangenen Kapiteln bereits beschrieben. Es kann auch daran liegen, dass Gelerntes gar nicht, zu wenig oder in falschen Zeitabständen wiederholt wird, sodass es nicht im Langzeitspeicher ankommt, wie ich ebenfalls ausgeführt habe. Ganz energisch widersprechen möchte ich der folgenden Aussage des Gehirnforschers Gerhard Roth:

»Der eine kann 200 Telefonnummern und sonstige Zahlenkombinationen auswendig aufsagen, kann sich aber Namen nicht gut merken oder verirrt sich häufig, hat also ein schlechtes räumliches Gedächtnis. Bei anderen ist es genau umgekehrt. Diese Unterschiede sind hochgradig genetisch bedingt *und lassen sich nur in engen Grenzen und meist durch Anwendung von so genannten Eselsbrücken verbessern«* (Roth 2006, S. 61).

Es ist heute in der Wissenschaft gang und gäbe, Dinge, die man nicht erklären kann, den Genen zuzuschreiben. Das ist vielfach bequem und einfach, aber wissenschaftlich – wie im vorliegenden Fall – gar nicht bewiesen, zudem durch entgegenstehende Erfahrungen widerlegt. Ich habe selbst erlebt, wie Menschen durch Anwendung der Mnemotechnik ihre Gedächtnisleistungen erheblich steigern konnten und ihr vermeintlich schlechtes Gedächtnis durch Training richtig gut wurde. Ich habe z. B. erlebt, wie Schüler ihre Leistungen in »Paukfächern« wie Latein oder Erdkunde extrem verbesserten und von mangelhaft auf befriedigend kamen. Einem Jungen, der in der Schule desinteressiert und schlecht war, brachte ich die Mnemotechnik bei. Anschließend nahm er an den Gedächtnismeisterschaften teil und brillierte damit, dass er sich unter anderem 40 Namen in zehn Minuten merken konnte. Er hatte Spaß an der Mnemotechnik und auch seine schulischen Leistungen verbesserten sich durch sein Gehirntraining nachhaltig.

Nebenbei bemerkt ist die Mnemotechnik bedeutend mehr als die Verwendung von Eselsbrücken. Die Eselsbrücke ist nur *eine einzige* unter vielen Methoden, die zur Mnemotechnik gehören. Also, liebe Leserin, lieber Leser: Wenn Sie bisher überzeugt gewesen sind, kein gutes Gedächtnis zu besitzen, dann sollten Sie diese (momentane) Grenze zwar sehen, aber nicht akzeptieren. Grenzen existieren nämlich nur dann, wenn wir sie akzeptieren! Es gibt viele Beispiele dafür, wie Menschen immer wieder über ihre vermeintlichen Grenzen hinausgewachsen sind und Leistungen vollbracht haben, die sogar als menschenunmöglich galten.

Grundlagen der Mnemotechnik

Der Begriff Mnemotechnik kommt aus dem Altgriechischen und leitet sich von »Mneme« (»Gedächtnis«, »Erinnerung«) und »Techne« (»Technik«, »Kunst«) ab. Zur Mnemotechnik gehören neben einfachen Merkhilfen wie der Eselsbrücke auch komplexe Systeme, mit denen man umfassende Lerninhalte wie vielstellige Zahlen, Tausende Vokabeln, unzählige Namen, den Inhalt ganzer Bücher und vieles mehr behalten kann. Einige dieser Systeme lernen Sie am Ende dieses und des folgenden Buchteils kennen.

Als Erfinder der Mnemotechnik in der Antike gilt der griechische Dichter Simonides von Keos (557-467 v. Chr.), der um 500 v. Chr. die ersten Gedächtnishilfen entwickelt haben soll. Überliefert wurde dies von dem römischen Politiker, Anwalt und Philosophen Marcus Tullius Cicero. In Griechenland und Rom eiferten viele Redner und Politiker Simonides nach, so z. B. außer Cicero auch Quintilian, Plinius und Marcellinus. Es war in der Antike üblich, dass Rhetoriker und Politiker lange, mehrstündige Reden vor einem großen Publikum hielten, ohne ihren Redetext ablesen zu können. Und Haftnotizzettel kannten die alten Griechen und Römer gottlob auch noch nicht, wie es überhaupt an Speichermedien zur Aufzeichnung von Ton, Bild und Schrift in der Antike mangelte. Da der Buchdruck noch nicht erfunden war, waren auch Bücher, die nur als handschriftliche Kopien in kleinen Stückzahlen weitergegeben werden konnten, Mangelware; das Gleiche gilt für Pergament und Papier, die vielfach zu kostbar und teuer waren, um sie für simple Notizen verschwenden zu können. So musste man also als antiker Rhetoriker, Politiker oder Philosoph über ein gutes Gedächtnis verfügen, um lange Reden auswendig lernen und vor dem Publikum bestehen zu können. Es wäre eine Schmach gewesen, mitten in einem mehrstündigen Vortrag stecken zu bleiben und den weiteren Inhalt der Rede vergessen zu haben; man hätte sich der Lächerlichkeit preisgegeben und die Karriere wäre schnell zu Ende gewesen. Da bediente man sich doch lieber der Mnemotechnik und trainierte sein Gedächtnis, um als Vortragsredner glänzen zu können.

Von Cicero ist folgende Geschichte überliefert, die auf Simonides zurückgehen soll: Ein griechischer Edelmann namens Skopas veranstaltete ein Gastmahl, bei dem Simonides zu Ehren seines Gastgebers ein Gedicht vortrug. In diesem wurden unter anderem die griechischen Zwillingsgottheiten Castor und Pollux gerühmt. Skopas war geizig und teilte darum Simonides mit, er werde ihm nur die Hälfte der vereinbarten Summe für seinen Vortrag bezahlen; die andere Hälfte könne er sich ja bei Castor und Pollux holen. Nicht gerade die feine griechische Art! Wenig später erhielt Simonides die Nachricht, vor dem Festsaal warteten zwei junge Männer auf ihn, die ihn sprechen wollten. Er ging nach draußen, konnte aber niemanden sehen. Doch kaum hatte er den Festsaal verlassen, stürzte dessen Dach ein und begrub Skopas und seine Gäste unter den Trümmern. Die zwei unsichtbaren jungen Männer vor dem Festsaal sollen Castor und Pollux gewesen sein; sie hatten Simonides freigebig entlohnt, indem sie ihm das Leben retteten. Die Leichen der Gäste waren so zermalmt, dass die Verwandten, die sie zur Bestattung abholen wollten, sie nicht erkannten. Simonides aber hatte sich gemerkt, wo jeder gesessen hatte, und konnte den Angehörigen helfen, die Toten zu identifizieren.

Ob diese Geschichte auf Tatsachen beruht, darf bezweifelt werden. Vielmehr ist sie selbst ein Beispiel dafür, wie die Mnemotechnik funktioniert. Cicero erklärt dazu Folgendes: Simonides machte damals ausfindig,

»dass es besonders die Ordnung sei, die dem Gedächtnis Licht verschaffe. Es müssten daher die, die dieses Geistesvermögen üben wollten, gewisse Plätze auswählen, das, was man im Gedächtnis behalten wollte, sich unter einem Bild vorstellen und in diese Plätze einreihen. So würde die Ordnung der Plätze die Ordnung der Sachen bewahren; die Sachen selbst aber würden durch Bilder bezeichnet, und so könnten wir uns der Plätze statt der Wachstafeln und der Bilder statt der Buchstaben bedienen«* (Cicero, De oratore II, LXXXVII, 353f., übers. von Raphael Kühner, http://www.mediaculture-online.de).

Voilà, da hat Cicero mit seiner Geschichte und seinen nachfolgenden Erläuterungen bereits einige wesentliche Grundlagen der Mnemotechnik übersichtlich zusammengefasst:

- Sie bedient sich der bildhaften Vorstellungskraft,
- sie verwendet bestimmte imaginäre oder tatsächliche Orte,
- sie bezieht Emotionen mit ein und
- sie kleidet Sachverhalte in eine Geschichte.

Wie wir bereits im Zusammenhang mit dem Lernen erfahren haben, sind damit alle Voraussetzungen erfüllt, um Lerninhalte vom Kurzzeit- ins Langzeitgedächtnis zu überführen. Man könnte ergänzend hinzufügen: Die Mnemotechnik bezieht ausdrücklich das episodische Gedächtnis, den »Geschichtenerzähler«, mit ein, um Faktenwissen auf vielen Kanälen im Langzeitspeicher zu verankern und damit leicht abrufbar zu machen.

Die Technik, Dinge mit Orten zu verknüpfen, nennt man *Loci-Methode*. Stellen Sie sich das Ganze folgendermaßen vor: Wenn Sie Informationen in Ihrem Gedächtnis suchen, dann ist das so, als ob Sie einen virtuellen Briefkasten in Ihrem Kopf öffnen. Warum finden Sie Ihre Post zu Hause? Weil Sie wissen, wo der Briefkasten ist! Nehmen Sie einmal an, Sie hätten einen spleenigen Briefträger, der Ihnen die Post einmal ins Baumhaus, dann in die Mikrowelle, das nächste Mal in die Garage und schließlich in die Regentonne legt. Sie hätten natürlich große Probleme, jeden Tag Ihre Post zu finden. Genauso verhält es sich mit dem Gedächtnis: Die Inhalte sind zwar *irgendwo* abgelegt, aber wenn Sie nicht wissen wo, haben Sie Schwierigkeiten, sie zur rechten Zeit wiederzufinden. Um gespeicherte Informationen zur benötigten Zeit am richtigen Ort abzurufen, hilft die Loci-Methode, die Sie in diesem Buch kennenlernen werden.

Cicero machte das übrigens so, dass er einige Zeit vor seinem Vortrag zunächst aufs Rednerpult stieg und sich seine Umgebung genau anschaute. Er prägte sich 20 bis 40 markante Objekte ein, und zwar indem er einmal im Kreis von links nach rechts durch den Raum spazierte. In die Objekte legte er dabei wie in Briefkästen die wesentlichen Inhalte seines Vortrags hinein, indem er gedankliche Assoziationen zwischen den Objekten und den Redeinhalten herstellte. Wenn er dann seine Rede hielt, brauchte er nur der Reihe nach von links nach rechts im Kreis gedanklich einen virtuellen Briefkasten nach dem anderen zu öffnen und hatte so den roten Faden seines Vortrags parat. Auf diese Weise soll er Reden von vier Stunden Dauer frei gehalten haben.

Es gibt noch weitere Methoden, die zur Mnemotechnik gehören, so die *Zahl-Symbol-Technik*, die Sie ebenfalls kennenlernen werden. Sie dient dazu, sich vielstellige Zahlen zu merken – beispielsweise solche mit 20 oder 30 Stellen. Bei dieser Technik werden Zahlen mit bestimmten Bildern verknüpft. So kann man sich z. B. lange Wortlisten oder lange Zahlenreihen merken.

Mir ist es einmal passiert, dass nach der Reparatur meines Handys 135 Telefonnummern gelöscht waren. Mein Handy piepte zwar wieder fröhlich wie eh und je, aber in meinem Kopf brummte es nur noch. Ich hatte nämlich die Nummern nirgendwo anders abgespeichert und auch nicht schriftlich festgehalten. Darunter waren natürlich extrem wichtige Nummern von Kunden und Geschäftspartnern – alle 135 Kontakte waren vollständig verloren! Es dauerte ein halbes Jahr, bis ich sämtliche Nummern recherchiert und wieder abgespeichert hatte. Da habe ich mir vorgenommen, dass mir das nicht noch einmal passiert. Außer auf meinem Handy habe ich jetzt *sämtliche* Telefonnummern in meinem »Oberstübchen« gespeichert. Alle Nummern zusammen entsprechen einer 1350-stelligen Zahl. Mit der Zahl-Symbol-Technik ist es ein Kinderspiel, sich diese Megazahl zu merken!

Was Sie sich alles merken können

Mit der Mnemotechnik können Sie unter anderem Folgendes im Langzeitgedächtnis verankern:

- Namen und Gesichter: Sie lernen z. B. bei einer wichtigen beruflichen Veranstaltung zwölf neue Leute kennen und müssen sich innerhalb von zehn Minuten die Namen merken, um die Leute später kontaktieren zu können,
- Zahlen: Kontonummern, Geheimnummern, PINs, Telefonnummern, Geburtstage usw.

- Fremdsprachen (Vokabeln),
- Einkaufslisten,
- To-do-Listen für »Hausaufgaben«: Sie werden unabhängig von Palm, Laptop oder PC und brauchen weder fliegende Zettel noch elektronische Zeitplaner oder papierene Terminkalender,
- Spickzettel: Damit meine ich intelligente Zusammenfassungen von Lernstoff, wie sie z. B. für Prüfungen erforderlich sind, nicht ein Stück Papier, das man heimlich in den Ärmel steckt,
- Verkaufsargumente: wichtig für Verkäufer, die in Verkaufsgesprächen spontan sieben bis zehn Argumente parat haben sollten,
- Fachwissen und fachliche Zusammenhänge, wie z. B. mathematische Formeln oder wissenschaftliche Theorien,
- abstrakte Begriffe, z. B. lateinische oder andere Fachbegriffe, deren Kenntnis für verschiedene Wissensgebiete wie Jura, Betriebswirtschaft oder Medizin erforderlich ist,
- Gedichte u. v. m.

Sie werden sehen, dass es einfach und mühelos ist, ja dass es sogar Spaß macht! Mnemotechnik ist absolut gehirngerecht. Sie nutzt die vorhandenen Ressourcen bestmöglich, indem sie dafür sorgt, dass der Lernstoff auf vielen Kanälen gleichzeitig das Langzeitgedächtnis erreicht. Ganz nebenbei entwickeln Sie mit Hilfe der Mnemotechnik auch Ihre Fantasie und Kreativität und erhöhen Ihre Konzentrationsfähigkeit.

Ein wenig Übung ist natürlich erforderlich, aber wahrscheinlich weniger, als Sie glauben. Um sich dauerhaft Namen zu merken und nie mehr die Peinlichkeit zu erleben, eine Ihnen bekannte Person nicht mit ihrem Namen ansprechen zu können, brauchen Sie etwa drei Stunden Lernzeit. Um Vokabeln zu lernen, benötigen Sie zwei Stunden Lernzeit, für die Erarbeitung von Spickzetteln drei Stunden. Um das gesamte Programm der Mnemotechnik zu erlernen, brauchen Sie etwa zwei bis drei Wochen, wobei Sie etwa 15 bis 20 Minuten täglich aufwenden sollten.

Ganz wichtig ist dabei: Gehen Sie es locker und gelassen an! Machen Sie kein Pauken und kein Stoffbimsen daraus! Erlauben Sie es sich, Fehler machen zu dürfen, und ärgern Sie sich nicht darüber. Allein schon dadurch, dass Sie Fehler zulassen, gelangen Sie in den Zustand mentaler Gelassenheit, weil Sie unnötigen Stress vermeiden – Stress, der die Nervenzellen blockiert, weil er die Weiterleitung an den Synapsen verhindert. Es kommt nicht darauf an, alles richtig zu machen, sondern auf das geistige Training als solches. Freuen Sie sich über jede Verbesserung: Bei der zweiten Wiederholung läuft es schon besser als bei der ersten, bei der dritten steigern Sie sich noch einmal. So gewinnen Sie nach und nach Vertrauen in Ihre eigenen Fähigkeiten und Ihre Gedächtnisleistungen.

Am besten ist es, so unvoreingenommen wie ein kleines Kind an die ganze Sache heranzugehen. Kinder schneiden bei vielen Gedächtnisübungen besser ab als Erwachsene. Sie nutzen z. B. beim Memory-Spiel viel intensiver ihre bildhafte Vorstellungskraft, während Erwachsene oft krampfhaft versuchen, logisch vorzugehen. Kinder denken automatisch mit beiden Großhirnhemisphären gleichzeitig: Sie nehmen das ganze Kartenspiel als ein in sich geschlossenes Bild wahr und versuchen nicht, die einzelnen Kartenpositionen in ein logisches Raster zu bringen, wie wir das als Erwachsene tun. Das Geheimnis eines guten oder überdurchschnittlichen Gedächtnisses besteht darin, die Dinge so wahrzunehmen wie ein Kind – nicht kindisch, aber kindlich.

Wie bei allem im Leben, so ist auch bei der Mnemotechnik so, dass man erfolgreicher ist, wenn man sich zuvor Ziele setzt. Schreiben Sie darum jetzt Ihre ganz persönlichen Ziele auf, die Sie mit Hilfe der Mnemotechnik erreichen wollen. Formulieren Sie die Ziele in der Gegenwart und in der Ich-Form, z. B.: »Ich kann mir besser Namen merken.«

Meine Ziele:

1. _____

2. _____

3. _____

4. _____

5. _____

Praktisches Gedächtnistraining:
Begriffe und Zahlen mühelos behalten

Los geht`s! Lehnen Sie sich jetzt ganz entspannt zurück. Wir starten mit der sogenannten *Baumliste*, die zur Zahl-Symbol-Technik gehört. (Die Baumliste geht auf Gregor Staub zurück.) Mit dieser Liste schaffen wir uns die ersten 20 Briefkästen, in denen wir Lernstoff ablegen können. Jeder Briefkasten ist gewissermaßen eine mentale »Abteilung«, die dabei hilft, Ordnung ins Gehirn zu bringen, indem wir in jedem Briefkasten eine andere Information aufbewahren und so ausreichend differenzieren können.

Es geht ganz einfach: Jede Zahl verbinden wir assoziativ mit einem bestimmten Bild. Die Liste heißt darum »Baumliste«, weil sie mit der Zahl 1 beginnt, die wir mit der Vorstellung eines Baumes oder Baumstamms verbinden.

 1 – Baum (1 Stamm)

 2 – Lichtschalter (er hat 2 Funktionen: an und aus)

 3 – Hocker (ein Hocker mit 3 Beinen)

 4 – Auto (jedes Auto hat 4 Räder)

 5 – Hand (jede Hand hat 5 Finger)

 6 – Würfel (jeder Würfel hat 6 Seiten)

 7 – Zwerge (die 7 Zwerge bei Schneewittchen)

 8 – Achterbahn

 9 – Katze (sie hat 9 Leben)

10 – Bibel (die 10 Gebote)

 11 – Fußball (die Mannschaft hat 11 Spieler)

 12 – Geist (weil Geister ab 12 Uhr spuken)

 13 – Fahrstuhl (in den USA gibt es keinen 13. Stock in Aufzügen)

 14 – Herz (der 14. Februar ist Valentinstag)

 15 – Ritter (sind im 15. Jahrhundert ausgestorben)

 16 – Teenager (das typische Teenageralter)

 17 – Kartenspiel (17 + 4)

 18 – Feierabend (ist um 18 Uhr)

 19 – Abendessen (findet um 19 Uhr statt)

 20 – Tagesschau (wird um 20 Uhr gesendet)

Wiederholen Sie die Liste ein- bis zweimal. Sie ist einfach zu merken, weil die Assoziationen zu jeder einzelnen Zahl quasi auf der Hand liegen. Ab sofort denken Sie jetzt immer an einen Zwerg, wenn von der 7 die Rede ist, und an einen Geist, wenn die Zahl 12 gemeint ist.

Mit dieser Liste können Sie schon viel anfangen. Sie können sich z. B. die folgende 20-stellige Zahl merken: 12071315201106140904 – und zwar, indem Sie sich eine nette kleine Geschichte ausdenken und dabei die Bilder benutzen, die wir jeder Zahl zugeordnet haben. Hier mein Vorschlag:

Ein Geist (12) erschrickt um Mitternacht einen Zwerg (07), der daraufhin flugs zum Fahrstuhl (13) rennt. Die Fahrstuhltür öffnet sich, und im Aufzug sitzt ein Ritter (15), der gerade die Tagesschau (20) im Fernsehen guckt. Dort wird ein

Fußballspiel (11) gezeigt, bei dem die Spieler seltsamerweise mit eckigen Würfel-bällen (06) spielen. Auf dem Würfel sind kleine Herzen (14) zu sehen. Plötzlich läuft eine Katze (09) herbei, schnappt sich einen eckigen Würfelball und rennt da-mit über die Straße. Leider wird sie dabei von einem Auto (04) überfahren.

Je verrückter, je origineller, je absurder die Geschichte, desto leichter ist sie zu behalten! Probieren Sie es doch gleich einmal selbst aus: Nehmen Sie z. B. Ihre Kontonummer und Ihre Geheimzahl und denken Sie sich mit Hilfe der Baumliste eine kleine Geschichte dazu aus.

Wenn Sie sich längere Zahlen merken wollen, so nehmen Sie nach Möglich-keit Zahlenpaare, die unmittelbar hintereinander stehen, als eine Einheit. So benötigen Sie beispielsweise für eine 10-stellige Zahl nur fünf Bilder, weil sie aus fünf Zahlenpaaren besteht. Kommt irgendwo einmal eine einzelne Null vor – z. B. weil die Zahl, die Sie sich merken wollen, elfstellig ist und somit die Aufteilung nach Paaren nicht ganz aufgeht –, so stellen Sie sich die Null als Schwimmring oder als Ei vor.

Die Baumliste ist der Anfang. Sie allein reicht nicht mehr aus, wenn wir uns Zahlenpaare merken wollen, die größer als 20 sind, z. B. Zahlen wie 68, 95 oder 42. Dafür benötigen wir die Hunderter-Liste, die Sie am Ende des dritten Buchteils (ab Seite 144) kennenlernen.

Für die folgende Übung nehmen Sie ausnahmsweise einzelne Zahlen statt Zahlenpaaren, weil Sie die Hunderter-Liste noch nicht gelernt haben.

Meine Kontonummer: _ _ _ _ _ _ _ _ _ _
Meine Geheimzahl: ****

Mit dieser Geschichte merke ich mir ab sofort die beiden Nummern:

_____

_____

_____

_____

Garantiert werden Sie in Zukunft nicht mehr vor dem Geldautomaten stehen und lange grübeln müssen. Und es wird Ihnen auch nicht mehr passieren, dass der Automat Ihre EC-Karte einzieht, weil Sie zwei- oder dreimal die Geheimzahl falsch eingegeben haben. Außerdem ersparen Sie es sich, die Geheimzahl irgendwo auf einem Zettel im Portemonnaie herumtragen zu müssen (was im Übrigen Banken dazu veranlasst, bei Diebstahl der EC-Karte und Kontoabbuchungen von Unbefugten keinen Schadensersatz zu leisten).

Sicher fallen Ihnen noch weitere Zahlen ein, die Sie sich merken wollen, z. B. ein wichtiger Geburtstag oder Hochzeitstag. Es müssen ja nicht gleich 20-stellige sein! Sobald Sie sich eine Geschichte zu Ihrer jeweiligen Zahl ausgedacht haben, wiederholen Sie diese nach etwa 30 Minuten, und wenn Sie eine Nacht darüber geschlafen haben, ein weiteres Mal. Und bitte nicht ärgern, wenn Sie nicht gleich nach der ersten oder zweiten Wiederholung alle Zahlen richtig haben! Noch zwei bis drei Wiederholungen innerhalb der nächsten Tage und Sie haben Ihre Zahlen fehlerfrei gelernt und in Zukunft stets parat.

Die Baumliste können Sie vielfach nutzen und längst nicht nur, um Zahlen zu behalten. Zum Beispiel können Sie To-do-Listen, Argumente für Kundengespräche, Einkaufslisten oder Stichwörter für eine Rede behalten. Ich werde oft gefragt, wieso denn Stichwörter ausreichen, um sich längere komplexe Handlungs- oder Redeabläufe zu merken. Das ist ganz einfach. Nehmen wir an, Sie schreiben sich auf Ihren Einkaufszettel »1 kg Kartoffeln«, dann genügt dieses Stichwort, um den gesamten Handlungsablauf – ins Auto steigen, zum Supermarkt fahren, einparken, Einkaufswagen nehmen, Kartoffeln aus dem Regal holen, zur Kasse gehen, bezahlen, nach Hause fahren – abzurufen. Wir müssen gar nicht jedes Detail aufschreiben.

Nehmen wir einmal an, Sie wollen folgende Wortliste im Gedächtnis abspeichern, weil Sie sie für einen Vortrag benötigen:

1 – Kuchenblech
2 – Panzerabwehrrakete
3 – Gleichheitsgrundsatz
4 – Schneckenhaus
5 – Flexibilität

6 – Denksportaufgabe
7 – Pharmazie
8 – Hühnerhaufen
9 – Gipskartonplatte
10 – Kamasutra
11 – Blumendünger
12 – Urlaubsreise
13 – Bibliothek
14 – Mixer
15 – tiefenentspannt
16 – Glasbläserkunst
17 – Thomas Gottschalk
18 – Albtraum
19 – Solidaritätsprinzip
20 – schläfrig

Ich gebe Ihnen eine kleine Hilfestellung, wie Sie jeden Begriff mit der entsprechenden Zahl assoziieren können:

- Anstelle von Äpfeln und Birnen hängen *Kuchenbleche* am Baum (1).
- Der Lichtschalter feuert eine *Panzerabwehrrakete* (2) ab.
- Die Beine des Hockers sind unterschiedlich lang, das widerspricht dem *Gleichheitsgrundsatz* (3).
- Das *Schneckenhaus* rollt auf 4 Rädern (4).
- Die Hand biegen Sie um 180 Grad nach hinten, sie ist sehr *flexibel* (5).
- Auf jeder Seite des Würfels steht eine *Denksportaufgabe* (6).
- Die 7 Zwerge sind krank und brauchen »*Pharmazie*« (7).
- Die *Achterbahn* fährt (8) durch den Hühnerhaufen, Gockel und Hühner springen nach links und rechts zur Seite.
- In Zeitlupe läuft eine Katze durch die fünf Zentimeter dicke *Gipskartonplatte* (9).
- Machen Sie sich Ihr eigenes Bild zu Bibel und *Kamasutra* (10) – Sie schaffen es!
- Oliver Kahn streut *Blumendünger* (11) auf dem Fußballplatz aus.

- Ein Geist mit Hut, Sonnenbrille und Shorts geht auf eine *Urlaubsreise* (12).
- Sie sehen im Fahrstuhl eine hundert Meter lange *Bibliothek* (13).
- Ich nehme das Herz, reiße es heraus, tue es in einen *Mixer* (14) und mache einen Protein-Shake daraus.
- Die Ritter (15) begeben sich nach dem anstrengenden Kampf mit ihren Rüstungen in die *Tiefenentspannung*.
- Ein Teenager bläst mit riesigen Backen das flüssige Glas auf; er ist seit Kurzem in der *Glasbläserkunst* (16).
- *Thomas Gottschalk* (17) wird beim Pokern abgezockt.
- Der Feierabend (18) wird zum *Albtraum,* weil der Verkehr sich kilometerlang staut.
- Das Abendessen erfolgt nach dem *Solidaritätsprinzip* (19), weil alle gemeinsam am Tisch sitzen.
- Sie sehen Dagmar Berghoff, wie sie die Tagesschau spricht und dabei so *schläfrig* (20) ist, dass ihr Kopf beinahe auf die Tischplatte fällt.

Das sind die Bilder, die ich zu jedem Begriff entworfen habe. Sehr viel besser ist es, wenn Sie statt dieser Bilder ihre eigenen generieren, denn selbst gefundene Bilder wirken am stärksten und werden am besten behalten.

Am Ende des dritten Buchteils geht es dann weiter mit praktischen Übungen zur Mnemotechnik: Sie richten sich noch weitere virtuelle Briefkästen ein, um Ihre Gedächtniskapazität auszudehnen.

Übrigens: Sie wollten an dieser Stelle noch einmal die Wikinger-Geschichte wiederholen und sich an die Nonsenssilben erinnern.

3. Teil

Alltagsphänomene aus der Sicht des Gehirns

»Eine Frau wundert sich oft, was ein Mann so alles vergisst – ein Mann staunt, woran sich eine Frau alles erinnert.« (Mark Twain)

»Ein kluger Mann widerspricht nie einer Frau. Er wartet, bis sie es selbst tut.« (Humphrey Bogart)

»Jedes Jahreswachstum verlässt hinter dem Gedächtnis im unaufhörlichen Fluss der Zeit.« (Maipu-Orakel)

»Das Gehirn ist das Organ, mit dem wir denken, dass wir denken.« (Ambrose Bierce)

»Altern ist ein hochinteressanter Vorgang: Man denkt und denkt und denkt – plötzlich kann man sich an nichts mehr erinnern.« (Ephraim Kishon)

1. Venus und Mars – Unterschiede zwischen dem weiblichen und dem männlichen Gehirn

Die Frau weiß: Von ihren drei Kindern hat der Älteste Probleme in Mathe und braucht Nachhilfe in Englisch, weil sonst die Versetzung gefährdet ist. Die Mittlere hat gerade eine neue beste Freundin, steht auf Reiten und hat sich beim Reitunterricht unsterblich in den Lehrer verknallt. Der Kleinste hat neuerdings Nudeln zum Lieblingsessen erkoren und probt den Zwergenaufstand, wenn er morgens etwas anderes als sein Fußball-T-Shirt zur Schule anziehen soll. Er muss jede Live-Übertragung mit Oliver Kahn im Fernsehen mitkriegen und kommt in Erdkunde gerade so mit. Der Älteste hat sich in der Schule so mit den Klassenkameraden geprügelt, dass die Klassenlehrerin letzte Woche um einen Termin mit den Eltern gebeten hat. Die Mittlere braucht dringend ein paar neue Reitstiefel, weil die alten schon wieder zu klein geworden sind, und der Kleinste hat verdächtig lange nichts mehr vom Deutschunterricht aus der Schule verlauten lassen. Montagnachmittags bringt die Frau die Mittlere zum Reiten und liefert auf dem Weg den Ältesten bei der Nachhilfe ab. Am Dienstag muss der Kleinste zum Sportplatz kutschiert und abends wieder abgeholt werden. Auf dem Rückweg hört sich die Mutter sein Gejammer an, weil das Fußballshirt nun leider zerrissen ist. Das nimmt sie zum Anlass, gleich vor dem nächsten Sportgeschäft einen ungeplanten Stopp einzulegen und den Kleinsten gegen seinen Willen zur Anprobe eines neuen Shirts in die Umkleidekabine zu schleifen. Als er freudestrahlend herauskommt, ist der Abend gerettet und es wird gleich noch ein Paar neue Reitstiefel für die Mittlere im Vorbeigehen gekauft – mit Umtauschrecht, versteht sich. Am Mittwochnachmittag rauscht die Frau schnell in der Schule vorbei – ohne Mann natürlich – und hört sich eine Standpauke der Klassenlehrerin über ihren Ältesten an. Am Donnerstag ist nun endlich der Haushalt angesagt, aber die Mittlere, die eigentlich helfen soll, schwärmt unaufhörlich von ihrer neuen Flamme, sodass mit ihr nichts anzufangen ist und Aufräumen, Bügeln und Saubermachen wieder mal an der Mutter allein hängen bleiben. Das kann sie auch nicht schrecken, denn sie ist es ja gewohnt, »ein erfolgreiches kleines Familienunternehmen« allein zu managen.

Der Mann weiß nur eines: Bei ihm zu Hause wohnen – außer seiner Frau – drei kleine Leute.

Zugegeben, diese Schilderung ist ein wenig überspitzt. Zur »Rettung« der Männer soll hier ergänzt werden: Sie haben in anderen Bereichen ihre Stärken. Auch wenn Männer gewisse Dinge in ihrem näheren sozialen Umfeld nicht wahrnehmen, so sind sie zum Beispiel in größeren sozialen Netzwerken die aktiveren. Jedes Geschlecht hat seine Vorzüge. Der eine kann dies besser, der andere jenes, was nicht zuletzt an der unterschiedlichen Wahrnehmung von Männern und Frauen liegt, an ihrer jeweiligen Art und Weise, den Alltag zu managen, zu fühlen und zu kommunizieren.

Bis vor wenigen Jahren galt es noch als sexistisch oder machohaft, auch nur ansatzweise irgendwelche Unterschiede in den Gehirnen der beiden Geschlechter suchen oder gar finden zu wollen. Schließlich sollten Mann und Frau ja gleichberechtigt sein. Mittlerweile hat die Gehirnforschung aber herausgefunden, dass ein Großteil der Verhaltens- und Wahrnehmungsunterschiede zwischen den Geschlechtern eindeutig und unzweifelhaft auf anatomische und hormonelle Unterschiede des Gehirns von Männern und Frauen zurückzuführen ist, und sich dies wirklich nicht leugnen lässt – Gleichberechtigung hin oder her. Diese Unterschiede wollen wir uns in diesem Kapitel näher anschauen.

Geschlechtstypische Unterschiede der Gehirne

Das männliche Gehirn wiegt durchschnittlich 100 Gramm mehr als das weibliche und hat 22,8 Milliarden Neurone in der Großhirnrinde, während es bei Frauen nur 19,3 Milliarden sind. Das männliche Gehirn ist selbst dann um neun Prozent größer, wenn man es im Verhältnis zur Körpergröße betrachtet. Insgesamt gesehen haben beide Geschlechter die gleiche Anzahl von Gehirnzellen, nur liegen sie bei der Frau dichter zusammen und drängen sich in einen kleineren Schädel. Während das männliche Gehirn etwas mehr Volumen hat, hat das weibliche eine etwas größere Oberfläche und vor allem stärkere Verbindungen zwischen den Neuronen. So ist z. B. das *Corpus callosum* – die aus 800 Millionen Nervenfasern bestehende Brücke, die die rechte mit der linken

Hirnhemisphäre verbindet – bei der Frau im hinteren Teil stärker ausgeprägt als beim Mann. Die Gehirnzentren für Sprache und Hören enthalten bei Frauen elf Prozent mehr Neuronen als bei Männern. Der Hippocampus – also der Teil des Limbischen Systems, der für die Entstehung von Gefühlen und Erinnerungen zuständig ist –, nimmt im weiblichen Gehirn mehr Raum ein; das Gleiche gilt für Schaltkreise, die dem Beobachten von Emotionen bei anderen dienen. Demgegenüber verfügt der Mann über eine größere Verarbeitungskapazität in der Amygdala, also jenem Gehirnareal, das Angst wahrnimmt und Aggressionen auslöst. Alles in allem gesehen, sind es keine großen Unterschiede zwischen dem männlichen und dem weiblichen Gehirn, sondern nur feine. Ein Unterschied in der Leistungsfähigkeit zwischen den Geschlechtern ist nicht daraus ableitbar, oder, wie Manfred Spitzer es ausdrückt: »Männer haben die größeren, Frauen die effizienteren Gehirne, so scheint es« (Spitzer 2007b, S. 51).

Wann beginnt sich der Unterschied zwischen den beiden Gehirnen auszuprägen? Es hat den Anschein, als ob dies bereits beim Fötus im Mutterleib geschieht, sobald der erste Testosteronschub das heranwachsende männliche Gehirn erreicht. Erkennbar sind die Verschiedenheiten dann schon in den Verhaltensweisen von allerfrühester Kindheit an, praktisch schon beim Säugling, wie in Experimenten nachgewiesen werden konnte. Hängt man männlichen und weiblichen Babys am *ersten* Lebenstag (!) ein Mobile an ihren Kinderwagen, so zeigen die kleinen Jungen daran erheblich mehr Interesse als die Mädchen, die sich lieber auf die Gesichter von Menschen konzentrieren, die in ihren Wagen hineinschauen. Kleine Mädchen, deren Gehirne naturgemäß einen niedrigeren Testosteronspiegel haben, reagieren schon im Alter von wenigen Monaten anders als Jungen. Bei Mädchen wächst die Fähigkeit zu Blickkontakten und gegenseitigem Ansehen in den ersten drei Lebensmonaten um über 400 Prozent, während sie sich bei Jungen im gleichen Zeitraum überhaupt nicht verändert. Mädchen stellen im Alter von 12 Monaten häufiger einen Blickkontakt mit anderen her, zeigen mehr Anteilnahme an den Gefühlen anderer Menschen und haben einen größeren Wortschatz.

Der Versuch, Kindern ihre »geschlechtstypischen« Verhaltensweisen abzuerziehen, indem man ihnen von frühester Kindheit an typisches Spielzeug des

jeweils anderen Geschlechts zum Spielen gibt, ist häufig zum Scheitern ver-
urteilt. Eine Mutter versuchte, ihrer dreieinhalbjährigen Tochter mädchenun-
typische Spielsachen zu geben, unter anderem ein rotes Feuerwehrauto statt
Puppen. Als sie eines Tages das Zimmer der Kleinen betrat, sah sie, wie diese
das Auto in eine Decke gewickelt hatte, es in den Armen wiegte und sagte:
»Keine Sorge, kleines Auto, alles wird gut.«

Wenn man kleinen Kindern Geschichten vorliest und sie anschließend fragt,
was wohl der Held der Geschichte wirklich empfunden haben mag, so zeigt
sich, dass Mädchen dies besser einschätzen können als Jungen. Sollen die Kinder selbst Geschichten erfinden, so handeln diejenigen der Jungen meist von
einsamen Helden, die in Kämpfe verwickelt sind, während sich diejenigen der
Mädchen um soziale und familiäre Beziehungen drehen.

Beim Spielen auf dem Spielplatz sind die Jungen von Anfang an ruppiger als
die Mädchen, setzen sich über deren Wünsche hinweg und nehmen ihnen
auch das Spielzeug weg, wenn sie es gerade haben wollen. Mädchen hingegen sprechen sich mit ihren Kameradinnen ab, was gemeinsam gespielt werden soll, zeigen mehr Gemeinschaftssinn und versuchen, statt wie die Jungen
durch Körpereinsatz lieber mit Worten zu überzeugen und ihre Interessen
durchzusetzen.

Die weibliche Domäne: Kommunikation und Emotionen

Kommunikation ist eine der großen weiblichen Domänen. Sowohl in der
Quantität als auch in der Qualität der Sprache unterscheiden sich Männer gra-
vierend von Frauen. Dieser Unterschied ist in der Anatomie der Gehirne erkennbar: Im weiblichen Gehirn entwickelt sich die linke Großhirnhemisphäre
schneller, sodass sich auch die sprachlichen Fähigkeiten bei Frauen schneller
entwickeln. Zudem ist die sogenannte Lateralität, die Spezialisierung der beiden Hirnhälften, bei den Geschlechtern verschieden. So nutzen Frauen *beide*
Hirnhälften für den Sprachgebrauch, während Männer vorwiegend die *linke*
Hälfte einsetzen. Informationen und Signale der rechten Körperhälfte werden
in die linke Hemisphäre geleitet; Informationen von der linken Körperhälf-

te werden von der rechten Hemisphäre verarbeitet. Man hat festgestellt, dass Männer sich besser auf Wörter konzentrieren können, die sie mit dem rechten Ohr hören, während es bei Frauen keinen Unterschied macht, mit welchem Ohr sie etwas hören. Wenn Sie, liebe Leserinnen, also in Zukunft Ihrem Schatz sagen wollen, dass Sie ihn lieben, dann sollten Sie ihm das vorsichtshalber ins rechte Öhrchen flüstern, damit es auch tatsächlich ankommt.

Die über beide Hirnhälften »breiter« verteilte Fähigkeit zur Sprachverarbeitung bei Frauen drückt sich auch darin aus, dass sie viel weniger anfällig sind für Sprachprobleme wie Stottern oder Aphasien, das sind durch neurologische Erkrankungen wie Schlaganfälle ausgelöste Störungen in der Sprachproduktion und im -verstehen. Wenn Frauen Aphasien erleiden, dann erholen sie sich wesentlich schneller davon. Zudem unterlaufen Frauen generell beim Sprechen und Schreiben weniger sprachliche Irrtümer und sie sind besser im Lesen und in der Rechtschreibung. Auch ihr Sprachgedächtnis funktioniert besser: Sie können sich vorgelesene Wörter leichter merken und den Sinn kurzer Sätze besser erinnern als Männer.

»Es gibt zwei Perioden, in denen ein Mann eine Frau nicht versteht: vor der Hochzeit und nach der Hochzeit«, meint Robert Lembke. Mal ehrlich, liebe Leser, haben Sie nicht auch den Eindruck, dass Ihre Frau oder Partnerin manchmal eine regelrechte »Quasselstrippe« ist, aus deren Geschwätz Sie einfach nicht schlau werden? Keine Sorge, das ist völlig normal – und zwar sowohl Ihr Eindruck von Ihrer Partnerin als auch deren Verhalten! Statt sich darüber aufzuregen, sollten wir es einfach als gegeben hinnehmen. Vielleicht helfen die folgenden Erklärungen, die Toleranz zwischen den Geschlechtern für das Verhalten des jeweils anderen zu erhöhen.

Frauen setzen die verbale Kommunikation ganz anders als Männer ein. Männer laufen immer dann sprachlich zur Höchstform auf, wenn sie Wissen, Können und Status demonstrieren können. Frauen hingegen dient Sprache, um gegenseitige Beziehungen herzustellen und um Gefühle auszudrücken. Am Arbeitsplatz und auch bei anderen Gelegenheiten lassen sie sich viel häufiger auf eine lockere Unterhaltung ein, die anscheinend an kein erkennbares Sachthema geknüpft ist.

Probleme versuchen Frauen meist verbal zu lösen, indem sie sich mit anderen, z. B. ihren Partnern, darüber unterhalten. Was diese oft nervt, weil sie versucht sind, aus dem weiblichen Gerede irgendeine Art von »Handlungsanweisung« herauszulesen, was sie tun sollen, um das Problem ihrer Partnerin zu lösen. Männer nutzen Sprache nämlich sehr oft, um Dinge in Gang zu setzen. Fälschlich glauben sie, ihre Partnerin rede auf sie ein, damit sie irgendetwas tun, um deren Problem aus der Welt zu schaffen. Doch statt sich die Handwerkermütze aufzusetzen und gleich zur Problemlösung durchzustarten, sollten Sie, lieber Leser, ihrer Partnerin einfach nur *zuhören*. Ja, Sie haben richtig gelesen: Nur zuhören und sonst nichts! Frauen reden nämlich in Problemsituationen oft nur, um Dampf abzulassen und ihr Problem emotional zu verarbeiten, nicht aber, weil sie erwarten, dass der Gesprächspartner gleich die Lösung herbeizaubert. Möglicherweise haben Sie auch schon von Ihrer Partnerin den Vorwurf vernommen: »Du hörst mir ja nie zu!« Er ist sehr beliebt und kommt in fast jeder Beziehung vor. Übrigens ist fehlendes Zuhören für Frauen einer der häufigsten Trennungsgründe in Partnerschaften: Frauen haben den Eindruck, sie reden nur »mit der Wand«, während ihr Partner ständig mit dem Kopf durch die Wand rennt.

Generell haben Frauen einen höheren sprachlichen Output: In derselben Zeitspanne bringen sie mehr Wörter und längere Sätze hervor als Männer. Das wirkt sich sogar auf die Handynutzung aus: Männer bevorzugen Telefonfunktionen, die ihnen ein knappes und kurzes Kommunizieren ermöglichen. So setzen Männer SMS-Kurznachrichten häufiger ein als Frauen. Während Frauen pro Tag etwa 18 000 Wörter sprechen, verwenden Männer pro Tag nur 7000 Wörter. Das ist der Grund, liebe Leserinnen, warum Ihre Partner abends, wenn sie von der Arbeit kommen, nichts mehr sagen. Sie haben eben einfach ihre Tagesration an Wörtern schon aufgebraucht.

Auch im Bereich von Empathie und Einfühlungsvermögen gibt es, wie bereits bei Kindern erkennbar, gravierende Unterschiede zwischen den Geschlechtern. Empathie ist ein gutes Bindemittel für soziale Beziehungen, bemerkt doch ein einfühlsamer Mensch feine Stimmungsschwankungen, registriert subtile Zwischentöne und kann insgesamt die zwischenmenschliche emotionale Atmosphäre zutreffend erfassen sowie mit angemessenen eigenen Gefühlen

»diplomatisch« darauf reagieren. Das weibliche Gehirn kann besonders gut in Gesichtern lesen, den Tonfall einer Stimme interpretieren und Gefühlsnuancen beurteilen. Dies liegt daran, dass die Amygdala im Limbischen System bei Frauen anders reagiert als bei Männern. So sind Emotionen, ihre Interpretation wie auch ihr Ausdruck, eine weibliche Domäne. Frauen haben zuweilen nach Ansicht von Männern außerordentliche Fähigkeiten zur Interpretation von Worten, weil sie Dinge gehört zu haben glauben, die diese ihrer eigenen Auffassung nach nie gesagt haben. Das liegt eben daran, dass Frauen stets ein waches Ohr für emotionale Zwischentöne haben. Männer hingegen behandeln Gesagtes eher wie »objektive Tatsachen«, an denen es nichts zu rütteln oder zu deuteln gibt, weil es nur eine Wahrheit, nämlich die des Sprechers gibt. »Richtig verheiratet ist der Mann erst dann, wenn er jedes Wort versteht, das seine Frau *nicht* gesagt hat«, meint Alfred Hitchcock – ein wirklich langatmiges Unterfangen, das locker 20 Jahre in Anspruch nehmen kann!

Die männliche Domäne: Systematisierung und räumliches Orientierungsvermögen

Kommen wir zu den Bereichen, in denen Männer stark sind. Generell findet sich bei ihnen eine größere Spannbreite von Verhaltensmerkmalen; Männer sind, wie der Sozialpsychologe Roy F. Baumeister herausgefunden hat, »das extreme Geschlecht«. Bedingt dadurch, dass sie beruflich stärker engagiert sind und sich dadurch mehr Risiken und Fehlschlägen aussetzen, scheinen sie auf der eine Seite intelligenter, erfolgreicher und kreativer zu sein als Frauen. Auf der anderen Seite jedoch sind am entgegengesetzten Pol unter ihnen auch wesentlich mehr Gescheiterte, Unintelligente und Ausgenutzte zu finden als bei den Frauen, die aufgrund ihrer Aufgabe bei der Fortpflanzung und Kindererziehung lieber auf Nummer sicher gehen und sich weniger Risiken aussetzen.

Die Gehirnforschung hat herausgefunden, dass Männer eine ausgesprochene Vorliebe für komplexe Systeme zeigen. Darunter sind alle Arten von Objekten oder Phänomenen zu verstehen, die bestimmten Regeln folgen und in denen ein Zusammenhang zwischen Input, Operation und Output erkennbar ist.

Es ist ganz gleich, ob es sich bei einem »System« um eine Maschine, eine wissenschaftliche Theorie, ein Biotop, eine Bibliothek, ein Unternehmen, ein Brettspiel, eine Sportart oder etwas anderes handelt. Den Lohn des Systematisierens sehen Männer darin, das System in seinen Prinzipien zu verstehen, es steuern und sein Verhalten vorhersagen zu können. Das Systematisieren ist ein kognitiver, mentaler, weitgehend emotionsfreier Prozess, der eine scharfe Beobachtungsgabe und methodisches Vorgehen erfordert. Systematisieren ist unter anderem die Grundlage jeglicher Wissenschaft.

Dass Männer ein größeres Interesse am Systematisieren haben, lässt sich unter anderem an den Statistiken ablesen, die seit Jahrzehnten immer die gleiche Tendenz zeigen: Seit den 70er-Jahren beträgt das Geschlechterverhältnis in den Fachbereichen Mathematik, Physik und Ingenieurwesen konstant 9 : 1 (Männer : Frauen). Das gilt ebenfalls für verwandte Bereiche wie Wirtschaftswissenschaften. Die Forschung hat festgestellt, dass bis zur Pubertät hinsichtlich der mathematisch-naturwissenschaftlichen Begabung kein Unterschied zwischen Jungen und Mädchen besteht. Dann aber wird das weibliche Gehirn mit Östrogen überschwemmt und das Interesse der Mädchen an den Fachbereichen lässt nach, während ihr Interesse an sozialen Beziehungen, Gefühlen und Kommunikation zunimmt. Häufig wählen Frauen dann Berufe, in denen es um diese Dinge anstatt um das Systematisieren von Prozessen geht.

Es scheint, dass auch das räumliche Orientierungsvermögen mit dem Systematisieren verknüpft ist. Die räumliche Orientierung ist in der rechten Großhirnhemisphäre angesiedelt, und die ist bei Männern – übrigens auch bei lesbischen Frauen, wie jüngst festgestellt wurde – etwas größer als die linke. Männer können sich geografisch besser orientieren: Sie können sich z. B. einen Weg in kürzester Zeit einprägen, und zwar einfach durch wiederholtes Betrachten der Straßenkarte. Sie erinnern sich an eine größere Anzahl von Einzelheiten über Richtung und Entfernung. Bei einer Wegbeschreibung betonen Männer eher Richtungen, Wege und Straßen, während sich Frauen an einzelnen Erkennungszeichen orientieren, an die sich wiederum Männer schlechter erinnern. Männer fassen den Raum eher abstrakt als ein geometrisches System auf.

Im Folgenden lesen Sie zwei unterschiedliche Wegbeschreibungen. Raten Sie, welche von beiden von einer Frau und welche von einem Mann stammt:

- »Fahren Sie links an der Kirche vorbei und biegen Sie am Lebensmittelmarkt mit der gelben Beschilderung rechts ab. Fahren Sie weiter geradeaus bis zum blauen Haus mit der großen Kiefer im Vorgarten und biegen Sie dort rechts ab.«
- »Fahren Sie 3 Kilometer nach Süden, dann biegen Sie an der Ampel Richtung Osten ab. Nach 2,5 Kilometern folgt ein Abzweig zur Heumannstraße nach Norden, dem Sie folgen.«

Richtig geraten? Die erste Wegbeschreibung stammt von einer Frau, die zweite von einem Mann. Das ausgeprägtere abstrakte räumliche Orientierungsvermögen von Männern zeigt sich weiterhin daran, dass sie leichter unbekannte Gegenstände erkennen, die aus ungewöhnlichen Perspektiven fotografiert wurden. Kurioserweise schneiden Frauen bei dieser Aufgabe merklich besser als gewöhnlich ab, wenn man ihnen vorher das männliche Hormon Testosteron verabreicht. Da ihnen jedoch langfristig Brust- und Gesichtshaare wachsen würden, ist von einer Hormonbehandlung zur Steigerung der räumlichen Orientierungsfähigkeit dringend abzuraten.

So müssen wir Männer es dann leider auch geduldig hinnehmen, dass unsere Partnerinnen sich beim Einparken manchmal so »ungeschickt« anstellen und unser Liebling, das Auto, immer mal wieder kleine Dellen oder Kratzer davonträgt. Liebe Leserinnen, ich behaupte ja gar nicht, dass Frauen schlechter Auto fahren können – im Gegenteil! Erst jüngst gab der Auto Club Europa (ACE) bekannt, dass 65 Prozent aller Unfälle von Männern verursacht werden; und in der Flensburger Verkehrssünderkartei sind wir Männer klare »Punktesieger«. Aber was das Einparken angeht, so haben männliche Zeitgenossen wirklich klar die Nase vorn. Die Damen tun sich halt doch ein wenig schwer, die Größe des Autos und die der Parklücke genau einzuschätzen und beides »berührungsfrei« zu koordinieren. Warum Männer nicht zuhören und Frauen schlecht einparken – jetzt wissen wir es endlich: Es liegt an der unterschiedlichen Gehirnstruktur und an den Hormonen, womit wir gleich zum nächsten Thema kommen.

Der Einfluss der Hormone auf das Verhalten

Hormone sind biochemische Botenstoffe, die in den Nervenzellen als Neurotransmitter wirken. Es gibt eine ganze Reihe unterschiedlicher männlicher und weiblicher Hormone. Bekannt sind Testosteron als »typisch männliches« und Östrogen als »typisch weibliches« Hormon, aber es gibt noch viele weitere Hormone. Weniger geläufig ist, dass auch der weibliche Organismus männliche und der männliche Organismus weibliche Hormone produziert, wenn auch in deutlich kleineren Mengen als die eigengeschlechtlichen Hormone.

Hormone bestimmen unter anderem mit darüber, wozu wir Lust haben. Sie steuern fürsorgliches, soziales, sexuelles und aggressives Verhalten. Sie haben Einfluss darauf, ob wir redselig oder zum Flirten aufgelegt sind, ob wir Lust zum Kuscheln haben, uns Sorgen um andere machen, ob wir mit Wettbewerbern konkurrieren oder die Initiative beim Sex ergreifen. Nach den Befunden einiger Wissenschaftler haben sie sogar einen Einfluss auf die Gedächtnisfunktion. Schauen wir uns einige Hormone genauer an.

Das männliche Hormon Testosteron übt unter anderem einen Einfluss darauf aus, dass die rechte Großhirnhemisphäre bei Männern größer wird als bei Frauen. Bei Tierversuchen hat man festgestellt, dass dieses Größenwachstum ausbleibt, wenn man den Testosteronfluss vom Hoden zum Gehirn unterbricht. Umgekehrt steigert sich bei weiblichen Ratten die Fähigkeit, sich in einem Labyrinth zurechtzufinden, wenn sie Testosteron erhalten. Ein niedriger Testosteronspiegel führt zu einem höheren Niveau der sprachlichen und kommunikativen Fähigkeiten sowie zu höherer sozialer Kompetenz, wie durch Tests ermittelt werden konnte. Umgekehrt vermindert ein erhöhter Testosteronspiegel das Interesse an Unterhaltungen und zwischenmenschlicher Bindung. Das ist übrigens der Grund dafür, warum Jungen in der Pubertät, wenn der Körper die höchste Dosis Testosteron produziert, so »einsilbig« sind und oft tagelang kaum ein Wort sprechen.

Testosteron beeinflusst das männliche Sexualverhalten. Bekanntlich denken Männer viel häufiger an Sex als Frauen und die Sexualzentren in ihren Gehirnen sind etwa doppelt so groß wie die entsprechenden Strukturen bei Frauen.

85 Prozent aller 20- bis 30-jährigen Männer denken mehrmals pro Stunde an Sex, Frauen dagegen nur ein- bis zweimal täglich, an ihren fruchtbaren Tagen drei- bis viermal. Männer haben also deutlich mehr Sex im Kopf als Frauen – oder, wie es Louann Brizendine ausdrückt:

»Während Frauen eine achtspurige Autobahn zur Verarbeitung von Gefühlen besitzen, wo bei Männern nur eine kleine Landstraße vorhanden ist, besitzen die Männer einen riesigen Flughafen als Drehscheibe für Gedanken über Sex, während Frauen zu dem gleichen Zweck nur über eine kleine Landepiste für Privatflugzeuge verfügen« (Brizendine 2007, S. 149).

Die weiblichen Hormone Östrogen und Progesteron wirken sich auf einige Gehirnareale besonders stark aus. Steigt der Spiegel dieser Hormone an, z. B. im Rahmen des weiblichen Monatszyklus, so sind Veränderungen im Hippocampus (und damit bei der Gedächtnisfunktion), im Hypothalamus wie auch in der Amygdala feststellbar. In den ersten beiden Wochen des Zyklus ist bei Frauen der Östrogenspiegel besonders hoch und in dieser Zeit zeigen Frauen ein stärkeres zwischenmenschliches Interesse und sind in Beziehungen lockerer. In der dritten und vierten Woche steigt hingegen der Progesteronspiegel, was dazu führt, dass Frauen eher in Ruhe gelassen werden möchten.

Als Bindungs- und Glückshormone gelten Oxytocin und Dopamin. Beide werden in größeren Mengen ausgeschüttet, wenn man verliebt ist. Diese Hormone bewirken eine starke Motivation, immer wieder nach einer engen Beziehung zu streben. Säugetieren, denen man Oxytocin oder Dopamin injiziert, entwickeln spontan ein Kuschel- oder Paarbildungsverhalten. Insbesondere Oxytocin aktiviert beim Menschen Vertrauensmechanismen im Gehirn. Aufschlussreich ist ein Experiment, das man mit Paaren durchgeführt hat: Wird jemand mindestens 20 Sekunden lang von seinem Partner umarmt, so wird im Gehirn automatisch Oxytocin freigesetzt. Also, liebe Leserinnen, liebe Leser, sorgen Sie täglich, am besten mehrmals, für diesen kleinen Glücksschub! In großen Mengen wird Oxytocin produziert, wenn eine Frau Mutter wird. Viele Mütter bezeichnen die Gefühle für ihr Baby als »Verliebtheit«, und das zu Recht. Oxytocin und Dopamin werden bei der Mutter nicht nur durch das Stillen und den Körperkontakt mit dem Kind ausgeschüttet, sondern sogar schon dann, wenn das Baby sie nur anlächelt. Ein paar kleine Spielereien mit den Gesichtsmuskeln, und Mami gerät in höchste Verzückung. Übrigens gilt das auch für Vati, allerdings in etwas geringerem Maße. Die beiden Hormone aktivieren im Körper einen »Belohnungsschaltkreis«, der eine zärtlich-für-sorgliche Reaktion hervorruft.

Ist es nicht faszinierend, aber zugleich auch erschreckend, wie mächtig der Einfluss der Hormone auf unsere Persönlichkeit und die Ausprägung »ty-pisch männlichen« wie auch »typisch weiblichen« Verhaltens ist? Eine Tat-sache, die sich auch das Neuromarketing zunutze macht, wie wir im nächsten Kapitel sehen werden.

2. Neuromarketing – das Gehirn im Supermarkt

Der Mann als Shopping-Problem

Wir Männer als solche sind ja eigentlich kein Problem (meiner Meinung nach). Nur wenn es ums Einkaufen geht, stellen wir – so viel gilt wissenschaftlich als gesichert – ein echtes Problem dar, das sich bisher noch nicht befriedigend lösen ließ. Einzelhändler, Neuroforscher, Werbeagenturen und Unternehmensberater wissen das längst und haben sich auf das Problem Mann höchst geschickt eingestellt, nur leider tun sich unsere Partnerinnen noch immer ein wenig schwer mit uns. Worin die Schwierigkeit mit uns Männern liegt, wollen Sie wissen? Es liegt an unserer geschlechtstypischen Eigenart, »die Sache möglichst schnell hinter uns zu bringen«.

Wenn ein Mann ein Hemd kaufen will, geht er in einen Laden, probiert ein Hemd an, marschiert zur Kasse, bezahlt und verlässt das Geschäft. 65 Prozent der Männer kaufen genau das, was sie in die Umkleidekabine mitgenommen haben, aber nur 25 Prozent der Frauen. Angenommen, eine Frau will eine Bluse kaufen, dann geht sie ins Geschäft, schaut sich erst mal ausgiebig im Parterre die Parfüms an und fährt dann mit der Rolltreppe in den ersten Stock. Bei dieser Gelegenheit fällt ihr ein, dass sie für ihr Kind noch ein paar Leggings und für den Partner einen Kugelschreiber kaufen will. Hat sie das erledigt, fährt sie weiter in den zweiten Stock. Zufällig findet sich dort eine todschicke Lederjacke, und die wird jetzt zuerst mal anprobiert. Daneben stehen gleich die passenden Schuhe und Handtaschen, und wo sie schon einmal dabei ist, werden auch diese einer näheren Prüfung unterzogen. Die ganze ungeplante Prozedur nimmt eine halbe Stunde in Anspruch. Nächste Station: die Blusen. Sie schaut sich zehn bis zwanzig verschiedene an, schlendert in die Umkleidekabine und probiert der Reihe nach ungefähr fünf Blusen an. Bei näherer Betrachtung passt und sitzt eigentlich keine so richtig, sodass noch einmal sieben weitere Blusen beäugt, befühlt und anprobiert werden. Möglicherweise ist die richtige darunter. Wenn nicht, verlässt die

Frau den Laden und im nächsten Geschäft beginnt die ganze Prozedur von vorne.

Im Folgenden wird gezeigt, wie Männer und Frauen sich verhalten, wenn sie vor dieselbe Aufgabe gestellt sind, nämlich eine Hose zu kaufen ...

Mission: Gehe zu H&M und kaufe eine Hose

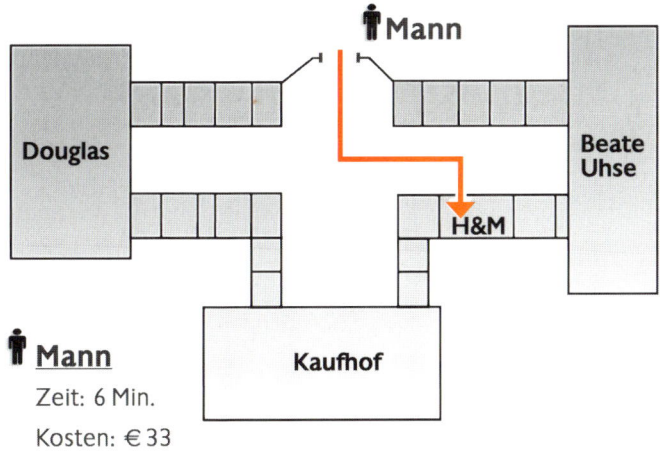

Wie Männer einkaufen

Mission: Gehe zu H&M und kaufe eine Hose

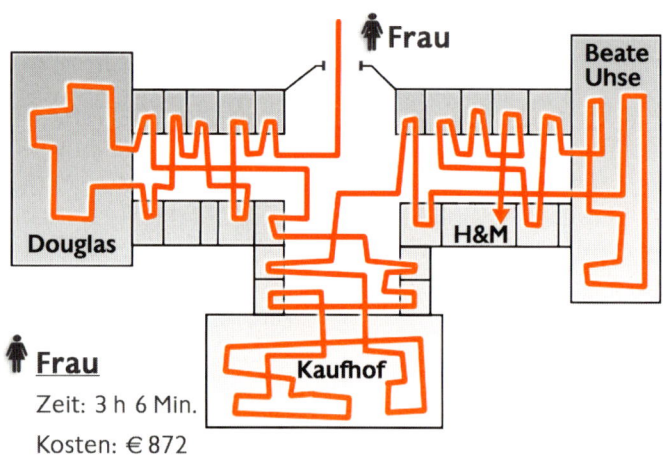

Wie Frauen einkaufen

Uns Männern vergeht angesichts der »mangelnden Zielstrebigkeit« dieses typisch weiblichen Verhaltens völlig die Lust am Shopping. In wissenschaftlichen Untersuchungen wurde festgestellt, dass Frauen sich erheblich länger in einem Geschäft aufhalten, wenn sie *nicht* von einem Mann begleitet werden. Während sie »bemannt« durchschnittlich nur etwas über vier Minuten in einem Laden bleiben, halten sie sich »unbemannt« über fünf Minuten darin auf; kommen gleich zwei Frauen im Doppelpack, so bleiben sie mehr als acht Minuten im Geschäft.

Es ist klar: Wir Männer sind der Schreck jedes Händlers, wir sind *Umsatzvernichter* – und das kann natürlich der Einzelhandel nicht so ohne Weiteres auf sich sitzen lassen. Deshalb hat sich das Marketing auch allerlei einfallen lassen, um am sogenannten »Point of Sale«, also am Ort des Verkaufs, die Verweildauer der Konsumenten zu verlängern. Schützenhilfe leisten dabei Erkenntnisse aus der Gehirnforschung – daher der Begriff »Neuromarketing«. Als Konsumenten sind Männer und Frauen heute alles andere als ein Buch mit sieben Siegeln; allerdings werden beinahe täglich so viele neue Erkenntnisse über das Kaufverhalten zutage gefördert, dass der Konsument noch lange kein offenes Buch ist.

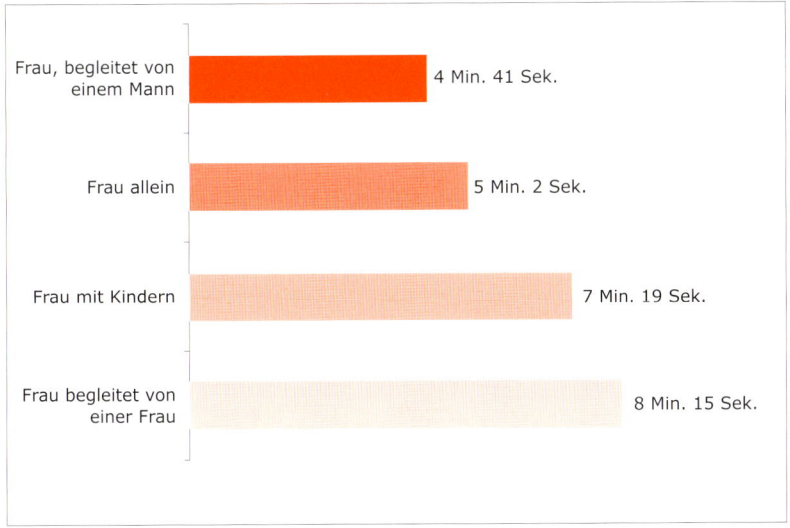

Aufenthaltszeiten in einem amerikanischen Haushaltswarenladen (in Minuten)

Wollen Sie wissen, nach welchen Kriterien heute ein Supermarkt aufgebaut ist, wie sich die Waren quasi in unsere Gehirnwindungen hineinschleichen, um uns zum Kaufen zu verführen? Gut, dann begleiten Sie mich auf einer kleinen Einkaufstour. Übrigens: Kennen Sie den Unterschied zwischen »Einkaufen« und »Shopping«? Wenn auf Ihrer Einkaufsliste »Brot, Milch, Zahnpasta, Tee und Duschgel« steht und Sie mit Brot, Milch, Zahnpasta, Tee und Duschgel das Geschäft verlassen, dann handelt es sich um »Einkaufen«; wenn Sie jedoch den Laden mit Brot, Milch, Obst, Zahnpasta, Zahnbürste, Wein, Tee, Konfitüre, Duschgel und Schokoriegel verlassen, dann handelt es sich um »Shopping«.

Ausgebremst

Schnappen wir uns also einen rollenden Einkaufswagen und ziehen los. Wieso haben wir eigentlich am Eingang nicht einen Korb genommen? Ach ja, es waren keine Tragekörbe vorhanden. Man hat nämlich festgestellt, dass Käufer erheblich mehr kaufen, wenn sie große rollende Wagen vor sich herschieben, statt kleine Körbe zu tragen. Wir passieren also den Eingang und kommen in das, was Fachleute die »Bremszone« nennen. Und die eignet sich eigentlich nur für eines, nämlich die Männer auszubremsen, sprich: sie für den weiteren Einkauf loszuwerden. Einige Neurowissenschaftler haben bereits ernsthaft vorgeschlagen, dass man in dieser Eingangszone eine Theke schaffen soll, an der Ehefrauen ihre Männer abgeben können – gewissermaßen ein Männerparkplatz. Hier könnten Männer z. B. genüsslich den Sportteil der Zeitung lesen, anstatt für den Rest des Einkaufs nörgelnd den Einkaufswagen zu schieben und ihre Frauen beim Einladen der Waren immer wieder vorwurfsvoll anzublicken, weil sie schon wieder »so viel Geld ausgeben« und ihnen das Ganze zu lange dauert. Leider hat sich aber die Männertheke aus Platzgründen in Supermärkten noch nicht durchsetzen können.

Allerdings haben sich *Bekleidungsgeschäfte* in Sachen Bremszone bereits auf Männer eingestellt. Ist Ihnen schon einmal aufgefallen, dass die Herrenbekleidung immer im Parterre zu finden ist, während sich die Damenbekleidung meist mehrere Etagen weiter höher befindet? Und dass Herrenunterhosen und -socken oft ganz dicht am Ein- bzw. Ausgang des Geschäfts postiert sind? Klar, sonst würden Männer sich nie neue Unterhosen oder Socken kaufen, denn es wäre ihnen bei ihrer angeborenen Zielstrebigkeit einfach viel zu aufwendig, sich durch das ganze Geschäft »hindurcharbeiten« und gar noch mit der Rolltreppe in eine höher gelegene Etage fahren zu müssen. Frauen kann das nicht schrecken, denn egal ob sie Ober- oder Unterbekleidung brauchen, sie suchen dafür auch den hintersten Winkel im obersten Stockwerk auf. Umkleidekabinen müssen übrigens für Männer aufgrund ihres eingeschränkteren Sichtfeldes deutlicher und besser ausgeschildert werden, denn wenn sie sie nicht auf Anhieb finden, besteht die Gefahr, dass sie den Laden unverrichteter Dinge sofort wieder verlassen.

Zurück zum Supermarkt: Wir sind also die Männer mangels Theke nicht losgeworden und müssen sie nun wohl oder übel durch den Laden mitschleifen. Ist Ihnen aufgefallen, dass Eingang und Bremszone in den meisten Geschäften auf der rechten Seite liegen und dass wir dann im weiteren Verlauf im *Gegenuhrzeigersinn* durch das Geschäft gehen? Der Grund dafür liegt in der Asymmetrie des Gehirns. Bei den meisten Menschen ist die linke Hirnhälfte die dominante, und diese steuert die rechte Körperseite. Wenn wir also rechts starten und dann im Kreis langsam nach links wandern, bis wir an der Kasse angelangt sind, dann entspricht das einer »Wanderung durchs Gehirn« von der dominanten, bevorzugten zu der weniger dominanten Hirnhälfte. »Linksdreher« sorgen, das ist wissenschaftlich bei Shopping-Experimenten nachgewiesen worden, für zehn Prozent mehr Umsatz als »Rechtsdreher«. Auch die Anzahl der Kunden in linksdrehenden Geschäften ist größer, ebenso die Anzahl der belegten Parkplätze.

Der durchschnittliche Kunde bekommt bei seinem Gang nur etwa 25 Prozent des Geschäfts zu sehen. Die große Kunst des Ladendesigns besteht darin, dafür zu sorgen, dass der Kunde so viele Gänge wie möglich abschreitet, damit er mehr sieht und mehr kauft. Die meisten Geschäfte sind heute so aufgebaut, dass es eine sogenannte »Rennbahn« gibt – sie führt an den Außenwänden entlang und ist besonders breit –, von der rechts und links kleinere Gänge mit Waren abzweigen. Wir bewegen uns also auf der Rennbahn, und plötzlich stechen uns die Chips ins Auge. Sofort wird eine Tüte in den Wagen gepackt, obwohl die Chips gar nicht auf der Einkaufsliste standen. Chips gehören zu den 70 Prozent der Kaufentscheide, die erst im Laden getroffen werden; es handelt sich um einen sogenannten Spontan- oder Impulskauf. Sie haben richtig gelesen: Über *70 Prozent* dessen, was gekauft wird, entscheidet weder der aktuelle Bedarf noch der Einkaufszettel, sondern … ja was eigentlich?

Angemacht

Unser Gehirn, könnte die Antwort lauten, unser Gehirn, das unaufhörlich Assoziationen der dargebotenen Waren zu früheren Erfahrungen und Erlebnissen bildet, sich von Emotionen und Stimmungen leiten lässt – die im Laden geschickt und unauffällig ständig durch bestimmte Reize geweckt werden. Wir kaufen dann auch nicht die Tüte Chips, sondern die *Erinnerung* an einen gemütlichen Fernsehabend zusammen mit der Familie.

Jedermann bekannt ist mittlerweile die Musikberieselung. Aber auch wenn jeder weiß, dass die Musik suggestiv wirkt, fallen wir als Konsumenten trotzdem darauf herein. Werden Vivaldis »Vier Jahreszeiten« gespielt, so geht die Flasche Wein für 30 Euro das Stück locker weg; wird deutsche Volksmusik gespielt, so verkaufen sich die deutschen Weine am besten, und bei französischer Akkordeonmusik finden die französischen Weine guten Absatz.

Unauffälliger als Musik ist die Anordnung der Waren: Bestimmte Produkte verkaufen sich am besten, wenn sie gemeinsam präsentiert werden. Kosmetikartikel z. B. leben in Symbiose mit Glückwunschkarten, und in der Nähe des Schinkens sollten die Melonen zu finden sein. Windeln sollen sich kurioserweise am besten verkaufen, wenn sie in Nähe des Biers postiert sind, was wieder mal auf das Konto der männlichen Zielstrebigkeit geht: Der Mann geht in den Supermarkt, um Bier zu kaufen; vor dem Einkauf fordert ihn seine Frau auf, auch noch Windeln mitzubringen. Findet er beides dicht beieinander, ist er zufrieden und der Einkauf gerettet.

Verführt

Ausgeklügelt ist auch die Höhe, auf der die Waren im Regal stehen. Man unterscheidet vier Zonen: die Sichtzone in Augenhöhe (140 bis 180 cm), die Greifzone in Höhe der Hände (60 bis 140 cm), die Bückzone in der Höhe zwischen Füßen und Knien (bis 60 cm) und die Reckzone oberhalb des Kopfes (über 180 cm). Verbrauchsprodukte, die ohnehin ständig gekauft werden – sogenannte Schnelldreher wie Milch, Zucker oder Zahnpasta – kommen in die Bück- oder die Reckzone, die normalerweise ein wenig außerhalb des gewohnten Blickfeldes liegen. Wenn eine Packung leer ist, braucht der Käufer sowieso eine neue, egal wo sie sich versteckt hält. Ganz unten im Regal stehen manchmal auch die billigen Produkte: Der niedrige Preis ist dann der Lohn für Turnübungen beim Bücken. In der Sicht- und der Greifzone jedoch werden die teuren Produkte und diejenigen aufgestellt, die der Käufer nicht so ohne Weiteres mitnehmen würde. Sie springen ihm sozusagen ins Auge und in die Hand, indem sie verführerisch ganz leise rufen: »Kauf mich!«

Wie kommt es, dass wir diesen Verführungen unterliegen? Ein Grund liegt z. B. in schönen Plakaten und Displays, die mit angenehmen Bildern locken.

Kleidung, Schuhe, Möbel, Lampen, Strumpfhosen, Make-up oder Haarspray –
was wird hier wohl verkauft?

Da wird die Sonnencreme mit einer attraktiven, braun gebrannten Frau be-
worben und gleich neben dem Regal mit dem Duschgel zeichnen sich auf einem Foto die Umrisse einer nackten Frau hinter einer Duschkabinentür ab,
von der frische Wassertropfen hinabperlen. Erotik verlockt zum Kauf, das
weiß längst auch die Neurowissenschaft. Bestimmte Bilder aktivieren das
Belohnungszentrum des Gehirns, den *Nucleus accumbens* im Limbischen System. »Nackerte geh'n halt immer«, wie wir Bayern sagen – oder, wie es die
Werbeindustrie knallhart ausdrückt: »Sex sells« – Sex verkauft.

Außer Erotik gibt es aber noch weitere Möglichkeiten, im Gehirn der Käufer den »Buy-Button«, den »Kauf-Knopf«, zu drücken. So aktivieren auch Rabattsignale die Belohnungszentren im Gehirn und signalisieren: »Das will ich haben!« Hierbei lassen wir uns als Konsumenten ganz gewaltig an der Nase herumführen. Beispielsweise gehört es zu einem über Jahrzehnte hinweg »erlernten Muster«, dass Großpackungen preiswert, Kleinpackungen jedoch teuer sind. Weil eben alles, was in großen Mengen verfügbar ist, eher billig ist. Kaum jemand hat gemerkt, dass die Werbeindustrie dieses Lernmuster inzwischen benutzt, um uns Großpackungen mehr und mehr zu viel höheren Preisen als Kleinpackungen anzudrehen.

Und das geht so: Man stelle zwei Wühltische in den Laden. Auf dem ersten wird ein beliebiges Teil für 3 Euro angeboten. Auf dem Nachbartisch wird dasselbe Teil im Dreierpack für 15 Euro angeboten, verbunden mit Hinweisschildern, dass es sich um ein »Sonderangebot« und einen ermäßigten Preis handelt. Rein logisch und mit der linken Hirnhälfte betrachtet, sind die Waren auf dem zweiten Tisch erheblich teurer, da 15 Euro : 3 = 5 Euro ist. Trotzdem lassen sich die Produkte vom zweiten Wühltisch sehr viel besser verkaufen als die vom ersten, weil wir eben beim Kaufen nicht logisch denken, sondern uns von Gefühlen leiten lassen. Das Gefühl, mit dem Kauf ein »Schnäppchen« zu machen, aktiviert den *Nucleus accumbens* im Gehirn und lässt Käufer beim zweiten Tisch eher zugreifen als beim ersten. Das funktioniert immer und überall, wie die Wissenschaft herausgefunden hat – gleich ob die Wühltische im Geschäft oder draußen in der Fußgängerzone stehen, gleich ob Waschmittel, Socken, Bier oder Toilettenpapier verkauft wird!

Das Gehirn lässt sich von erlernten Assoziationen auch durch die Art der Warenpräsentation beeinflussen. Wenn z. B. Artikel auf riesigen Transportpaletten angeboten werden, so wird damit signalisiert: Dieses Produkt gibt es im Überfluss, also muss es billig sein. Falsch! Häufig sind die »Massenwaren« keineswegs billiger als die, von denen nur kleine Mengen unauffällig im Regal stehen. Übrigens assoziieren wir mit Produkten, die in Großmengen dargeboten werden, gleichfalls niedrigere Qualität. Denn eine im Gehirn von Konsumenten fest verankerte Assoziation lautet: teuer = gut, billig = schlecht. Und das stimmt längst nicht immer, wie wir ja selbst oft erlebt haben.

Gerne zum Narren halten lassen wir Konsumenten uns auch, wenn die Zahl 9 in einem Preis auftaucht. Wir haben gelernt, dass Beträge wie 399 Euro oder 5,98 Euro ein besonderes Angebot darstellen: Der Preis klingt, als ob er niedrig und genau kalkuliert wäre. Das geht so weit, dass sich ein Produkt sich für 699 Euro besser verkauft als für 610 Euro. Ist die Warenpräsentation dann noch so aufgemacht, dass über dem Preis von 699 Euro ein durchgestrichener, völlig überzogener »Mondpreis« von 950 Euro angegeben wird, sprechen die Belohnungszentren im Gehirn an, weil signalisiert wird, dass man hier ein »Schnäppchen« machen kann – selbst dann, wenn das Produkt niemals zuvor für den Preis von 950 Euro angeboten wurde! Insgesamt sind wir Konsumenten im Hinblick auf die Preiswahrnehmung sehr leicht zu übertölpeln, weil wir einfach nach »guten Gefühlen« und »Belohnung« beim Einkaufen streben statt danach, eine an unserem Bedarf ausgerichtete Einkaufsliste rational abzuarbeiten und dabei so wenig Geld wie möglich auszugeben. Ein alter Werbeslogan bringt es auf den Punkt: »Man gönnt sich ja sonst nichts!«

Ein weiterer Grund für die Verführbarkeit der Konsumenten liegt in den Verpackungen der Waren. Der Gehirnforscher Peter Kenning hat herausgefunden, dass Verpackungen, die als attraktiv empfunden werden, die Glücks- und Motivationszentren des Gehirns im Limbischen System stimulieren. In einer Studie sollten Versuchspersonen verschiedene Verpackungen als attraktiv, neutral oder unattraktiv einstufen. Dabei stellte man fest: Verpackungen, die gefallen, wirken auf Gehirnareale, die mit der visuellen Aufmerksamkeit in Verbindung stehen, und diese ist die Grundlage jedes Entscheidungsprozesses. Nur was visuelle Aufmerksamkeit weckt, kann erinnert werden und kommt für den Kauf in Betracht.

Vergessen

Ansonsten ist es allerdings mit unserem Erinnerungsvermögen beim Einkaufen nicht sehr gut bestellt: Man befragte Kunden in Supermärkten nach dem Preis von Waren, die sie gerade eben in ihren Einkaufswagen gelegt hatten. Ergebnis: Weniger als 50 Prozent der Leute waren in der Lage, den Preis korrekt zu nennen – obwohl viele angaben, dass sie das Geschäft wegen der Preise aufsuchten. Die Information, was die Ware kostet, hatte also nicht einmal das Kurzzeitgedächtnis erreicht, sondern war schon im Ultrakurzzeitgedächtnis gelöscht worden.

Wie kann es dazu kommen? Wie im zweiten Teil des Buches ausgeführt, kann eine Information das Kurzzeitgedächtnis nicht erreichen, wenn die Aufmerksamkeit zu stark abgelenkt ist und zu viele Reize in zu kurzer Zeit das Gehirn gleichzeitig erreichen. Und dies scheint in Supermärkten heute in Anbetracht der explodierenden Warenfülle der Fall zu sein. Wurden in den 80er-Jahren durchschnittlich lediglich 6 000 Produkte in Supermärkten angeboten, so sind es heute 40 000 Produkte. In Deutschland hat sich in einem Zeitraum von zehn Jahren die Anzahl der Artikel um 130 Prozent und die Anzahl der Produktvarianten um 420 Prozent erhöht, während sich die Lebenszyklen der Produkte gleichzeitig um 80 Prozent verkürzt haben. 40 Prozent aller neuen Artikel werden bereits nach einer einzigen Saison wieder aus den Regalen gekippt.

Verwirrt

Als Käufer sind wir nicht mehr in der Lage, den Überblick zu behalten, weil sich das Angebot kontinuierlich und massiv verändert; im Sperrfeuer der Dauerreize fehlt dem Gehirn die Fähigkeit der Aufmerksamkeitslenkung, die Konzentration. Mehr und mehr scheinen Konsumenten die überbordende Warenfülle wie ein diffuses »Hintergrundrauschen« wahrzunehmen. Die Wissenschaft hat dafür bereits einen Namen gefunden: Sie spricht von »Käuferverwirrung« *(Consumer Confusion)*. Sie führt häufig zu einer Art Lähmung: Der verwirrte Konsument

- kauft gar nichts mehr,
- verschiebt den Kauf auf später,
- entscheidet sich, erst einmal mehr Informationen über das Produkt zu sammeln und Bekannte nach ihren Erfahrungen damit zu fragen, oder
- orientiert sich beim Kauf an bekannten Markenprodukten, selbst wenn diese seine Bedürfnisse nicht optimal erfüllen.

Die Unentschlossenheit beim Kauf ist ein großes Problem im Handel geworden. Besonders wir Deutschen sind inzwischen dafür bekannt, dass wir nur »gucken, aber nicht kaufen«. Sogar bis ins Ausland eilt uns dieser Ruf schon voraus.

Eine bekannte Studie, die sogenannte Konfitüren-Studie, von Sheena Iyengar von der New Yorker Universität Columbia, hat empirisch ermittelt, wie Kunden bei der Auswahl reagieren, wenn sie mit einer zu großen Produktfülle konfrontiert sind. Das Forscherteam hat in einem Supermarkt den Konsumenten einmal sechs und einmal 24 Sorten Konfitüren zur Verkostung angeboten. Bei der kleineren Auswahl sind 40 Prozent der Probanden an den Stand gekommen, um ihn sich genauer anzusehen; bei der größeren Auswahl schauten sich 60 Prozent den Konfitüren-Stand näher an. *Aber:* Von denen, die sich über die kleinere Auswahl informiert hatten, kauften letztlich 30 Prozent eine Konfitüre, während es nur drei Prozent Käufer bei der größeren Auswahl waren. In absoluten Zahlen gerechnet: 32 Konsumenten erwarben ein Konfitürenglas aus einer Auswahl von sechs Sorten, aber nur fünf Konsumenten kauften ein Konfitürenglas aus einer Auswahl von 24 Sorten. Das Experiment zeigt, dass Käufer zwar von der größeren Vielfalt stärker angezogen werden, diese jedoch zugleich die Unentschlossenheit erhöht. Konsumentenverwirrung wirkt sich offensichtlich negativ auf die Belohnungszentren des Gehirns aus.

Im Zustand der Käuferverwirrung orientieren wir uns gern an bekannten Markenprodukten, die eine Art Kompromiss zwischen der optimalen Wahl und dem Wunsch bilden, eine unkomplizierte Entscheidung zu treffen. Markenprodukte vermitteln »Sicherheit« – aber nur als Gefühl, denn rational ist sie nicht gegeben. Auch dies wurde in einem berühmten Versuch, dem Pepsi-Test aus dem Jahre 2003, festgestellt. Probanden wurde in einem Blindtest sowohl Coca-Cola als auch Pepsi-Cola verabreicht, wobei gleichzeitig ihre Hirnaktivitäten gemessen wurden. Es stellte sich heraus, dass der Genuss von Pepsi die Belohnungszentren im Gehirn stärker aktivierte als der Genuss von Coca-Cola; zudem gaben die Versuchspersonen an, Pepsi schmecke ihnen besser. Als man den Probanden in einem zweiten Durchgang jedoch sagte, welches Getränk sie zu sich nehmen, änderte sich die Gehirnaktivität ebenso wie die Geschmacksvorlieben: Diesmal wurden die Belohnungszentren beim Genuss von Coca-Cola aktiviert, und diese Marke wurde als die besser schmeckende eingestuft. Daran zeigt sich, dass in die Entscheidungen Erinnerungen an Werbebotschaften eingeflossen sind, die die Probanden lange vor dem Trinkgenuss über die Werbung gelernt hatten.

Abkassiert

Wir nähern uns im Supermarkt inzwischen der Kasse. Wie sieht denn Ihr Einkaufswagen jetzt aus? Wahrscheinlich finden sich mehrere Produkte darin, die nicht auf dem Einkaufszettel gestanden haben, und es war wohl mal wieder mehr eine Shoppingtour als ein Einkauf, nicht wahr? Jetzt heißt es Schlange stehen, bis wir bezahlen dürfen. Oh, wie wir dieses Schlangestehen hassen! Können die denn nicht mal mehr Personal einstellen oder mehr Kassen öffnen, damit es hier schneller geht?!

Wer glaubt, es liege an mangelnder Organisation oder fehlendem Service, dass wir an der Kasse so lange warten müssen, der irrt gewaltig. Denn jetzt kommt die Fläche, die dem Einzelhandel den höchsten Umsatz bringt. Und daher hat jedes Geschäft großes Interesse daran, uns »schön langsam« durch den Bezahlvorgang zu schleusen, damit wir von der sogenannten Impulsware in Kassennähe – Schokoladenriegel, Zigaretten, Süßigkeiten, Überraschungseier, Batterien usw. – noch etwas in den Einkaufswagen werfen. Und das tun wir allein schon deshalb, weil es so langweilig ist, zu warten, und so verlockend, in der Greifzone mit den Händen zuzugreifen. Wer sich vorher beim Einkaufen noch keine »Belohnung« abgeholt hat, kann das jetzt tun. Na, haben Sie schon zugegriffen?

In der Bückzone vor der Kasse befindet sich auch die sogenannte »Quengelware« für Kinder. Die heißt darum so, weil Kinder das Warten noch langweiliger finden als wir Erwachsene und anfangen zu quengeln: »Mami, kann ich heute so ein Überraschungsei mitnehmen?« »Nein, du hattest gestern schon eins.« »Aber die sind sooo lecker!« »Wir haben heute schon genug Geld ausgegeben.« »Aber da ist tolles Spielzeug drin.« (Kind greift nach einem

Ü-Ei.) »Leg das sofort wieder weg!« »Der Florian hatte letzte Woche eine gelbe Raupe im Ei, und ich sammle doch auch Raupen.« (Mutter schweigt – Kind greift wieder nach dem Ü-Ei.) »Du legst das jetzt *sofort* wieder an seinen Platz!« »Ach, Mami …« »Ich habe dir gerade gesagt, heute gibt es kein Ei!« (Kind greift wieder nach dem Ei und schaut die Mutter erwartungsvoll lächelnd an.) …

Sie wissen, wie der Dialog meistens endet: Das Kind bekommt seine Quengelware, und zwar genau in dem Moment, in dem der Wartevorgang beendet ist und die Mutter beginnen kann, ihre Waren vom Einkaufswagen auf das Band zu legen. Warum genau in diesem Moment? Weil der ganze Dialog etwas Unabgeschlossenes hat und unser Gehirn bestrebt ist, Unerledigtes zu Ende zu bringen (siehe Zeigarnik-Effekt auf Seite 171). Durch Einladen der Quengelware in den Einkaufswagen oder direkt aufs Rollband besteht die Möglichkeit, die Sache definitiv abzuschließen und sich damit auf etwas Neues, nämlich den Bezahlvorgang, zu konzentrieren.

Sind Sie – nach all den vorgestellten Tricks und Kniffen von Werbung und Handel – ernüchtert und enttäuscht von unserem kleinen Spaziergang durch das Gehirn im Supermarkt? In Zukunft werden Sie sicher Einkauf und Shopping mit anderen Augen sehen. Mal ehrlich, unsere Belohnungszentren im Gehirn können wir doch an reizvolleren Orten als in Supermärkten aktivieren! Wenn wir das schaffen, dann unterliegen wir auch nicht mehr all den geheimen Verführern.

3. Sprechen und Sprache verstehen

Das Maipu-Orakel

Eine Kolonne schwarzer Limousinen mit Standarten kam vor Maipu, einem chinesischen Hightech-Unternehmen in der Stadt Chengdu, zum Stehen. Im Rahmen eines China-Besuches war eine Kurzvisite dieser jungen, aufstrebenden und zugleich höchst erfolgreichen Firma angesagt. Der Bundeskanzler, etliche Diplomaten und Journalisten stiegen aus den Fahrzeugen aus und betraten den Empfangsraum des Unternehmens, wo ein nervöser Dolmetscher und ein gebauchpinselter Fabrikdirektor auf den hohen Besuch aus Deutschland warteten.

Freudestrahlend läuft der Dolmetscher auf den Kanzler zu und begrüßt ihn mit den Worten: »Jedes Jahreswachstum verlässt hinter dem Gedächtnis im unaufhörlichen Fluss der Zeit.« Der Kanzler kratzt sich verlegen hinter dem Ohr und strahlt Dolmetscher und Fabrikdirektor gleichermaßen an. Noch bevor er antworten kann, fährt der Dolmetscher fort: »Alles notiert die Großartigkeit in jedes Jahr, die funkelt.« Und damit der hohe Besuch aus Deutschland gewiss jedes Wort versteht, das man ihm mitteilen möchte, erklingen alle folgenden Sätze nicht nur aus dem Mund des Dolmetschers, sondern gleichzeitig aus riesigen Lautsprecherboxen, unterstützt von einer gewaltigen Leinwand, auf der die gesprochenen Worte in überdimensionalen Lettern lesbar sind. So ist wirklich *jedes* Missverständnis ausgeschlossen!

Weil der Kanzler ihn erwartungsvoll und freundlich anlächelt, fasst der Dolmetscher Mut und läuft nach und nach zur Höchstform auf, begleitet von Lautsprechern und Leinwand: »Der Chinesen Mehrkanalmodulation Demodulator MP 1000 zuerst in der Maipu Geburt. Durch die einzigartige Innovation und das konstante Sein sachverständig innen, haben das endlose Wunder und Zuerst notiert.« »So, so«, murmelt der Kanzler. Fabrikdirektor und Dolmetscher spornen sich gegenseitig an und informieren den Gast weiter: »Wir gingen bereits wachsen aus nichts. Von Kindheit heraus zu Reife, von bleiben unverständlich in zum Anfang der internationalen Szene der sehr hohe Kurs der Entwicklung.« Plötzlich Stille – die Lautsprecher verstummen, die Leinwand bleibt leer. »Danke schön!«, sagt der Bundeskanzler. »Danke schön!«, schallt es ihm aus den Lautsprechern entgegen. Dolmetscher und Direktor lächeln glücklich, während der Kanzler mit seinem Gefolge wieder in die Limousine steigt und davonbraust (nach Strittmatter 2006, S. 205f.).

Ups, was war denn da passiert? War der chinesische Dolmetscher der deutschen Sprache nicht mächtig? Hatte er Vokabeln und Grammatik nicht gut genug gelernt? Nein, das Unternehmen hatte es tatsächlich fertiggebracht, das Gelingen des Kanzlerbesuches einem automatischen Übersetzungsprogramm anzuvertrauen – Programme, wie sie heute schon im Internet kostenfrei nutzbar sind. In China ist das Vertrauen in den technischen Fortschritt eben weit größer, als wir es uns hier im alten Europa vorstellen können. Dem Dolmetscher, der seinen Fähigkeiten offensichtlich weniger traute als einem Übersetzungsautomaten, brachte dies den Spitznamen »Maipu-Orakel« ein.

Unzweifelhaft dürfte der Besuch des Bundeskanzlers für Maipu nicht von Erfolg gekrönt gewesen sein. Unzweifelhaft sind wir aber trotz der mangelhaften deutschen Übersetzung in der Lage, den agrammatikalischen »Wortsalat« zu etwa 80 Prozent zu verstehen. Schauen wir uns genauer an, was der Dolmetscher gesagt hat, und erlauben wir uns eine etwas freiere, dafür aber grammatikalisch korrekte Interpretation seiner Worte: »Der Fluss der Zeit fließt dahin und das Wachstum von heute gehört schnell der Vergangenheit (oder dem Gedächtnis) an. Jedes Jahr legt von neuem Zeugnis ab für seine eigene ›funkelnde‹ Großartigkeit. Das chinesische Produkt ›Demodulator MP 1000‹ wurde zuerst von Maipu entwickelt. Es handelt sich um eine einzigartige Innovation, die durch kontinuierliche Verbesserung des ›Innenlebens‹ des Produkts das Wunder herbeiführte. Die Firma Maipu war als Erste mit dieser Innovation auf dem Markt. Das Unternehmen entstand aus dem Nichts und entwickelte sich zur Reife. Das Produkt (oder die Firma) wurde zu Anfang auf dem internationalen Markt nicht verstanden, dann aber aufgrund der positiven Entwicklung entsprechend gewürdigt.«

Die Sprachregionen im Gehirn

Zugegeben – eine freie »Übersetzung«. Aber ist es nicht ein Wunder, dass wir in der Lage sind, selbst noch solch entstellten Wortsalat sinnhaft zu entziffern? Die bemerkenswerten Fähigkeiten des Sprechens und des Sprachverständnisses verdanken wir einigen speziellen Zentren im Gehirn. Sprache zu verstehen und selbst zu sprechen ist ein hochkomplexer Vorgang, der so enorm schnell, natürlich und fließend in unseren Köpfen abläuft, dass er uns gar nicht bewusst ist.

Nehmen wir an, ein Sprecher möchte etwas mitteilen, z. B. über ein Pferd. Dann muss er zunächst eine lexikalische Auswahl aus verschiedenen Lebewesen treffen. Der Vorgang, in dem festgelegt wird, ob von einem »Tier«, einem »Pferd«, von einem »Hengst«, einer »Stute« oder einem »Wallach« usw. die Rede ist, dauert nur etwa 600 Millisekunden. Nachdem das passende Wort ausgewählt worden ist, folgt die »Formkodierung«, das heißt, es werden die einzelnen Laute, aus denen sich das Wort zusammensetzt, abgerufen. Das geschieht innerhalb von nur 40 Millisekunden. Weiterhin muss das Wort in einen syntaktischen und semantischen Kontext eingebunden werden, muss z. B. entschieden werden, ob es »des Pferdes« oder »dem Pferd« heißt. Dafür braucht das Gehirn noch einmal 25 Millisekunden. Schließlich muss das ganze Wort nicht nur gedacht, sondern auch ausgesprochen werden, woran die Motorik von Lippen, Zunge, Gaumen und Kehlkopf beteiligt ist.

Verantwortlich für diesen Vorgang sind bestimmte Sprachzentren in der linken und zum Teil auch in der rechten Hälfte des Großhirns, unter anderem die Broca-Region, die nach ihrem Entdecker Paul Broca benannt ist. Das *Broca-Areal* grenzt an den motorischen Cortex entlang der Sylvischen Furche und sorgt dafür, das wir nicht nur Sprache hervorbringen, also sprechen, sondern auch die Bewegungen der Muskeln von Lippen, Zunge, Kiefer und Stimmbändern koordinieren können. Die Broca'sche Sprachregion, auch als »motorisches Sprachzentrum« bezeichnet, bewirkt außerdem eine korrekte Grammatik und verschlüsselt Elemente der Syntax. Ist diese Region geschädigt, kommt es zu einer Aphasie, bei der das Sprechen langsam und schwerfällig und der Stil telegrammartig wird, das Sprachverständnis jedoch intakt bleibt.

Für das Sprachverständnis ist das *Wernicke-Areal* zuständig, benannt nach seinem Entdecker Carl Wernicke. Es liegt sowohl in der Nähe der Hörrinde als auch in der Nähe des *Gyrus angularis,* der als Zwischenstation zwischen Hören und Sehen fungiert. Somit ist das Wernicke-Areal, das »sensorische Sprachzentrum«, sowohl am Hör- als auch am Leseverständnis beteiligt. Das Sprachverständnis ist nicht minder komplex als das Sprechen. Der Hörer muss in der Lage seine, eine Lautfolge richtig zu entschlüsseln, auch formal ähnliche, aber völlig bedeutungsverschiedene Wörter wie »Messe« und »Messer« richtig zu verstehen und mit seinen eigenen Gedanken zu verbinden. Übrigens: Ncah eienr Stidue der Uinvrestiaet Cmabrdige ist es eagl in wlehcer Reiehnfogle die Bchutesban in Woeretrn vokrmomen. Es ist nur withcig, dsas der ertse und lettze Bchustabe an der ricthgien Stlele snid. Der Rset knan total falcsh sein und man knan es onhe Porbelme leesn. Das ist, wiel das mneschilche Geirhn nciht jdeen Bchustbaen liset, sodnern das Wrot als Gaznes.

Die vorangegangenenen Sätze haben Sie verstanden, denn mit Wechstabenverbuchselungen kann das Wernicke-Areal gut umgehen. In einem Experiment konnte nachgewiesen werden, dass selbst Folgen von 80 Sätzen mit völlig vertauschten Buchstaben noch problemlos verstanden werden, solange der erste und der letzte Buchstabe im Wort an der richtigen Stelle stehen. Die Lektüre solcher Texte verlangsamt zwar stark das Verstehen, verhindert aber nicht den Lesefluss.

Schädigungen des Wernicke-Areals führen dazu, dass der Betroffene unfähig ist, gesprochene Sprache zu verstehen, auch wenn sein Hörvermögen intakt ist; ebensowenig kann er geschriebene Sprache verstehen, also lesen. Dennoch kann der Betroffene schnell und fließend sprechen, auch komplette Redewendungen und Wortfolgen von sich geben, aber der Inhalt ist semantisch wirr und fehlerhaft. Mit anderen Worten: Das »Maipu-Orakel« aus dem Übersetzungsautomaten litt an einer Wernicke-Aphasie. Kein Wunder, es war ja auch hirnlos!

Broca- und Wernicke-Zentrum funktionieren nicht getrennt voneinander, sondern sind über ein Nervenfaserbündel miteinander verbunden. Das Zusammenspiel der verschiedenen Regionen beim aktiven Sprechen und beim passiven Verständnis von Sprache ist von der Gehirnforschung noch nicht vollständig entschlüsselt, weil es nur durch ein Zusammenspiel vieler verschiedener Gehirnregionen funktioniert. Inzwischen weiß man, dass das Broca-Areal nicht nur die Motorik des Sprechens, sondern auch die der Hände steuert. Daher stellt die Gebärdensprache für Gehörlose eine so gute Alternative zur Lautsprache dar: Die Handmotorik kann die gleichen neuroanatomischen Nachbarstrukturen nutzen, wie es sonst die Mundmotorik tut. Übrigens verfügen auch Affen über ein kleines Broca-Zentrum, selbst wenn sie nicht sprechen können. Die meisten Sprachverarbeitungsareale entwickeln sich im zweiten Lebensjahr des Menschen, und zwar in der dominanten Hirnhälfte. Bei 98 Prozent der Rechtshänder ist dies die linke Hemisphäre, bei der Mehrzahl der Linkshänder ebenfalls.

Sprechen und Sprachverständnis scheinen bei den beiden Geschlechtern etwas unterschiedlich abzulaufen, wie ja schon im vorletzten Kapitel angedeutet wurde. Bei Männern und Frauen variieren jeweils die beteiligten Sprachzentren leicht. So können Frauen im Gegensatz zu Männern gleichzeitig zwei verschiedenen Gesprächen zuhören. Außerdem sind bei ihnen die Temporallappen beider Hirnhälften beim Zuhören aktiv, bei Männern hingegen nur derjenige der linken Großhirnhemisphäre. Männer hören zwar zu, aber wie es scheint, nur mit einer Hirnhälfte.

4. Auch Altern will gelernt sein

Zuerst die gute Nachricht: Wir sind – entgegen einer weit verbreiteten Ansicht – in der Lage, im Alter dasselbe zu leisten wie als junge Menschen. Und jetzt die schlechte Nachricht: Es bedarf etwas größerer Anstrengungen, damit dies gelingt. Bringen wir diese Anstrengungen nicht auf, dann unterliegt das Gehirn verstärkt den für das Alter typischen »Verfallserscheinungen«. Die übrigens bereits ab dem 20. Lebensjahr beginnen! Denn Altern ist keineswegs ein Prozess, der erst mit dem 60. oder 70. Lebensjahr einsetzt, sondern ein kontinuierlicher Vorgang, der anfängt, sobald der Organismus ausgewachsen, also die Pubertät beendet ist.

Das, was wir als typischen Alterungsprozess bei uns selbst oder bei anderen wahrnehmen, wird hervorgerufen durch neurochemische und -anatomische Veränderungen im Gehirn. So sinkt z. B. der Neurotransmitter Dopamin ab dem 20. Lebensjahr um durchschnittlich zehn Prozent pro Lebensjahrzehnt. Dies führt dazu, dass das Kurzzeitgedächtnis schlechter wird und Nebenreize bei der Informationsaufnahme eher als störend empfunden werden.

Schon ab dem dritten Lebensjahrzehnt beginnt das Gehirn zu schrumpfen: Der Hippocampus, der für die Überführung von Informationen vom Kurz- in den Langzeitspeicher verantwortlich ist, wird mit zunehmendem Alter kleiner; dasselbe gilt für den präfrontalen Cortex, der unter anderem für das Kurzzeitgedächtnis verantwortlich ist. Die Schrumpfung des Gehirns hat nichts mit dem Absterben von Nervenzellen zu tun, wie man früher geglaubt hat. Vielmehr ist es so, dass die Neurone, genauer gesagt die Dendriten, sich zurückziehen, sodass die Anzahl der synaptischen Verbindungen abnimmt. Dadurch wird es den Neuronen erschwert, mit anderen Zellen Kontakt aufzunehmen, sodass die Geschwindigkeit und die Genauigkeit der Informationsverarbeitung nachlassen. Wenn ältere Erwachsene ab dem 50. Lebensjahr etwas lernen wollen, dann können sie es über einen Zeitraum von wenigen Minuten genauso gut behalten wie jüngere Leute, aber ihre Erinnerung lässt im Laufe von Tagen oder Wochen schneller nach. Bei Tieren ist dies derselbe Vorgang wie bei Menschen.

Es gibt jedoch etliche Hirnfunktionen, die durch den Alterungsprozess nicht beeinträchtigt werden. So bleiben beispielsweise lange ausgeübte berufliche Fähigkeiten und Fertigkeiten im Alter erhalten, selbst wenn sie nicht mehr praktiziert werden. Alles, was man mindestens zwei Jahrzehnte lang kontinuierlich getan hat, ist stabil im Gehirn verankert. Ebenso bleiben Sprachkenntnisse und Begriffsvermögen erhalten und können sich sogar geringfügig verbessern, wenn sie trainiert werden. Von Vorteil ist auch, dass die Häufigkeit negativer Emotionen im Alter nachlässt. Sie hat um die Sechzig ihren Tiefstand erreicht, während positive Emotionen in etwa gleich stark bleiben. Negative Erlebnisse werden auch nicht mehr so stark wahrgenommen und negative Geschehnisse aus der Vergangenheit oder im Alltag werden weniger erinnert. So bestehen gute Chancen, im Alter ausgeglichener als in jüngeren Jahren zu sein.

Etwas unterschiedlich verläuft der Alterungsprozess bei Männern und Frauen, woran offensichtlich die Hormone einen besonderen Anteil haben, der noch nicht vollständig erforscht ist. Generell schrumpft das männliche Gehirn im Alter schneller als das weibliche, was besonders für den Hippocampus und den *Gyrus fusiformis* gilt, eine Region, die für das Erkennen von Gesichtern zuständig ist. Östrogen scheint Überleben, Wachstum und Regeneration von Gehirnzellen positiv zu beeinflussen. Bei Frauen, die nach den Wechseljahren eine Östrogenbehandlung erhielten, zeigte sich, das der präfrontale Cortex (zuständig unter anderem für Entscheidungsfähigkeit und Urteilsvermögen), der parietale Cortex (zuständig für Sprachverarbeitung und Zuhören) sowie der Schläfenlappen (zuständig für die Gefühlsverarbeitung) nicht von der sonst üblichen altersbedingten Schrumpfung betroffen waren. Sie schnitten in Tests hinsichtlich Sprachfluss, Hören und Kurzzeitgedächtnis besser ab als gleichaltrige Frauen, die keine Östrogene nahmen; auch im Vergleich zu Männern waren ihre Leistungen besser.

Wir verbinden das Altern oft mit besonderen Erkrankungen, wie z. B. Demenz oder Alzheimer. Sie sind auf chronische Entzündungsprozesse im Gehirn zurückzuführen: In den Neuronen befinden sich unverdauliche Eiweißklumpen, sogenannte *Plaques,* die sich wie Müll an den Wänden der Neuronen ablagern und deren Funktion beeinträchtigen. Im Prinzip handelt es sich um eine Art Vergiftung des Organismus.

Wissenschaftler haben jedoch festgestellt, dass diese Plaques auch bei älteren Menschen vorkommen, die nicht unter Demenz und Alzheimer leiden. In einem Experiment wiesen 98 Prozent aller Versuchspersonen, die das 85. Lebensjahr erreicht hatten, Symptome der Alzheimer-Erkrankung auf. 35 Prozent hatten einen unentdeckten Schlaganfall erlitten, acht Prozent waren an Parkinson erkrankt. Dennoch zeigten nur 30 bis 40 Prozent eine Beeinträchtigung im Verhalten, also z. B. einen Gedächtnisverlust. Es ist anscheinend sehr häufig der Fall, dass Symptome von Gehirnerkrankungen auftreten, ohne dass der Betreffende überhaupt erkennbar erkrankt.

Unter Demenz versteht man die Beeinträchtigung von kognitiven, sozialen und emotionalen Fähigkeiten, die fast immer mit einer Erkrankung des Gehirns einhergeht. Bei Demenzkranken können Gedächtnis, Denken, Orientierung, Auffassung, Rechnen, Lernfähigkeit, Sprache, Sprechen und Entscheidungsvermögen gestört bzw. im Vergleich zum früheren Leistungsniveau stark herabgesetzt sein. So sind Demente häufig unfähig, Gegenstände oder Menschen zu identifizieren, motorische Bewegungen auszuführen oder Handlungen in einer sinnvollen logischen Reihenfolge – Planen, Organisieren und Durchführen – anzugehen.

Die häufigste Form der Demenz ist die Alzheimer-Krankheit, benannt nach dem Arzt Alois Alzheimer, der sie zu Beginn des 20. Jahrhunderts entdeckte. Warnzeichen, die auf eine Alzheimer-Erkrankung hindeuten, sind folgende: Der Betreffende wiederholt immer wieder die gleiche Geschichte; er hat Probleme, einfache alltägliche Verrichtungen wie Kochen oder das Handhaben einer TV-Fernbedienung zu bewältigen; er findet Gegenstände nicht wieder oder legt sie an ungewöhnliche Plätze; er vernachlässigt sein Äußeres, ohne es zu bemerken; er antwortet auf Fragen, indem er die Frage wiederholt. Sind zu Beginn der Erkrankungen nur relativ geringe Auffälligkeiten erkennbar, so steigern sich diese massiv im fortgeschrittenen Stadium. Zuletzt sind die Betreffenden nicht mehr in der Lage, ihren Lebensalltag zu bewältigen, und brauchen auch bei einfachsten Tätigkeiten Unterstützung.

Gottlob können wir selbst vieles tun, um altersbedingte Krankheiten zu verhindern und geistig wie körperlich bis ins hohe Alter fit zu bleiben. Ja, wir sind sogar in der Lage, im Alter von 60 Jahren einen Ultralangstreckenmarathon zu absolvieren, wie es Cliff Young in Australien geschafft hat. Was bei diesem Rennen geschah, ist absolut phänomenal; lesen Sie dazu das letzte Kapitel des Buches.

Die Wirksamkeit der folgenden Maßnahmen ist inzwischen auch von der Wissenschaft bestätigt worden:

- Ein wahrer Jungbrunnen für Gehirn und Organismus ist die körperliche Bewegung, die nicht nur vorbeugend gegen Erkrankungen wirkt, sondern zur Produktion neuer Zellen, auch Neuronen, führt. So hat man beispielsweise festgestellt, dass sich bei Senioren nach einem sechsmonatigen sportlichen Training mit wöchentlich zwei Übungseinheiten die Zellen verjüngten und die Muskelstärke enorm zunahm. Körperliche Bewegung stärkt auch das Denken und verhilft dem Gehirn zu größerem Volumen, weil die Versorgung der Nervenzellen mit Sauerstoff gesteigert wird. Besonders wirkungsvoll sind Ausdauersportarten wie Radfahren, Schwimmen und Wandern.

- Gegen den erwähnten »Eiweißmüll«, der sich in den Zellen ablagert, hilft gute Ernährung. Der Körper braucht vor allem Antioxidantien, um diese Ablagerungen abtragen und ausscheiden zu können. Antioxidantien neutralisieren die sogenannten freien Radikale, die die Körperzellen angreifen, und sind unter anderem in Karotin, Vitamin C und E, Selen, Schwefel und Zink enthalten. Sie finden sich in Lebensmitteln wie Meeresfrüchten, Vollkorngetreide, Gemüse und Obst.

- Wenn Giftstoffe im Körper vorhanden sind, so liegt dies häufig an einer Übersäuerung: Wir sind im doppelten Sinne des Wortes sauer. Das heißt, einerseits verschieben sich die ph-Werte im Körper so, dass sich zu viel Säure bildet, die den Nährboden fast aller Krankheiten darstellt. Andererseits sind wir auch emotional sauer, wie es die Redensart im Deutschen »Ich bin sauer« ausdrückt. Wer übersäuert ist, neigt zu negativen Gefühlen. Es gibt heute eine Reihe von Nahrungsmittelergänzungen und anderen Produkten, die geeignet sind, den Körper zu entsäuern und die Zellen in das gesunde basische Milieu zurückzuführen. Von vielen Gesundheitsexperten (Heilpraktikern und Kliniken) werden auch spezielle Entsäuerungskuren angeboten. Übrigens lässt sich gegen Übersäuerung auch mit der richtigen Ernährung vorbeugen. Der Verzicht auf übermäßigen Genuss von Süßigkeiten, Alkohol und Kaffee z. B. ist ebenso wirkungsvoll wie das Trinken von anderthalb bis zwei Litern Wasser pro Tag.

- Nicht zuletzt sollen hier Gehirnjogging und Übungen zur Steigerung der Merkfähigkeit erwähnt werden. Bereits ein tägliches 15-minütiges Gedächtnistraining führt zu einer Zunahme der grauen Hirnsubstanz. Jede Art von geistiger Aktivität wie Bücherlesen, Schachspielen, Rätsellösen, Spielen, Fremdsprachenlernen oder Briefeschreiben hat den Effekt von Gehirnjogging und vermindert, wie man festgestellt hat, das Risiko, an Alzheimer zu erkranken, bereits ganz erheblich. Die Anwendung der Mnemotechnik im Alltag fördert außerdem die Konzentration. Wer regelmäßig seine Einkaufsliste oder auch mal ein Gedicht auswendig lernt, wer sich Namen und Zahlen planmäßig einprägt, der entwickelt einen geistigen Vorsprung und beugt dem typischen Vergessen im Alter vor. Im folgenden praktischen Teil haben Sie Gelegenheit, weitere Übungen zur Mnemotechnik kennenzulernen und anzuwenden.

Praktisches Gedächtnistraining:
Die Loci-Technik – 100 virtuelle Briefkästen einrichten

Am Ende des zweiten Buchteils haben Sie sich 20 virtuelle Briefkästen im Gedächtnis als Assoziationsanker eingerichtet, um Lernstoff darin ablegen und jederzeit leicht wieder aufrufen zu können. Wiederholen Sie jetzt bitte noch einmal die Baumliste für die ersten 20 Begriffe! Sie wissen ja: Wiederholung ist die Voraussetzung dafür, dass Informationen vom Kurzzeit- in den Langzeitspeicher gelangen können. Und bevor wir weitermachen, sollte Ihnen die Baumliste in Fleisch und Blut übergegangen sein.

Mit der Baumliste können Sie lediglich 20 Begriffe oder Zahlen im Langzeitgedächtnis verankern. Man kann die Liste mehrfach belegen, wenn es sich um getrennte Themengebiete handelt, die nichts miteinander zu tun haben. Dennoch sind 20 Briefkästen ein bisschen wenig, denn häufig benötigen wir – um uns große Zahlenketten, viele Fakten oder z. B. einen längeren Vortrag einprägen zu können – weitaus mehr »Anker«, wenn ein Fachgebiet mehr als 20 Begriffe hat. Deshalb wollen wir in diesem Kapitel die Anzahl der Briefkästen auf 100 vergrößern, indem wir die Loci-Technik anwenden. Keine Angst, die 80 neuen Briefkästen sind genauso leicht zu merken wie die Baumliste! Also lehnen Sie sich wieder entspannt zurück. Und denken Sie daran: Fehler sind erlaubt – Sie müssen nicht gleich alles auf Anhieb richtig machen! Es sind auch diesmal einige Wiederholungen nötig, um die neuen Briefkästen im Langzeitgedächtnis zu verankern.

Die 100 virtuellen Briefkästen sehen folgendermaßen aus:

1 – 20	Baumliste
21 – 80	Wohnungsliste
81 – 90	Autoliste
91 – 100	Körperliste

»Locus« heißt im Lateinischen »Ort«, und die *Loci-Technik* hat ihren Namen daher, dass wir uns die Briefkästen jeweils an bestimmten festgelegten Orten einrichten – genauso wie es Cicero machte, als er sich den Ort, an dem er seine Rede hielt, vorher genau anschaute und dann dort an verschiedenen Stellen Briefkästen installierte, in denen er die Inhalte seiner Rede ablegte.

Wir starten mit der Körperliste, weil diese am einfachsten zu merken ist. Der Körper ist als Anker besonders praktisch, weil wir ihn immer mit uns herumtragen. Bitte stehen Sie jetzt auf, und nehmen Sie dieses Buch in die eine Hand. Mit der anderen Hand berühren Sie die im Folgenden genannten Körperteile. Sie lernen ganzheitlich, indem Sie nicht nur lesen, sondern die Körperteile auch gleichzeitig berühren. Stehen Sie schon? Prima, dann berühren Sie bitte nacheinander folgende Körperzonen:

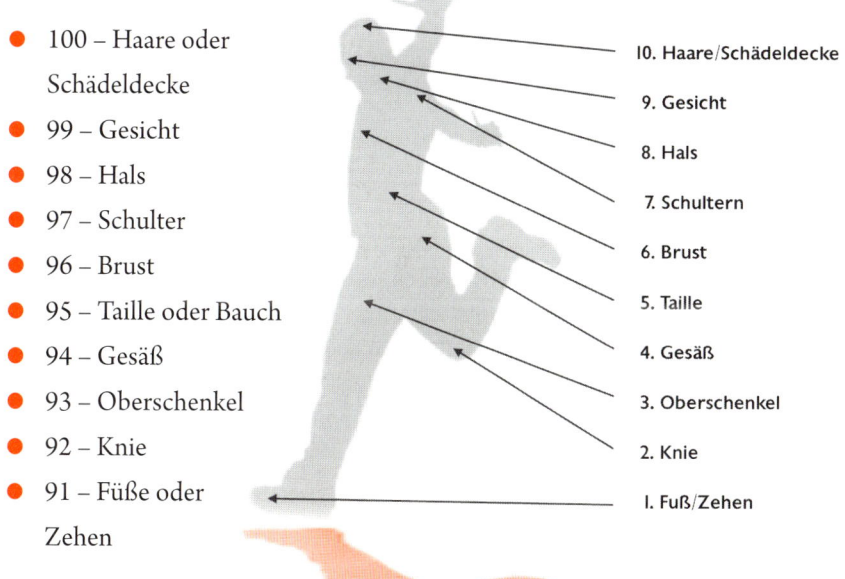

- 100 – Haare oder Schädeldecke
- 99 – Gesicht
- 98 – Hals
- 97 – Schulter
- 96 – Brust
- 95 – Taille oder Bauch
- 94 – Gesäß
- 93 – Oberschenkel
- 92 – Knie
- 91 – Füße oder Zehen

10. Haare/Schädeldecke

9. Gesicht

8. Hals

7. Schultern

6. Brust

5. Taille

4. Gesäß

3. Oberschenkel

2. Knie

1. Fuß/Zehen

Diese Liste ist, wie auch alle übrigen Listen, logisch aufgebaut von unten nach oben. Schließen Sie jetzt die Augen und versuchen Sie, die Punkte in der richtigen Reihenfolge aufzusagen. Berühren Sie dabei gleichzeitig die Körperteile mit den Händen.

Ganz wichtig ist, dass Sie immer den 5. Briefkasten bei der Körperliste wie auch bei allen anderen Listen mit der Hand berühren und beim 7. Briefkasten eine Vorstellung verwenden, die Zwerge einbezieht. Das hilft Ihnen dabei, sich die Reihenfolge von Begriffen zu merken. Denn wenn Sie wissen, welchen Begriff Sie im 5. Briefkasten abgelegt haben, dann erinnern Sie sich automatisch an den 4. und den 3. Begriff. Der 7. Briefkasten hilft Ihnen, sich auch den 6. und 8. zu merken.

Im nächsten Schritt ordnen wir die Zahlen den einzelnen Begriffen zu, indem wir uns zu jedem Begriff ein Bild merken. Wie können Sie sich z. B. das Gesäß merken? Der Popo hat vier Buchstaben, und das Gesäß hat die Nummer (9)4. Die Taille (9)5 berühren Sie mit den Händen, die fünf Finger haben. Auf der Schulter (9)7, die jetzt bitte berühren, sitzen die sieben Zwerge und begrüßen Sie mit einem freundlichen »Hallo!«. Vielleicht haben Sie ab und zu im Hals (9)8 auch einen Knoten, und der sieht oft wie eine Acht aus usf.

Es ist zweitrangig, *wie* Sie sich eine Information merken – Hauptsache ist, *dass* Sie sich die Information einprägen. Ein Lehrer wird einen Schüler auch nicht fragen, wie er die Vokabeln abgespeichert hat, er sieht lediglich das Ergebnis; ebensowenig fragt ein Mitarbeiter seinen Vorgesetzten, wie er sich seinen Namen gemerkt hat. Er nimmt lediglich wahr, dass er persönlich mit Namen angesprochen wurde.

Nebenbei bemerkt sind die Bezeichnungen der Körperliste wie auch der übrigen Briefkästen nicht fest. Ob Sie nun für die Nr. 1 »Schuhe«, »Socken« oder »Zehen« nehmen, ist egal. Es kommt vor allem darauf an, die Reihenfolge zu verinnerlichen und die Begriffe als Bild vor Ihrem geistigen Auge erscheinen zu lassen.

Jetzt zeige ich Ihnen, wie Sie Ihr Auto benutzen, um die Briefkästen Nr. 81 bis 90 einzurichten. Den meisten Menschen sind, selbst wenn sie keine Autofahrer sind, Autos so geläufig, dass sie keine Schwierigkeiten damit haben, dort Briefkästen zu installieren und die Autoliste anzulegen.

Beim Auto gehen wir von vorne nach hinten vor, also wieder in einer logischen, leicht zu merkenden Reihenfolge. Wir beginnen ganz vorne mit der Stoßstange (Nr. 81) und arbeiten uns nach hinten bis zum Kofferraum (Nr. 90) vor.

Hier die vollständige *Autoliste:*

- 81 – Stoßstange
- 82 – Motorhaube
- 83 – Scheibenwischer
- 84 – Windschutzscheibe
- 85 – Lenkrad
- 86 – Hupe
- 87 – Ganghebel
- 88 – Rückbank
- 89 – Hutablage
- 90 – Kofferraum

Wiederholen Sie die Liste mehrfach, bis sie »sitzt«. So, jetzt haben Sie schon 40 Briefkästen angelegt.

Stellen Sie sich vor, lieber Leser, Sie werden unterwegs im Auto von Ihrer Partnerin auf dem Handy angerufen. Sie bittet Sie, noch schnell auf dem Weg ein paar Sachen einzukaufen. Sie haben nichts zu schreiben dabei und können sich beim Fahren auch nichts notieren. Deshalb werden wir jetzt die Einkaufsliste auf den Briefkästen im Auto ablegen.

- »Schatzi, kannst du mir bitte Eier mitbringen?«
  »Klar, mache ich!« Sie stellen sich vor, wie *Eier* gegen die *Stoßstange* prallen, und die klare Flüssigkeit daran herunterläuft.
- »Ich brauche auch noch Zwiebeln.«
  Vor Ihrem geistigen Auge sehen Sie, wie *Zwiebeln* unter der *Motor-*

haube liegen und fürchterlich zu stinken anfangen, sodass kleine Miefwölkchen daraus hervorkommen.

- »Ach, da fällt mir ein, bei dieser Gelegenheit könntest du deinen Anzug auch gleich aus der Reinigung mitbringen.«
  Sie stellen sich vor, wie der schmutzige *Anzug* vorne wie ein *Scheibenwischer* Ihre Windschutzscheibe poliert.
- »Heute ist mir der Ketchup ausgegangen. Du könntest gleich eine neue Flasche mitbringen.«
  In Gedanken schmieren Sie jetzt die *Windschutzscheibe* mit rotem *Tomatenketchup* ein.
- »Mehl brauche ich auch noch.«
  Sie stellen sich bildhaft vor, wie Ihr *Lenkrad* mit *Mehl* bestäubt ist, so dass Sie ganz weiße Hände beim Fahren bekommen.
- Ihr Goldschatz kommt jetzt so richtig in Fahrt und delegiert auch noch den Rest des Einkaufs an Sie: »Schatzilein, wir brauchen eine Salami für heute abend.«
  In Gedanken drücken Sie mit einer riesigen *Salami* auf Ihre *Hupe*, so dass diese einen lauten Ton von sich gibt.
- »Das Klopapier haben wir so gut wie aufgebraucht. Da könntest du gleich auch eine Packung mitbringen.«
  Sie wickeln in Ihrer Vorstellung eine Rolle *Klopapier* um den *Ganghebel* und nehmen weitere Bestellungen Ihrer Partnerin gerne entgegen.
- »Eigentlich würde ich gerne mal wieder ein Stück Schokolade essen – du weißt schon, von der leckeren Sorte Zartbitter-Orange.«
  Bei anderen Männern würde die immer länger werdende Einkaufsliste mittlerweile schon stark die Beziehung gefährden, aber dank Ihrer überragenden Mnemotechnik haben Sie das Ganze voll im Griff. Deshalb stellen Sie sich jetzt vor, wie Sie eine Tafel *Schokolade* über die helle *Rückbank* Ihres Autos ziehen, bis diese dunkelbraun verschmiert ist.
- »Die Flugtickets für unseren Urlaub habe ich total vergessen. Die müssen unbedingt abgeholt werden!«
  In Gedanken schlecken Sie die Flugtickets mit Ihrer Zunge ab und kleben sie, gut befeuchtet, auf der Hutablage fest.

- »Und dann bring bitte auch noch Salz und Pfeffer mit!«, schließt Ihre Partnerin ihre Einkaufsliste ab.
Sie stellen sich vor, wie Ihr ganzer *Kofferraum* mit *Salz und Pfeffer* angefüllt ist. Sobald Sie die Klappe aufmachen, müssen Sie schon niesen.

Während Sie auf dem Weg zum nächsten Parkplatz vor dem Einkaufszentrum sind, wiederholen Sie die gesamte Einkaufsliste mit allen bildhaften Vorstellungen noch einmal: Von der Stoßstange Ihres Autos fließt Eiklar (81) hinunter und unter der Motorhaube liegen so viele Zwiebeln (82), dass es schon heftig stinkt. Ihr Anzug (83) bewegt sich wie ein Scheibenwischer vor Ihren Augen hin und her, aber die Windschutzscheibe wird trotzdem nicht sauber, weil sie mit Tomatenketchup (84) beschmiert ist. Ihr Auto sieht umso merkwürdiger aus, als auch noch das Lenkrad mit Mehl (85) bestäubt ist und wie von Geisterhand eine riesige Salami (86) auf die Hupe drückt. Die Leute blicken sich um, wer da so laut hupt, während Sie damit beschäftigt sind, eine Rolle Klopapier (87) um den Ganghebel zu wickeln. Da tropft flüssige Schokolade (88) von der Rückbank herunter, während die Flugtickets (89) unberührt und sauber auf der Hutablage kleben. Unter der Kofferraumklappe verbergen sich große Kartons mit Salz und Pfeffer (90), der zum Niesen reizt. Und während sich alle Leute umschauen, wer da mit solch einem seltsam-chaotischen Auto durch die Gegend fährt, haben Sie einen Parkplatz gefunden, steigen aus und schnappen sich einen Einkaufswagen, um die Besorgungen für Ihre Partnerin zu erledigen. Voilà, der Einkauf ist gerettet (und die Beziehung auch)!

Selbstverständlich können Sie Einkaufslisten auch auf der Baumliste oder der Körperliste ablegen. Und Sie können und sollten Ihre Listen mit vielen verrückten, übertriebenen und lustigen Bildern unterlegen. Müssen Sie jetzt Angst haben, dass Ihnen bei jeder Autofahrt wieder die Einkaufsliste in den Sinn kommt? Nein, das brauchen Sie nicht. Denn die Liste wird automatisch in Ihrem Gedächtnis gelöscht, wenn Sie sie nicht mehr wiederholen. Auf diese Weise können Sie die 100er-Liste mehrfach belegen. Ich habe z. B. meine Baumliste 50-fach belegt und komme trotzdem nicht durcheinander, weil es sich um inhaltlich jeweils völlig verschiedene Themen handelt.

Als Letztes lernen Sie nun die Wohnungsliste kennen. Für den 21. bis 80. Briefkasten verwenden Sie am besten verschiedene Räume in Ihrer Wohnung oder gegebenenfalls auch in Ihrem Büro. Auf jeden Fall sollte es sich um Räume handeln, die Sie häufig aufsuchen und die Ihnen so geläufig sind, dass Sie sie aus dem Effeff kennen. Die Räume sollten Ihnen so vertraut sein, dass Sie sie in allen Details vor Ihrem geistigen Auge Revue passieren lassen können, ohne sich körperlich darin aufzuhalten. Es eignen sich z. B. folgende Räume: Wohnzimmer, Esszimmer, Schlafzimmer, Küche, Bad, Kinderzimmer, Arbeitszimmer, Garage, Hobbyraum. Sie brauchen insgesamt sechs Zimmer, damit Sie in jedem Raum jeweils zehn Briefkästen an markanten Punkten einrichten können.

Ich zeige Ihnen am Beispiel meines Arbeitszimmers, wie ich meine Briefkästen Nr. 21 bis 30 angelegt habe: Wir beginnen am Eingang, an der Tür des Raums, und lassen unseren Blick im Uhrzeigersinn von links nach rechts schweifen. Der erste Gegenstand, der mir ins Auge fällt, ist ein großes Bild auf der linken Seite, das der erste Briefkasten in diesem Raum (Nr. 21) wird. Der Gummibaum daneben wird zu Punkt Nr. 22; der Balkon ist Punkt Nr. 23, der Drucker rechts daneben Nr. 24, die Heizung Nr. 25. Weiter geht es mit der Stereoanlage (Nr. 26). Rechts daneben befindet sich das Bücherregal (Nr. 27). Verstärken Sie diese Zuordnung, indem Sie die sieben Zwerge darauf sitzen lassen. Die letzten drei Ankerpunkte sind die Stehlampe (Nr. 28), der Monitor des Computers (Nr. 29) und die Kaffeetasse (Nr. 30).

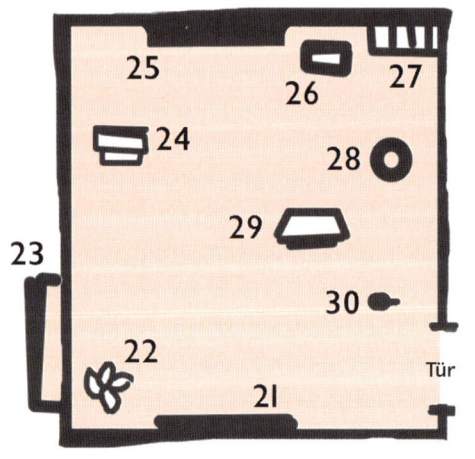

Bild (21), Gummibaum (22),
Balkon (23), Drucker (24),
Heizung (25), Stereoanlage (26),
Bücherregal (27), Stehlampe (28),
Monitor (29), Kaffeetasse (30)

Mein Arbeitszimmer

Bitte merken Sie sich *nicht mein* Arbeitszimmer, sondern wählen Sie stattdessen jetzt einen Ihrer *eigenen* Räume in Ihrer Wohnung aus. Legen Sie zehn markante Punkte darin im Uhrzeigersinn als Ihre Briefkästen Nr. 21 bis 30 fest. Sobald Sie die Briefkästen verinnerlicht haben, schließen Sie die Augen und versuchen Sie, die Abfolge der Gegenstände vollständig wiederzugeben. Schreiben Sie sie auf:

Mein _____-Zimmer	– Virtuelle Briefkästen Nr. 21 – 30
21 _____	26 _____
22 _____	27 _____
23 _____	28 _____
24 _____	29 _____
25 _____	30 _____

Um die Liste vollständig wiedergeben zu können, wiederholen Sie die Übung ein zweites und drittes Mal.

An jedem der folgenden Tage wählen Sie jeweils ein weiteres Zimmer aus und verfahren auf dieselbe Weise: Raum im Uhrzeigersinn durchlaufen, zehn markante Punkte als Briefkästen festlegen, verinnerlichen, wiederholen, aufschreiben und noch zwei- bis dreimal am folgenden Tag wiederholen. Falls Sie nicht über ausreichend Zimmer verfügen, installieren Sie Ihre Briefkästen auf dem Weg zur Arbeit, nutzen Sie die Fußgängerzone Ihrer Stadt oder ein anderes vertrautes Umfeld. Sie sollten darauf achten, dass sich die Gegenstände in den unterschiedlichen Räumen nicht wiederholen. Wenn Sie also im ersten Raum schon die Heizung als Ankerpunkt gewählt haben, sollten Sie diese in allen weiteren Räumen nicht mehr als Briefkasten verwenden.

Meine Briefkästen im Wohnumfeld

Nr. 31 – 40 (_____-Raum)

Nr. 61 – 70 (_____-Raum)

Nr. 41 – 50 (_____-Raum)

Nr. 71 – 80 (_____-Raum)

Nr. 51 – 60 (_____-Raum)

Jetzt haben Sie sich mit Hilfe der Loci-Technik 100 Briefkästen geschaffen, in denen Sie mit Fantasie und Kreativität eine Menge Lernstoff ablegen und wieder abrufen können. Am Ende des vierten Teils zeige ich Ihnen, wie Sie sich Namen und Gesichter merken können.

4. Teil

Das biegsame Gedächtnis – wo bleiben unsere Erinnerungen?

»Das habe ich getan, sagt das Gedächtnis. Das kann ich nicht getan haben, sagt mein Stolz und bleibt unerbittlich. Endlich – gibt mein Gedächtnis nach.« (Friedrich Nietzsche)

»Das Gedächtnis ist ein sonderbares Sieb. Es behält alles Gute von uns und alles Übel von den anderen.« (Wieslaw Brudzinski)

»Das Gedächtnis ist ein Sieb, in dem wir unser Wissen aufzubewahren trachten. Es empfiehlt sich, ab und zu größere Gedanken zu fassen.«
(Lothar Schmidt)

»Das Gedächtnis ist der Diener unserer Interessen.« (Oscar Wilde)

»Die Erinnerungen verschönern das Leben, aber das Vergessen allein macht es erträglich.« (Honoré de Balzac)

1. Die sieben Arten des Vergessens

Unerwarteten Besuch erhielt er von einer Frau, die behauptete, sie sei ihm vor 30 Jahren begegnet. Sie hätten sich kennengelernt, als er eine bestimmte Stadt während eines Hafenfestes besucht habe. Aber er konnte sich nicht daran erinnern. Die Frau blieb hartnäckig. Er müsse sich doch daran erinnern, wie sie zusammen am Hafenquai spazieren gegangen seien, meinte sie. Bei ihm wurden jedoch keinerlei Erinnerungen wach. Allerdings fiel ihm pötzlich ein, dass er in letzter Zeit des Öfteren einige Gedächtnislücken hatte. Immerzu verlegte er seine Autoschlüssel, und neulich hätte er einen alten Schulkameraden auf der Straße beinahe nicht wiedererkannt, wenn dieser ihn nicht angesprochen hätte. Sollten seine Gedächtnislücken etwa größer sein als angenommen? Die Frau versuchte erneut, ihn an gemeinsame Erlebnisse in der Vergangenheit zu erinnern: das Essen in dem außergewöhnlichen Restaurant, die gemeinsame Bootsfahrt … Noch immer »klingelte« nichts bei ihm im Kopf. »Aber du hast mir doch damals einen Heiratsantrag gemacht!«, sagte sie vorwurfsvoll. Nun verwandelte sich seine Unsicherheit in Angst – ihm schwindelte angesichts seiner geradezu bodenlosen Vergesslichkeit! Nie habe sie die gemeinsame Zeit vergessen, versicherte ihm die Frau, und die Erinnerung daran belaste sie schwer.

Nachdem die Frau gegangen war, zog er einige Karten aus der Schublade, um die Hafenstadt zu suchen, von der sie erzählt hatte. Vielleicht konnte er sich ja doch noch an die ganze Sache erinnern. Aber die Stadt war weder auf den Karten zu finden noch im Lexikon. Plötzlich erinnerte er sich! Zu der Zeit, von der die Frau gesprochen hatte, war er im Ausland gewesen, und zwar in einem Ort, den er niemals vergessen würde, weil es ein wichtiger Meilenstein in seiner beruflichen Karriere gewesen war. Er konnte sich also gar nicht in der Stadt aufgehalten haben, von der die Frau gesprochen hatte! Diese Stadt existierte überhaupt nicht und die so detaillierten Erinnerungen der Frau waren vollkommen falsch.

Und die Moral von der Geschicht': Wenn man zu viele Liebschaften hat, sollte man die Namen aller Geliebten auf der 100er-Liste ablegen, um sich später noch an sie erinnern zu können. Nein, Scherz beiseite! Darum geht es natürlich hier nicht.

Liebe Leserin, lieber Leser, wenn Sie erfahren möchten, wie das Gehirn wirklich arbeitet, sollten Sie auf keinen Fall Kinogeschichten wie der vorangegangenen glauben. Filmhelden haben immer wieder chronische Probleme mit ihrem Gehirn: Sie verlieren das Gedächtnis, wachen morgens auf und wissen nicht mehr, wer sie sind und wie sie heißen; sie wechseln die Persönlichkeit oder sie haben gleich mehrere davon gleichzeitig; sie vertauschen ihre Persönlichkeit mit der ihres Hundes oder der eines Vogels usw. – ganz zu schweigen von echten psychischen Störungen.

In Hollywood geht das Gehirn viel öfter kaputt als im wirklichen Leben. Und die Häufigkeit der Fälle von Amnesie (Gedächtnisstörung oder -verlust) verhält sich meist umgekehrt proportional zur künstlerischen Qualität der Filme. Allerdings hat das auch einen Vorteil. Mit der Amnesie ist man nämlich gleich alles auf einmal los, was einen im Leben stört: die meckernde Ehefrau, die nörgelnden Kinder, den unzufriedenen Chef, den langweiligen Job, die schlechte Bezahlung. Wer wünschte sich das nicht? Sozusagen »kopflos glücklich« kann man dann als Filmheld mit Volldampf in ein neues, aufregenderes Leben starten – und die ganze Hollywood-Seifenblase kann sich so richtig zur vollen Größe aufpumpen.

Die Neuropsychologin Sallie Baxendale hat in einer umfassenden wissenschaftlichen Studie untersucht, wie der Gedächtnisverlust von der Stummfilmära bis heute in Spielfilmen dargestellt wird. Fazit: Die Filme sind zwar sehr unterhaltsam, aber wimmeln nur so von falschen wissenschaftlichen Details. Irgendwie hat man in Hollywood die Vorstellung, Gehirne funktionierten wie alte Fernseher: Leichte Schläge auf den Hinterkopf … Sie wissen schon.

Lassen wir also Hollywood als untaugliche Wissensquelle über das Gehirn beiseite und schauen wir uns die wirklichen Ursachen der Vergesslichkeit an. Der Gedächtnisforscher Daniel L. Schacter hat sich intensiv damit befasst und als Erster das Vergessen systematisiert: Welche Arten des Vergessens gibt es überhaupt und wie wirken sie sich aus? Schacter hat folgende Fehlleistungen des Gehirns – er nennt sie »die sieben Todsünden« – ermittelt:

- Transienz, also Flüchtigkeit oder Vergänglichkeit,
- Geistesabwesenheit,
- Blockierung,
- Fehlattribution, die falsche Zuordnung von Zeit, Ort und Person,
- Suggestibilität, die Beeinflussbarkeit durch andere,
- Verzerrung, die Beinflussung vergangener Erlebnisse durch die Gegenwart, und
- Persistenz (Beharrlichkeit), das Nicht-Vergessen-Können von Erlebnissen.

Wir haben die Neigung, uns persönliche Erinnerungen wie Fotos in einem Familienalbum vorzustellen. Wir glauben, wenn wir das Album aufschlagen, dann ist jedes Foto darin noch in genau demselben Zustand, wie es war, als wir es eingeklebt haben. Und wir glauben auch, wir müssten nur das Album an der richtigen Stelle aufschlagen, wenn wir uns an ein bestimmtes Erlebnis erinnern wollen, und könnten es dann 1:1 exakt so abrufen, wie wir es einst dort abgelegt haben. Doch mittlerweile ist durch Forschungen bekannt, dass das episodische Gedächtnis anders arbeitet.

Wir zeichnen unsere Erfahrungen nicht originalgetreu wie eine Kamera auf. Vielmehr filtern wir aus unseren Erlebnissen bei jeder Erinnerung Schlüsselelemente heraus und konstruieren sie neu. Jeder neue Abruf von Erlebnissen ist keine »Kopie« des Gespeicherten, sondern ein neues »Original«. In diese Neuerschaffung einer alten Erinnerung fließen aktuelle Emotionen, Meinungen, Stimmungen und Informationen ein, die wir in der Zwischenzeit erworben oder erlernt haben. Es ist so, als ob wir das alte Foto im Familienalbum mit einem neuen Foto überkleben; dieses ist dem ursprünglichen Bild zwar meist ähnlich, aber mit einer veränderten Kameraeinstellung in einer anderen Perspektive oder in anderen Größen- oder Farbverhältnissen aufgenommen. Dadurch ergeben sich gegenüber dem ursprünglichen Foto, dem ursprünglichen Erlebnis, Veränderungen: Manches, das damals wichtig war, wird heute weggelassen; anderes, das früher unwichtig war, rückt nun in den Mittelpunkt und erlangt eine besondere Bedeutung. Naturgemäß können sich dabei Fehler einschleichen.

Es scheint so zu sein, als ob wir tatsächlich alle Erlebnisse *vollständig und umfassend* im Gehirn abspeichern, und zwar bis in die kleinsten Details hinein. Selbst wenn wir uns gar nicht oder nur teilweise an etwas erinnern oder bei der Erinnerung umgestalten und neu anordnen, scheint doch *restlos alles,* was wir irgendwann im Leben einmal erlebt haben, im Gehirn gespeichert zu sein, auch wenn wir Schwierigkeiten haben, es abzurufen. Hinweise darauf geben Untersuchungen des bekannten Neurochirurgen Wilder Penfield. Er führte bei einer Patientin eine Operation an der linken Seite des Großhirns durch, um sie von ihren epileptischen Anfällen zu heilen. Er hatte ihren Schädel geöffnet und unterhielt sich mit ihr, was bei Gehirnoperationen problemlos möglich ist, denn das Gehirn ist gegen Berührungen unempfindlich und sendet selbst keine Schmerzsignale.

Um das Operationsgebiet zu untersuchen, reizte Penfield verschiedene Stellen des freigelegten Gehirns durch leichte elektrische Ströme. Plötzlich rief die Frau: »Ich höre meine Mutter und meinen Bruder sprechen.« Als der Chirurg die Reizung unterbrach, berichtete die Frau, was sie soeben gehört und gesehen hatte: Mutter und Bruder hätten sich zu Hause im Wohnzimmer unterhalten, und sie sei dabei gewesen. Alles habe sich für sie so real abgespielt, als ob sie es gerade in dem Moment erst erlebt habe, als Penfield die Gehirnreizung vornahm.

Ähnliches ist auch von anderen Patienten überliefert. Der eine hörte unter dem Einfluss des elektrischen Stroms ein Orchester spielen, die andere erlebte noch einmal vollständig die Geburt ihres Kindes, eine weitere erlebte, emotional höchst ergriffen, noch einmal das Weihnachtsfest in der Kirche ihres Heimatortes. Die Erlebnisse wurden fast immer so vollständig erinnert, dass die ganze Situation miterinnert wurde: Nebengeräusche von der Straße wie Hundegebell, Autohupen oder Kindergeschrei tauchten ebenfalls auf. Die Ereignisse der Vergangenheit wurden so lebendig, als ob sie gerade im Augenblick erst stattfanden, obwohl die betreffenden Patienten sie teilweise schon seit Jahrzehnten vergessen zu haben glaubten. Der leichte elektrische Strom holte sie aus dem Dunkel der Vergangenheit ins warme Licht der Gegenwart.

Interessant ist weiters, dass die Erinnerungen nicht nur wirklichkeitstreu waren, sondern auch sukzessive in Szenen abliefen. Wenn die Elektrode des Chirurgen zufällig ein bestimmtes Ereignis aktivierte, entfaltete sich das Erlebnis fortlaufend von Augenblick zu Augenblick – als ob ein Filmstreifen abgespult wurde. Dieser »Film« aus einer längst vergessenen Zeit lief immer vorwärts und niemals rückwärts, und zwar genau so lange, wie der Strom an der betreffenden Stelle des Gehirns floss. Bei einer kurzen Unterbrechung des Stroms setzte der »Film« nicht etwa an derselben Stelle ein, an der er gestoppt worden war, sondern begann zur Gänze wieder von vorne. Solche Erlebnisse ließen sich nur im Schläfenlappen des Großhirns aktivieren.

Die Wissenschaft ist noch weit davon entfernt, die Speicherung der Erinnerung im Gehirn vollständig entschlüsseln oder verstehen zu können. Es ist auch nicht klar, wieso wir normalerweise immer nur Teile eines Erlebnisses erinnern können, wenn doch anscheinend *alles* – auch das, was wir für längst vergessen hielten – irgendwie abgespeichert zu sein scheint. Schauen wir uns jetzt die sieben Arten des Vergessens genauer an.

2. Wenn Geschehenes nicht erinnert wird

Wie war das noch mal? Wenn Erinnerungen verblassen

Transienz (lateinisch »transire« = »vorübergehen«) ist die häufigste Fehlleistung des Gedächtnisses. Denn mit jedem neuen Erlebnis rückt die Vergangenheit ein Stück weiter in die Ferne und wird überlagert. Wir sagen: Eine Erinnerung »verblasst« – als ob sich nach und nach ein Nebelschleier darüberzulegen beginnt. Der Schleier lässt uns das Erlebte mehr und mehr nur noch schemenhaft in Umrissen erkennen, bis auch diese völlig verschwommen sind und das ganze Erlebnis schließlich verschwunden zu sein scheint.

Probieren Sie es selbst aus. Beantworten Sie doch einmal die folgenden Fragen ganz detailliert: Was haben Sie heute getan? Was haben Sie gestern getan? Was haben Sie heute vor einer Woche getan? Was haben Sie heute vor einem Monat getan? Und heute vor einem Jahr? Sie merken, dass die Lebendigkeit der Erinnerungen nachlässt, je weiter Sie in die Vergangenheit zurückgehen.

Vergesslichkeit betrifft uns alle.

Schacter hat eine Studie mit Studenten durchgeführt, die sich an das letzte Abendessen des Erntedankfestes erinnern sollten, bei dem mehr als 500 Studenten zugegen waren. Über einen Zeitraum von sechs Monaten nach diesem Essen wurden die Studenten regelmäßig nach ihren Erinnerungen an das Fest befragt und aufgefordert, sich gezielt bestimmte Einzelheiten zu vergegenwärtigen. Ergebnis: Es zeichnete sich die Grundform der Vergessenskurve von Ebbinghaus ab. Die Lebendigkeit der Erinnerungen ließ in den ersten drei Monaten schnell nach; danach verlangsamte sich der Vergessensprozess.

Mit wachsendem zeitlichen Abstand ergaben sich mehr und mehr Interferenzmöglichkeiten, das heißt, das frühere Geschehen wird von neueren Geschehnissen überlagert. Besonders ähnliche Erfahrungen führen dazu, dass Gedächtnisinhalte verblassen. Wir behalten dann nur noch das Wesentliche einer Situation und versuchen, Einzelheiten durch Schlussfolgerungen oder Vermutungen zu rekonstruieren. Im Laufe von Monaten oder Jahren bleibt eine Art Durcheinander von Erinnerungsfetzen zurück: vage Eindrücke von Vertrautheit, Bruchstücke von Erlebnissen, ein allgemeines Wissen über das jeweilige Ereignis – all dies sind die Hinterlassenschaften der Transienz.

Übrigens können wir die Mnemotechnik auch einsetzen, um uns solche persönlichen Erlebnisse zu merken und sie später vor der Transienz zu schützen. Die Anwendung der Mnemotechnik ist nicht auf das semantische Gedächtnis (Fakten- und Zahlenwissen) beschränkt, sondern kann ebenso gut das episodische Gedächtnis stärken. Will man die Transienz vermeiden, so muss man bereits in den ersten Momenten der Erinnerungsbildung starke Anker setzen und sich darauf konzentrieren, das Erlebte zu behalten.

Sie sollten allerdings bedenken, dass Transienz in einem gewissen Grade einfach »normal« ist und Ihr Gehirn vor Überlastung bewahrt. Denken Sie an den Mann mit dem totalen Gedächtnis, den ich im ersten Kapitel des zweiten Teils vorgestellt habe. Es kann zur Qual werden, sich alles merken zu müssen oder gar zu wollen. Deshalb sollten Sie die Mnemotechnik nur dann einsetzen, wenn es sich wirklich lohnt, ein Erlebnis zu behalten.

Wohin habe ich die Schlüssel gelegt?
Geistesabwesenheit im Alltag

Dem bekannten amerikanischen Geigenvirtuosen David Margetts wurde eine besondere Ehre zuteil: Die Universität von Los Angeles, in deren Orchester er die zweite Geige spielte, lieh ihm eine echte Stradivari – ein unglaublich teures und kostbares Stück. Doch was tat Margetts? Er legte sie in einem Moment der Unaufmerksamkeit auf sein Autodach und brauste davon. Das wertvolle Instrument war auf Nimmerwiedersehen verschwunden! Die Universität setzte Himmel und Hölle in Bewegung, um die Stradivari wiederzubekommen, und das über 30 Jahre lang. Margetts konnte sich nicht erinnern, wie ihm das passiert war. Ob er die Stradivari bei einer kurzen Rast auf dem Parkplatz oder an der Tankstelle oder woanders vergessen hatte – er wusste es einfach nicht. 27 Jahre später tauchte die Geige wieder auf. Ein Geigenbauer, dem sie zur Reparatur gebracht worden wird, erkannte sie wieder. Die Universität musste weitere vier Jahre lang vor Gericht prozessieren, um das Instrument zurückzubekommen.

Gottlob ist es nicht immer gleich eine Stradivari. Aber auch das Vergessen einer Brieftasche mit wertvollen Unterlagen wie Scheckkarten, Führerschein und Ausweisen oder eines Handys oder Organizers mit allen wichtigen Terminen und Kontakten kann schon viel Ärger und Aufwand bei der Wiederbeschaffung verursachen. Vielleicht kennen Sie auch diese Situation: Kurz bevor Sie das Haus verließen, haben Sie noch schnell Ihre Garderobe gebügelt. Kaum sind Sie unterwegs, fällt Ihnen siedend heiß ein, dass Sie möglicherweise das Bügeleisen nicht ausgeschaltet haben, Sie sind sich aber nicht ganz sicher. Bei dem Gedanken, dass Sie Ihr Heim womöglich in ein paar Stunden als verbrannten Schutthaufen vorfinden werden, wird Ihnen noch heißer. Was tun? Haben die Nachbarn einen Schlüssel, sodass sie nach einem Anruf mal eben nachschauen und gegebenenfalls den Stecker ziehen können, ist es gut. Wenn nicht, dann fahren Sie selbst wieder zurück und schauen nach – obwohl Sie doch in Eile sind und längst auf dem Weg zu Ihrem verabredeten Termin sein sollten. Kaum zu Hause angekommen, sehen Sie, dass Sie *selbstverständlich* das Bügeleisen ausgeschaltet und den Stecker gezogen haben! Wie immer steht das Bügeleisen an seinem gewohnten Aufbewahrungsplatz. Der Umgang mit dem Bügeleisen ist ja auch ein mechanischer Vorgang, der – wie Sie sich erinnern – im prozeduralen Gedächtnis durch lange Routine als automatisierter Bewegungsablauf gespeichert ist. Leider konnten Sie sich aber unterwegs beim besten Willen nicht an den Moment erinnern, in dem Sie das Bügeleisen ausgeschaltet und weggeräumt haben – obwohl Sie fieberhaft versucht haben, sich die ganze Situation und alle Ihre Gedanken und Handlungen kurz vor und nach Beendigung des Bügelns ins Gedächtnis zu rufen.

Gedächtnisfehler, die aus Geistesabwesenheit entstehen, können komisch bis tragisch sein. In solchen Momenten fehlt einfach ein Abrufhinweis. Das Problem besteht darin, dass in manchen Momenten unsere *Aufmerksamkeit geteilt* ist: Wir sind gedanklich mit scheinbar »wichtigeren« Dingen beschäftigt, während wir gleichzeitig noch etwas anderes »Unwichtiges« tun, an das wir uns später nicht mehr erinnern können.

Experimente zeigen, dass das Gedächtnis bei geteilter Aufmerksamkeit außerordentlich schlecht funktioniert. Man präsentierte Versuchspersonen Material, das sie sich einprägen sollten, z. B. eine Wortliste oder eine Bilderfolge. Gleichzeitig mussten sie eine weitere Aufgabe ausführen, und zwar auf eine fortlaufende Reihe von Tönen achten und reagieren, wenn sie einen abweichenden Ton wahrnahmen. Die Teilnehmer schnitten erheblich schlechter ab als eine andere Vergleichsgruppe, die sich ausschließlich auf die erste Aufgabe konzentrieren konnte. Das entspricht übrigens genau derselben Situation, in der sich Kinder befinden, die einerseits etwas für die Schule lernen sollen, aber andererseits durch ein im gleichen Zimmer laufendes Fernsehgerät, Computerspiele oder andere Dinge abgelenkt sind. So kann Lernen nicht funktionieren.

Eine völlig andere Situation entsteht, wenn die Aufmerksamkeit nicht geteilt, sondern vollständig auf einen Punkt konzentriert ist. Am besten kann ich Ihnen das an drei kleinen Experimenten verdeutlichen, welche mit Video aufgezeichnet wurden. Geben Sie folgenden Link auf meine Website ein: *www.markus-hofmann.de/aufmerksamkeit.html*. Dort sehen Sie sich bitte die drei Kurzfilme an. In Video Nr. 1 wird ein Passant, die Testperson, von einer zweiten Person nach dem Weg gefragt. Der Passant wird in ein Gespräch verwickelt, wobei seine Aufmerksamkeit auf den Stadtplan gelenkt wird. »Zufällig« tragen Bauarbeiter eine größere Holzwand vorbei, wodurch die Gesprächspartner optisch kurz getrennt werden. In diesem Moment wird derjenige, der nach dem Weg gefragt hat, durch eine andere Person ersetzt. Die Testperson bemerkt nicht im Geringsten, dass sie hier an der Nase herumgeführt wird! Ähnliche Situationen können Sie in Video Nr. 2 und 3 sehen.

Die Versuche der Psychologen Daniel Simons und Chris Chabris zeigen, dass nahezu alle Testpersonen den Wechsel der Gesprächspartner nicht bemerkten, weil sie auf eine Aufgabe konzentriert waren.

In Momenten, in denen man sich vollkommen auf eine Aufgabe fokussiert, ist man praktisch blind für alles andere, was um einen herum geschieht. Überraschende Veränderungen werden dann nicht wahrgenommen. Hier handelt es sich nicht um Geistesabwesenheit, sondern um das Gegenteil, nämlich *geistige Präsenz*. Wenn wir diese im Alltag immer aufbrächten, dann gäbe es keine verlorenen Schirme, verlegten Brillen oder vergessenen Verabredungen mehr.

Aufmerksamkeitslücken entstehen besonders häufig bei Routineaktivitäten, und sie treten im Alter häufiger auf als in jüngeren Jahren, wie die Wissenschaft festgestellt hat. Sie sind bis zu einem gewissen Grade normal und sollten nicht dramatisiert werden. Ist Ihnen übrigens schon aufgefallen, dass wir es ganz unterschiedlich bewerten, ob eine vergangene Handlung oder eine zukünftige vergessen wird? Wenn das retrospektive Gedächtnis versagt, weil etwas bereits Geschehenes vergessen wurde, so wird *das Gedächtnis* als unzuverlässig eingestuft; versagt jedoch die prospektive Erinnerung, weil eine zukünftige Handlung (z. B. ein vereinbarter Termin) vergessen wird, so wird *die Person* als unzuverlässig eingestuft. Das eine beziehen wir auf die schlechte Gehirnleistung, das andere auf den Charakter eines Menschen – eine merkwürdige Zweiteilung! Am besten ist es, wenn wir uns in Zukunft jeglicher Wertungen enthalten und solche kleinen Missgeschicke des Alltags gelassen hinnehmen.

Es liegt mir auf der Zunge – die Erinnerungsblockade

Ein 41-jähriger Italiener erlitt durch einen Reitunfall eine Kopfverletzung im Frontal- und Temporallappen der linken Großhirnhälfte. Glücklicherweise war er in den allermeisten kognitiven Fähigkeiten nicht beeinträchtigt; Sprache, Intelligenz, Wahrnehmung und Gedächtnis waren intakt – bis auf einen wichtigen Punkt. Der Mann war unfähig, Namen von Personen abzurufen. Alle Menschen, mit denen er vor seinem Unfall zu tun gehabt hatte, erkannte er problemlos wieder; er wusste genau, mit wem er es zu tun hatte – aber er konnte sich einfach nicht mehr an die Namen der Betreffenden erinnern. Allerdings waren diese nicht aus seinem Gedächtnis gelöscht, denn wenn man ihm eine Liste mit verschiedenen Namen zur Auswahl vorlegte, so fand er problemlos den richtigen Namen jeder Person. Das Leiden des Patienten, das auf eine Schädigung im vorderen Bereich des linken Temporallappens zurückgeht, nennt sich »Eigennamen-Anomie«. Der Patient ging in die Geschichte der Gehirnforschung ein als der Mann, der »ein Leben auf der Zungenspitze« führte.

»Es liegt mir auf der Zunge« – das Zungenspitzen-Phänomen ist Ihnen sicher geläufig: Sie wissen genau, worum es sich handelt, aber der Begriff fällt Ihnen nicht ein – jedenfalls nicht in dem Moment, wo Sie ihn benötigen. Wahrscheinlich ist hier von der Zunge die Rede, weil wir so oft dabei den Eindruck haben, dass wir unmittelbar vor dem Durchbruch stehen, so als ob schon der nächste Augenblick die Lösung brächte. Das ist aber leider nur selten der Fall. Der Begriff »Zunge« wird für dieses Phänomen in sehr vielen Sprachen verwendet, und zwar unabhängig davon, ob sie miteinander verwandt sind: »Auf der Zungenspitze« heißt es im Englischen, Italienischen und Afrikaans; im Estnischen sagt man »auf dem Kopf der Zunge«; in der Sprache der indianischen Cheyenne heißt es: »Ich habe es auf der Zunge verloren« und im Koreanischen: »Es sprüht am Ende meiner Zunge«.

Probieren Sie doch gleich einmal selbst aus, ob Ihnen das Folgende nur auf der Zunge »liegt« oder ob Sie es von dort auch »herunterholen« und aussprechen können: Von welchen Dingen ist im Folgenden die Rede?

- Der Begriff dafür, dass zwei Wörter die gleiche Bedeutung haben: _____
- Wenn jemand sich mit einer Sache gut auskennt und besondere Fähigkeiten hat, dann ist er _____
- Ein schwer entflammbares Material, das zum Schutz gegen Feuer eingesetzt wird: _____
- Ein Navigationsinstrument, das auf Schiffen verwendet wird (nicht der Kompass, sondern das Gerät, das man in früheren Jahrhunderten benutzte und in der Hand halten musste): _____
- Eine Zuckerart, die in Obst vorkommt: _____

Die Lösungen finden Sie auf S. 177, aber nicht schummeln! Das Zungenspitzen-Phänomen schlägt besonders häufig bei Eigennamen zu. Ihnen ist sicher auch die peinliche Situation geläufig, dass Sie sich nicht an den Namen einer wichtigen Person erinnern, die Ihnen vorgestellt wurde oder die Sie bei einer anderen Gelegenheit kennengelernt haben und nun wiedertreffen. Hier können Sie mit der Mnemotechnik wirksam Abhilfe schaffen! Mit der richtigen Methode ist es leicht, sich die Namen von Menschen *sofort,* gleich beim ersten Kennenlernen, zu merken und im Langzeitgedächtnis zu verankern. Am Ende dieses Buchteils finden Sie bei den praktischen Übungen Hinweise dazu.

3. Wenn nicht Geschehenes erinnert wird

Das habe ich doch schon mal gesehen – Pseudoerinnerungen

Können wir uns auch an Dinge erinnern, die wir nicht getan und nicht erlebt haben? Ja, und zwar in vielfältiger Weise. Es scheint, dass unser Gehirn in dieser Hinsicht sogar besonders kreativ – um nicht zu sagen: unzuverlässig – ist. Von sogenannten *Pseudoerinnerungen* spricht man sowohl dann, wenn sich jemand an etwas Fiktives erinnert, das er niemals erlebt, sondern sich nur eingebildet hat, als auch dann, wenn etwas faktisch Geschehenes erinnert wird, die Erinnerung aber in wesentlichen Punkten vom tatsächlichen Sachverhalt abweicht.

1896 hatte die Psychologisch-Medizinische Klinik in Paris einen bemerkenswerten Patienten: Er wurde bei manchen Erlebnissen immer wieder von starken Gefühlen der Vertrautheit übermannt. Als er an der Hochzeitsfeier seines Bruders teilnahm, war er felsenfest davon überzeugt, dieses Ereignis schon einmal erlebt zu haben, obwohl sein Bruder zum ersten Mal heiratete. Dem Arzt, der ihm zum ersten Mal begegnete, erklärte er mit Nachdruck, dass er ihn doch kenne, weil er vor einem Jahr schon einmal da gewesen sei, und dass er ihm schon wieder dieselben Fragen stelle. Auch die Klinik, in der sich der Patient aufhielt, glaubte er von früheren Aufenthalten zu kennen. Diesem eigenartigen Phänomen gab man den Namen »Déjà-vu-Erlebnis« (französisch heißt »déjà vu« so viel wie »schon gesehen«).

Es ist wissenschaftlich nicht ganz klar, worauf Déjà-vu-Erlebnisse beruhen. Soweit sie pathologisch sind, gehen sie mit einer Schädigung des Temporallappens im Großhirn einher. Aber auch gesunde Menschen unterliegen hin und wieder dem Déjà-vu, wenn sie in einer vollkommen neuen Situation das Gefühl haben, sie schon einmal genauso gesehen, erlebt oder geträumt zu haben. Vielleicht ist Ihnen das auch schon einmal passiert. Stellen Sie sich zum Beispiel vor, Sie sitzen in einem Café und unterhalten sich mit Freunden über Ihren letzten Urlaub. Während Sie Ihren Capuccino trinken, kommt ein Mann zur Tür hinein, und Sie haben plötzlich das deutliche Gefühl, die gesamte Situation schon einmal genauso erlebt zu haben: Sie glauben nicht nur, den Mann wiederzuerkennen, sondern »erinnern« sich auch an das Gespräch mit Ihren Freunden, an das Café und die gesamte Umgebung, wie Sie sie gerade wahrnehmen – obwohl es das erste Mal ist, dass Sie hier sitzen und sich über Ihren Urlaub, aus dem Sie erst vor einer Woche zurückgekommen sind, unterhalten. Umfragen zufolge haben 50 bis 90 Prozent aller Menschen mindestens einmal in ihrem Leben das Gefühl, ein Déjà-vu-Erlebnis gehabt zu haben.

Sind Déjà-vu-Erlebnisse noch vergleichsweise harmlos, so ist es mit den sogenannten *Fehlattributionen* anders. Fehlattributionen oder »falsche Zuschreibungen« entstehen dann, wenn man sich an etwas Geschehenes erinnert, dabei jedoch bestimmte Fakten durcheinanderwirft und falsch zuordnet. Ganz besonders vor Gericht kann dies zur Verurteilung Unschuldiger führen – etwas, das leider bereits viele Male passiert ist. Gerichte müssen sich häufig auf Zeugenaussagen verlassen. Wenn ein Zeuge glaubwürdig versichert, eine bestimmte Person als Täter in einem bestimmten Zusammenhang gesehen zu haben, so ist das Gericht verpflichtet, die betreffende Person zu verurteilen, selbst wenn sie völlig unschuldig ist.

Verrückterweise ist ausgerechnet dies dem Gedächtnisforscher Donald Thompson passiert. Er wurde wegen Vergewaltigung angeklagt, weil sich das Opfer angeblich genau an sein Gesicht erinnern konnte. Doch Thompson hatte ein Alibi: Zum Tatzeitpunkt trat er in einer Sendung im Fernsehen auf und gab ironischerweise ein Interview über die Schwächen des Gedächtnisses. Das Opfer hatte die aufgezeichnete Sendung gesehen und seine Erinnerung mit dem Gesicht Thompsons als Vergewaltiger verbunden. Thompson wurde freigesprochen, doch viele andere sitzen wegen falscher Gedächtnisleistungen von Zeugen im Gefängnis.

Dass Fakten und Personen falsch zugeordnet oder auf falsche Weise miteinander vermengt werden, hängt mit der *Gedächtnisbindung* zusammen, an der vor allem der Hippocampus beteiligt ist. Mit Gedächtnisbindung ist die Verknüpfung verschiedener Komponenten eines Erlebnisses zu einem geschlossenen Ganzen gemeint. Bedenken Sie, wie viele einzelne Fakten das Gehirn richtig verarbeiten muss, um ein Erlebnis korrekt zu erinnern!

Stellen Sie sich einmal vor, Ihr Arbeitstag verliefe folgendermaßen: Am Morgen findet eine geschäftliche Besprechung im Büro in der City statt, an der außer Ihnen zwei Personen teilnehmen: der Geschäftsführer Herr Albert, der silberne Haare hat, eine randlose Brille und einen schwarzen Anzug trägt, sowie Frau Kolowski, die Abteilungsleiterin, die einen dunkelgrauen Hosenanzug trägt, schwarze Haare hat und Ohrringe trägt. Nach der Besprechung rufen Sie ein Taxi, um eilig zu einem potenziellen Kunden am Stadtrand zu kommen. Der Taxifahrer, den Sie nur aus dem Rückspiegel sehen, trägt eine randlose Brille und hat schwarze Haare. Der potenzielle Kunde, den Sie besuchen, Herr Nielson, trägt eine Jeans, einen Ohrring und eine Fliege auf dem Hemd. Außerdem ist bei diesem Gespräch unerwartet auch die Firmenchefin anwesend, Frau Rösner, eine ältere Dame, die ein dunkelgraues Kostüm trägt und blonde Haare hat.

Wenn ich Sie eine Woche später nach Ihren Besprechungen frage, muss Ihr Gedächtnis alle Personen und alle Details abrufen, muss alle individuellen Merkmale der Beteiligten und der aufgesuchten Orte erinnern. Dabei genügt nicht die Erinnerung an einen Geschäftsführer, eine Abteilungsleiterin, einen Taxifahrer, einen Interessenten und eine Geschäftsführerin, sondern auch die richtige Zuordnung von schwarzem Anzug, Ohrringen, Fliege, Jeans, grauen, blonden und schwarzen Haaren, randlosen Brillen, Kostüm und Hosenanzug sowie – Namen. Wie hieß noch gleich der neue Kunde: Herr Nielbert? Ach nein, Herr Nielson. Damit kam es schon zu einer ersten kleinen Fehlattribution durch Vermischung von Fakten: Aus Herrn Nielson und Herrn Albert wurde Herr Nielbert.

Dies ist nur ein kleiner Ausschnitt dessen, was unser Gedächtnis in kurzer Zeit leistet – und das praktisch täglich. In Wahrheit hat es natürlich noch viel mehr Einzelheiten gespeichert, z. B. die Ausstattung der Räume, in denen Sie sich aufgehalten haben, und nicht zuletzt den Inhalt der Besprechungen, die natürlich besonders wichtig waren und eine Reihe von To-dos nach sich ziehen. Ist es nicht erstaunlich, dass unser Gedächtnis normalerweise überhaupt keine Mühe hat, eine solche Menge von Informationen gleichzeitig zu verarbeiten, und diese normalerweise auch zu 80 bis 90 Prozent korrekt wiedergibt? Wir sollten Respekt haben vor dieser enormen Leistung, selbst wenn es hier und da zu Fehlattributionen kommt!

Das war doch eigentlich ganz anders – wenn man sich beeinflussen lässt

Erschreckend, aber wahr: Man kann sich nicht nur selbst an Dinge erinnern, die niemals geschehen sind, sondern man kann auch andere Menschen dazu bringen, sich an nicht Geschehenes zu erinnern. In diesem Falle spricht man von *Suggestibilität* oder Beeinflussbarkeit. Sie ist wissenschaftlich in Experimenten untersucht und belegt worden. Man hat Versuchspersonen zwei verschiedene Listen vorgelesen, die jeweils unter anderem folgende Wörter enthielten:

- *Faden, Nadelöhr, nähen, stechen, Fingerhut, Dorn, wehtun, Kleidung, stricken, Spritze*
- *Bett, Ruhe, müde, Traum, wachen, Nickerchen, dösen, schnarchen, gähnen, schlummern*

Anschließend legte man ihnen eine Reihe von Wörtern vor und sie sollten entscheiden, ob sie diese Wörter bereits zuvor gehört hatten. Es handelte sich z. B. um Wörter wie *Nadel, Schlaf, Bonbon, wach, Tür*. Die meisten Versuchspersonen gaben zutreffend an, die Wörter *Tür* und *Bonbon* hätten sie nicht gehört, meinten aber die Wörter *Nadel, wach* und *Schlaf* vernommen zu haben – ein Irrtum! Die beiden Wortlisten bildeten jeweils ein semantisches Feld von inhaltsähnlichen Begriffen, die dazu verleiteten, Wörter »wiederzuerkennen«, die in eines der beiden Felder hineinpassten. Die Probanden beharrten eindringlich darauf, Wörter gehört zu haben, die mit den genannten inhaltlich eng assoziiert, aber niemals vorgelesen worden waren.

Während des Experimentes konnte die Gehirnaktivität der Versuchspersonen beobachtet werden. Dabei stellte sich heraus, dass bei richtiger wie auch bei falscher Wiedererkennung von Wörtern die Frontallappen wie auch die Temporallappen des Großhirns reagierten. Trotzdem gab es einen kleinen Unterschied in den Hirnregionen: Wenn die Probanden prüften, welchen Begriff sie gehört hatten, so wies das Gehirn bei falschem Wiedererkennen eine größere Aktivität auf als bei richtigem. Man nennt dieses Verfahren, mit dem man Menschen dazu bringen kann, sich an etwas nicht Geschehenes zu erinnern, *DRM-* oder *Deese-Roedinger-McDermott*-Verfahren.

Übrigens arbeitet die Mnemotechnik gerade darum, weil sich das Gedächtnis über »Ähnlichkeiten« sehr leicht täuschen lässt, vorzugsweise mit absurden, verrückten und weit hergeholten Assoziationen und Geschichten, wie Sie sie bereits im zweiten und dritten Teil des Buches kennengelernt haben. Wenn man ein Wort wie *Nadel* z. B. mit den *sieben Zwergen* oder einer *Achterbahn* assoziiert, so ist es praktisch ausgeschlossen, dass sich Pseudoerinnerungen einschleichen, während Assoziationen von *Nadel* mit *Faden* und *nähen* eher Fehler hervorrufen.

Ausschalten lassen sich falsche Erinnerungen ebenfalls dadurch, dass man Bilder verwendet. Auch dies ist wissenschaftlich bestätigt worden. Wurde das Vorlesen eines Wortes gleichzeitig mit dem Zeigen eines Bildes verbunden, auf dem der betreffende Gegenstand – z. B. *Mehl, Teig, Butter* – abgebildet war, so war das Gedächtnis kaum anfällig für Fehlleistungen. Die Versuchspersonen konnten klar unterscheiden, ob sie ein Wort gehört hatten oder nicht. Hieran zeigt sich wiederum, dass die schon im zweiten Teil des Buches vorgestellte Einspeicherung eines Inhalts auf mehreren Sinneskanälen (Ohren, Augen) treffsicherer ist als die Einspeicherung auf lediglich einem Kanal.

Falsche Erinnerungen lassen sich nicht nur durch eine bestimmte Darbietung von Fakten, sondern auch durch *suggestive Aussagen* provozieren. Bei Kindern ist dies sehr ausgeprägt, wie wir wissen; sie sind leichter beeinflussbar als Erwachsene und lassen sich durch Suggestivfragen besonders leicht in eine bestimmte Richtung bewegen. Aber auch Erwachsene sind anfälliger dafür, als man zunächst vermuten könnte. Wie sehr, wurde mit Hilfe von Versuchspersonen getestet, denen man ein Überwachungsvideo eines Geschäftes zeigte mit der Information, der Mann, der dort zu sehen sei, hätte wenige Minuten später jemanden erschossen. Anschließend sollten die Teilnehmer den Täter anhand einer Reihe von Fotos identifizieren, auf denen er allerdings in Wahrheit gar nicht zu sehen war. Unabhängig davon, wen sie auf den Fotos als Täter »erkannten«, erhielten die Teilnehmer drei verschiedene Feedbacks: Der ersten Gruppe bestätigte man, dass sie den richtigen Täter herausgefunden hatte, bei der zweiten gab man keinen Kommentar ab und der dritten gab man das entmutigende Feedback, sie hätten den falschen Täter ausgewählt. Anschließend sollten die Teilnehmer ihre eigenen Gedächtnisleistungen einschätzen.

Ganz eindeutig schätzten die Personen, die eine ermutigende Rückmeldung bekommen hatten, ihre Erinnerungen als zuverlässiger, genauer und klarer ein als die beiden übrigen Gruppen – obwohl diese Behauptungen jeglicher Grundlage entbehrten.

Die Beeinflussbarkeit geht noch weiter: In Experimenten konnte man Menschen falsche Erinnerungen an Kindheitserlebnisse suggerieren, die sie niemals erlebt hatten. Gaben sie zunächst an, keine Erinnerungen an ein suggeriertes Erlebnis zu haben, so schwand ihr Widerstand, je häufiger ihnen von dem Erlebnis berichtet wurde. Zuletzt glaubten sie schließlich selbst, sich an das falsche Erlebnis erinnern zu können, und berichteten sogar von Einzelheiten der Situation. Besonders anfällig für diese Art der Suggestion sind Menschen mit einer lebhaften visuellen Vorstellung.

Es lässt mich nicht mehr los – der Zeigarnik-Effekt

Stellen Sie sich vor, Sie wollten eine ganz bestimmte, wichtige Aufgabe erledigen, sind aber nicht dazugekommen. Jetzt erinnern Sie sich *dauernd* daran, und zwar auch in solchen Augenblicken, in denen Sie es gar nicht gebrauchen können. Haben Sie die Sache dann endlich erledigt, unterliegt sie der Transienz und ist schnell vergessen, selbst wenn sie vorher monatelang hartnäckig in Erinnerung blieb.

Bekannt ist dieses Phänomen unter dem Namen »Zeigarnik-Effekt«. Er wurde nicht von Daniel L. Schacter entdeckt, sondern von Bljuma W. Seigarnik, einer russischen Psychologin. Sie fand heraus, dass unerledigte Handlungen eine Art Spannung im Erinnerungsvermögen verursachen und sich daher häufig »melden«. Es sind quasi »Baustellen«, an denen das Gehirn immer mal wieder zu arbeiten versucht.

Viele unerledigte Handlungen – unbedeutende kleine wie große, z. B. Gartenzaun streichen, Garage aufräumen, Elektrogerät reparieren, Zahnarzttermin vereinbaren, Ablage im Büro aufräumen, neue Software auf dem PC installieren –, die sich womöglich über Monate oder Jahre aufstauen, können zu einer regelrechten Lähmung führen und uns so viel Energie abziehen, dass uns die Motivation fehlt, überhaupt noch zu handeln. Wir versacken in Trägheit und mangelnder Lebensfreude, und uns fehlt der Antrieb, neue Dinge mit Schwung anzugehen. Ganz besonders ist dies der Fall bei unerledigten zwischenmenschlichen Konflikten – Meinungsverschiedenheiten oder Auseinandersetzungen mit Kollegen, Verwandten usw. –, die ein extrem hohes Stresspotenzial in sich tragen. Einige Experten behaupten, dass wir alle heutzutage bis zu 200 unerledigte Dinge mit uns herumschleppen und dies einem »Arbeitsüberhang« von rund 400 Stunden entspricht. Kaum zu fassen, wie viel Energie das kostet! Deshalb ist es ratsam, von Zeit zu Zeit reinen Tisch zu machen und folgendermaßen zu verfahren:

1. Eine schriftliche Liste anfertigen und *alles* notieren, was noch unerledigt ist – egal seit wann; dies entlastet das Gehirn, sich dauernd in unpassenden Situationen erinnern zu müssen.

2. Entscheiden, was davon wirklich getan werden muss und was nicht.

3. Was nicht mehr erledigt zu werden braucht, weil es längst überholt oder sowieso unwichtig ist, wird endgültig von der Liste gestrichen. Damit wird auch dem Gehirn signalisiert, was es jetzt endlich vergessen darf.

4. Was getan werden muss, wird determiniert: Wann und wo soll es erledigt werden? Und von wem?

5. Kleinere und unwichtigere Arbeiten können an geeignete Personen delegiert werden. Auch dies ist eine Entlastung.

6. Schließlich bleibt eine *überschaubare* Menge bedeutsamer Aufgaben übrig, die man selbst tun muss. Für diese Dinge legen Sie eine übersichtliche To-do-Liste mit klarer Terminierung an, was bis wann erledigt sein soll.

7. Wenn Sie möchten, speichern Sie die To-do-Liste anschließend mit Hilfe der Mnemotechnik im Gedächtnis ab.

Mit dieser Verfahrensweise haben Sie wahrhaft Ordnung in Ihrem Kopf (und in Ihrem Leben!) geschaffen und alle Energiefresser beseitigt – vorausgesetzt, Sie erledigen die Dinge dann auch wirklich zum vereinbarten Zeitpunkt, denn sonst stellt sich von Neuem der Zeigarnik-Effekt ein.

4. Wenn Geschehenes unangemessen erinnert wird

Die Vergangenheit schön- oder schlechtreden – Verzerrungen

»Wer die Vergangenheit kontrolliert, kontrolliert die Zukunft. Und wer die Gegenwart kontrolliert, kontrolliert die Vergangenheit.« Das Wahrheitsministerium in George Orwells Roman 1984 war ständig damit beschäftigt, Dokumente und schriftliche Aufzeichnungen zu fälschen, um dafür zu sorgen, dass sie sich mit den Forderungen des Augenblicks deckten. Es galt, willkürlich mit der Vergangenheit umzuspringen und sie wenn nötig auszulöschen, um nur ja stets die Gegenwart als eine Verbesserung darzustellen, obwohl die Zustände eigentlich immer nur katastrophaler wurden. Das Wahrheitsministerium hatte es leicht mit den Menschen, indem es ihre Tendenz zum Schönreden und Schönsehen ausnutzte. Die Romanfiguren fanden ihr nichtssagendes Leben erträglich, weil sie sich damit trösten konnten, dass es ihnen ja besser ging als früher oder als ihren Vorfahren.

Verzerrungen sind entstellende Einflüsse unseres gegenwärtigen Wissens und Fühlens auf frühere Geschehnisse. Es lassen sich fünf Arten des Verzerrens unterscheiden:

- Konsistenzfehler: Die Vergangenheit wird so zurechtgebogen, dass sie der Gegenwart ähnlich wird.
- Veränderungsfehler: Die Vergangenheit wird so rekonstruiert, dass sie sich zu extrem von der Gegenwart unterscheidet.
- Rückschaufehler: Erinnerungen an vergangene Ereignisse werden durch aktuelles Wissen gefiltert.
- Egozentrische Gedächtnisfehler: Die eigenen Erinnerungen werden für wahrer gehalten als die anderer Menschen.
- Stereotype Gedächtnisfehler: Allgemeine Deutungen der Welt beeinflussen die individuellen Erinnerungen.

Mit einem *Konsistenzfehler* haben wir bereits im ersten Teil des Buches Bekanntschaft gemacht, und zwar im Fall der Studenten, die ihr ganzes bisheriges Leben in einem positiveren Licht sahen, weil sie kurz zuvor in einer Telefonzelle zehn Cent gefunden hatten. Solche Fehler passieren häufig und in vielen Lebenszusammenhängen. Beispielsweise ist auch erwiesen, dass augenblickliche Schmerzerlebnisse die Erinnerung an frühere Schmerzen verzerren: Wer im Moment starke Schmerzen hat, meint, auch in der Vergangenheit ebensolche Schmerzen gehabt zu haben; sind aber die Schmerzen gerade nicht so schlimm, so erscheinen auch die in der Vergangenheit als harmloser.

Veränderungs- und *Rückschaufehler* scheinen sich besonders häufig in Partnerschaften einzuschleichen. Es ist kaum vorstellbar, wie sehr Menschen dazu neigen, frühere Phasen des Zusammenlebens in Abhängigkeit von der Gegenwart zu beurteilen, wie einige wissenschaftliche Studien eindrucksvoll beweisen. Man ließ zwei Gruppen von Paaren über einen bestimmten Zeitraum ihre Partner beurteilen, und zwar einmal kurz nach dem Kennenlernen und dann in einem gewissen zeitlichen Abstand danach. Direkt nach dem Kennenlernen sollten sie ihren persönlichen Eindruck vom Partner wiedergeben; bei der zweiten Sitzung sollten sie sowohl ihren vormaligen Eindruck erinnern als auch eine neue, auf die Gegenwart bezogene Einschätzung ihres Partners abgeben. Wer nun bei der zweiten Sitzung seinen Partner in einem eher negativen Licht sah, hatte auch seine erste Einschätzung negativer in Erinnerung, als sie tatsächlich war. Wer jedoch in der zweiten Sitzung von größerer Zuneigung und Liebe berichtete, hielt rückblickend seinen ersten Eindruck für positiver, als er wirklich war.

Ganz besonders zu denken geben sollten uns die Ergebnisse einer 20 Jahre dauernden Langzeitstudie mit Frauen, die ihre Ehe beurteilen sollten. Die Partnerschaft wurde in zwei Phasen eingeteilt: die ersten zehn Jahre und die zweiten zehn Jahre. Die Frauen beantworteten jeweils Fragen nach ihrem Eheglück und ihren gemeinsamen Interessen mit ihren Männern. Im Rückblick auf die ersten zehn Jahre stellte sich eine Verzerrung ein: Durchgehend stellten sich die Bewertungen in der Erinnerung schlechter dar, als sie tatsächlich waren. Dadurch erschien den Frauen ihre gegenwärtige Situation als Verbesserung gegenüber früher. Auch nach 20 Jahren war die Erinnerung

verzerrt: Die Frauen glaubten, ihre Gefühle seien vor zehn Jahren ähnlich gewesen wie heute, in Wirklichkeit waren sie jedoch nach 20 Jahren negativer
als nach zehn. Der Vorteil lag darin, dass beide Arten von Gedächtnisfehlern
den Frauen dabei halfen, ihre Ehen zu bewältigen. Je stärker die Erinnerungen
der Frauen nach zehn Jahren positiv verzerrt waren, desto glücklicher waren
sie scheinbar nach 20 Jahren. Es konnte aber auch festgestellt werden, dass die
Verzerrungen vor allem denjenigen Frauen unterliefen, die in ihren Ehen weniger zufrieden waren. Denn diejenigen, die nach 20 Jahren am glücklichsten
waren, zeigten die geringsten Gedächtnisfehler, während denjenigen, die am
wenigsten zufrieden waren, die größten Rückschaufehler unterliefen.

Wir haben die Neigung, unseren eigenen Erinnerungen mehr Glauben zu
schenken als denen anderer Menschen, und zwar besonders dann, wenn wir
die Geschehnisse sehr lebhaft in Erinnerung haben. Wer kennt nicht die Aus-
einandersetzung mit einem anderen Menschen über ein gemeinsames früheres Erlebnis: Der eine behauptet, es sei so gewesen, der andere, es sei ganz
anders gewesen. Beide können sich nicht einigen, jeder will Recht haben.
Vor allem Paare streiten sich häufig über die gemeinsame Vergangenheit und
überschätzen dabei ihren eigenen Beitrag im Vergleich zu dem ihres Partners.
Dabei handelt es sich um den *egozentrischen Gedächtnisfehler.*

Stereotype sind verallgemeinernde Beschreibungen, die wir verwenden, um
Menschen oder Sachverhalte in Kategorien einzuteilen oder zu bewerten. Stereotype werden häufig über Medien verbreitet und vereinfachen in oft unan-
gemessener Weise das soziale Zusammenleben. Es gibt Hinweise darauf, dass
sie auch die individuellen Erinnerungen beeinflussen. Stereotype können sich
z. B. auf Hautfarbe, Geschlecht, Herkunft oder Beruf beziehen. In einem Experiment stellte man beispielsweise einen Mann als Künstler vor und fügte
hinzu, er sei kreativ, temperamentvoll, großzügig und furchtlos. In diesem Fall
erinnerten sich die Versuchspersonen eher an die ersten beiden Eigenschaften kreativ und temperamentvoll, weil sie dem Klischee des Künstlers mehr
entsprechen. Einer anderen Gruppe stellte man einen Mann als Skinhead vor
und sagte, er sei glücklich, bescheiden, aufsässig und aggressiv. In diesem Fall
erinnerten sich die Versuchspersonen eher an die beiden letztgenannten Eigenschaften, weil sie dem Stereotyp eines Skinheads am ehesten entsprechen.

»Schuldig durch Assoziation, unschuldig durch Verhalten«, fasst die Psychologin Mahzarin Banaji ihre Forschungsergebnisse im Bereich der *stereotypen Gedächtnisfehler* zusammen.

Sich dauernd erinnern müssen – Persistenz

Traumatische Erlebnisse im Leben – wie Tod eines Angehörigen, besondere Fehlschläge, aber auch Kriegsgeschehnisse, erlittene Gewalt, erlebte Naturkatastrophen, Autounfälle und anderes – haften besonders gut im Gedächtnis. Das liegt, wie bereits im zweiten Teil ausgeführt, an der hohen emotionalen Beteiligung, die mit ihnen verbunden ist. Normalerweise stellt die Erinnerung daran kein Problem dar, weil gottlob auch die unangenehmen Geschehnisse im Laufe der Zeit verblassen. In extremen Fällen kann es jedoch zur Persistenz (lateinisch »persistere« = »verharren«) kommen, sodass ein Zwang besteht, sich immer wieder erinnern zu müssen. Betroffene können sich nicht mehr von einer Erinnerung freimachen, die sie bis in die Träume hinein verfolgt, Depressionen und Angst verursacht und manchmal sogar zu einer Unfähigkeit führen kann, sein Leben in normaler Weise fortzuführen. Eine Schlüsselrolle spielt dabei im Gehirn die Amygdala. Persistenz ist in ihrer extremen Ausprägung krankhaft; ihr Vorhandensein weist darauf hin, dass emotionale Erlebnisse unverarbeitet sind und bewältigt werden wollen. In einer harmlosen Form kennen wir dieses Phänomen als »Grübelei«, der wahrscheinlich jeder schon einmal vorübergehend im Leben unterlegen ist.

Vom Nutzen des Vergessens

Wir haben in diesem Kapitel gesehen, wie überraschend biegsam das Gedächtnis sein kann, wie wir im Rahmen persönlich gefärbter »Interessen« Dinge vergessen, verzerren, ausklammern, blockieren, uns selbst und andere beeinflussen können. Bei alledem sollten wir bedenken, dass das Vergessen auch eine positive Funktion hat. Stellen Sie sich vor, Sie müssten sich in dem Moment, in dem Sie einen »Stuhl« sehen, an alle Erlebnisse erinnern, die Sie je im Leben mit Stühlen gehabt haben. Alle Stühle Ihres bisherigen Lebens

liefen wie eine Armada in Ihrem Gedächtnis auf; sämtliche Erinnerungen trä-
ten zutage. Es würde wahrscheinlich mindestens eine halbe Stunde dauern,
bis Sie alle Stuhlerlebnisse abgerufen hätten und anschließend endlich in der
Lage wären, 1. den Stuhl als solchen zu identifizieren und 2. sich hinzusetzen.
Stattdessen haben Sie den »Stuhl« als abstraktes Konzept gespeichert, wobei
sich höchstens noch eine verschwommene Erinnerung an einzelne besondere
Stühle einstellt.

An diesem Beispiel wird klar, dass das Vergessen notwendig ist, um die Arbeit
des Gehirns aufrechtzuerhalten. Würde das Gedächtnis so arbeiten, dass es
jederzeit sämtliche Erinnerungen parat hätte, dann wäre es hochgradig ineffektiv. Es käme wahrscheinlich zu einer gewaltigen Verwirrung, hervorgerufen nicht zuletzt durch konkurrierende Gedächtnisspuren, die alle gleichzeitig
im Bewusstsein auftauchten. Das Gedächtnissystem litte an »Datenüberlas-
tung« und würde nur noch Chaos produzieren.

Das Vergessen ist eine sinnvolle Funktion, die unser Gedächtnis davor bewahrt, mit überflüssigem Ballast vollgestopft zu werden. Gottlob können wir
in vielen Routinesituationen auf »Autopilot« schalten und haben dadurch
die Freiheit, uns auf wesentlichere Dinge zu konzentrieren. Die Fähigkeit, sich
an das Wesentliche zu erinnern, ist eine Stärke des Gedächtnisses: Wir können aus einer Erfahrung Nutzen ziehen, ohne uns an alle Einzelheiten erinnern zu müssen. Und wir haben sogar die Möglichkeit, frei zu wählen, woran
wir uns wirklich erinnern wollen. Dabei wirkt die Mnemotechnik, zu der Sie
im folgenden Kapitel einige praktische Übungen finden, unterstützend.

Hier die Auflösung zu Seite 165: Synonym, Experte/kompetent, Asbest, Sextant, Glukose

Praktisches Gedächtnistraining:
Namen und Gesichter auf Anhieb behalten

Stellen Sie sich vor, Sie werden privat bei einer Party oder beruflich bei einer wichtigen Konferenz in kürzester Zeit einer Reihe von Leuten vorgestellt, deren Namen Sie sich merken wollen oder müssen. In diesem Falle bringt es nichts, die Namen nach der Loci-Methode an Raum-Briefkästen oder an Nummern festzumachen, denn dann könnten Sie sich an die Namen nur dann erinnern, wenn Sie alle Leute wiederträfen, und zwar in der richtigen Reihenfolge. Begegneten Sie nur einer einzelnen Person oder ständen die Leute in einer anderen Reihenfolge als bei der ersten Begegnung, so könnten Sie sich nicht mehr an die Namen erinnern.

Wir brauchen nach wie vor Briefkästen, in denen wir die Leute »ablegen und wiederfinden« können, aber Briefkästen anderer Art, als sie die Loci-Methode zur Verfügung stellt. Die Lösung ist ganz einfach: Wir installieren die Briefkästen *an den jeweiligen Personen selbst.* Die Leute tragen sozusagen die Briefkästen immer mit sich herum, und deshalb können wir sie auch erinnern, wenn wir sie sehen. Bei diesen Briefkästen kann es sich um charakteristische Merkmale handeln, die die Personen im Gesicht oder am Körper haben – Merkmale, die Ihnen ins Auge springen, z. B. ein markantes Lächeln, eine Glatze, eine schöne Haarpracht, eine große Nase, dicke Augenbrauen, strahlende Augen oder Lachfalten. Den Briefkasten richten wir ein, noch bevor wir der Person vorgestellt werden. Betrachten Sie die folgenden Bilder.

Bei den nebenstehenden Personen sticht mir Folgendes ins Auge:

1. Mann mit *Zöpfen*
2. Frau mit leuchtenden *Augen*
3. Mann mit *Bart*
4. Frau mit *Halsband*
5. Frau mit blonden *Haaren*
6. Mann mit gestreiftem *Pulli*
7. Mann mit *markanten Augenbrauen*
8. Mann mit *Kinnbart*

1. Zöpfe

Martin Hofmann
Seine am Scheitel nach hinten
gebundenen Haare stellen einen
großen Innen-Hof dar, in dem
ein Mann stolziert.

2. Augen

Andrea Becker
Auf beiden Augen liegt ein
Brötchen vom Bäcker.

3. Bart

Christian Decker
Der Bart sieht aus, als ob er
von einem Dach-Decker verlegt
wurde.

4. Hals-
band

Rita Jungwirth
Auf dem Halsband wandert ein
jung(er) Wirt, der hinter der run-
den Theke, dem Halsband, steht.

5. Blondes
Haar

Monika Feher
Die blonden Haare sind von
einem heißen Feg(h)er.

6. Streifen-
pulli

Frank Nordmann
Auf dem Streifen wandert ein
Mann nach Norden.

7. Augen-
brauen

Andreas Melchhart
Melchior, einer der Weisen aus
dem Morgenland, steht auf den
hart gefrorenen Augenbrauen.

8. Kinnbart

Mario Narozny
Auf dem Bart bildet sich in der
Nacht immer Rost, aber man
kann es nie sehen.

Was geschieht bei einem Wechsel der Kleidung oder des Schmucks? Ist der Mann mit dem gestreiften Pulli bei der zweiten Begegnung noch wiedererkennbar, wenn er einen Anzug mit Krawatte trägt? Ja, er ist! Zwar ist der Anker dann nicht mehr vorhanden, aber er wird auch lediglich zu Beginn des Lernprozesses benötigt. Er dient als Einstieg, um sich an eine Person zu erinnern. Ihr Gehirn speichert viele weitere Einzelheiten ab, so dass Sie sich auch bei einem Wechsel von Kleidung oder Schmuck an die Person erinnern werden.

Im nächsten Schritt verknüpfen wir den Briefkasten mit dem Nachnamen der Person. Der Herr auf Bild 1 wird uns als »Herr Hofmann« vorgestellt, und wir stellen uns z. B. vor, dass seine am Scheitel nach hinten gebundenen Haarzöpfe einen großen Innen-Hof darstellen, in dem ein Mann stolziert. Das wäre die Assoziation für Hofmann, sprich der Mann von Hofe.

Namen wie »Narozny« enthalten keine bildhaften Informationen, sondern sind rationale Klang- oder Schriftbilder. Sobald man sie aber in ein Bild verwandelt, lassen sie sich leichter behalten. Die richtige Schreibweise der Nachnamen spielt zunächst keine Rolle; wichtig ist, dass Sie die Personen beim nächsten Treffen mit dem richtigen Namen ansprechen.

Eine weitere Möglichkeit, einen Anker zu setzen, besteht darin, dass Sie einen Namen mit einer bekannten Person verbinden. Wenn Sie einen Herrn Beckenbauer kennenlernen, liegt es nah, den Namen mit dem berühmten Fußballer zu verbinden und dabei einen Fußball als Anker zu verwenden.

Die Vornamen sind meistens leichter zu lernen als die Nachnamen, denn es gibt nicht so viele davon, und sie kommen im alltäglichen Sprachgebrauch öfter vor. Die deutsche Sprache hat nur etwa 350 bis 400 Silben, und wir können uns viele Vornamen einprägen, indem wir uns z. B. zu jeder Silbe ein Bild überlegen (Na = Nacht, Ne = Nebel, Re = Reh im Wald, Li = Licht) oder uns an gleichnamige berühmte Personen erinnern. Nehmen wir die Vornamen der acht vorgestellten Personen:

1. Martin: zwei Hälften, weil der Heilige Martin seinen Mantel geteilt hat
2. Andrea: einen Dreher tanzen (Bayrisch: »an Drea«)
3. Christian: Kreuz, an das der Christ genagelt wurde
4. Rita: **Ri**tter mit einer **Ta**sse
5. Monika: Ziehhar**monika**
6. Frank: Schweizer Franken oder Frankreich
7. Andreas: **An**anas
8. Mario: Super Mario Brothers

- Bei Herrn Hofmann nehmen wir den Heiligen Martin als Hilfe: Die Haare, die den Innen-Hof des Mannes darstellen, teilen seinen Kopf in zwei Seiten, eine linke und eine rechte (Martin Hofmann).
- Die Brötchen lassen sich auf beiden Augen drehen, so erhalten wir »Andrea Becker«.
- Der Dach-Decker trägt ein schweres Kreuz auf seinem Rücken (Christian Decker).
- Der Jungwirt hinter der Theke ist ein Ritter, der Ihnen eine Tasse reicht (Rita Jungwirth).
- Die blonden Haare des heißen Fegers (Feher) ziehe ich wie eine Ziehhar-Monika auseinander (Monika Feher).
- Dem Mann aus dem Norden fallen Schweizer Franken aus der Tasche (Frank Nordmann).
- Der Melchior auf den Koteletten hat für das kleine Jesulein eine Ananas als Geschenk dabei (Andreas Melchhart).
- Der Rost auf dem Bart wird nachts von Super Mario weggezaubert (Mario Narozny).

Betrachten Sie nochmals die Bilder und wiederholen Sie die Vor- und Familiennamen. Suchen Sie dabei immer zuerst den Briefkasten, der der Einstieg zu den Namen ist. Notieren Sie anschließend die vollständigen Namen und überprüfen Sie das Ergebnis. Haben Sie mehr als fünf Namen richtig wiedergegeben, so ist das ein sehr gutes Resultat.

Selten kommt es vor, dass Sie zehn Personen gleichzeitig kennenlernen. Meist reicht es schon aus, zwei oder drei Namen auf einmal abzuspeichern. Ich empfehle Ihnen folgende Übung, um Ihr Namensgedächtnis zu trainieren: Nehmen Sie sich vor dem Frühstück ein Magazin oder eine Illustrierte und greifen Sie sich die erstbesten zehn Personen, die Sie sehen, heraus, gleich ob ein Name unter dem Foto steht oder nicht. Wenn kein Name darunter steht, denken Sie sich einfach einen aus. Wenden Sie anschließend die beschriebene Methode an, indem Sie sich zu jeder Person einen Anker überlegen und den Anker mit dem Vor- und dem Nachnamen verknüpfen. Sie werden sehen, das macht richtig Spaß! Und schon bald haben Sie keine Probleme mehr, sich Namen zu merken.

Ein Tipp: Denken Sie sich für gängige Vornamen jeweils ein festes Bild aus, das Sie dann immer wieder verwenden können. Hier ein paar Beispiele:

- Ariane: Die Rakete, die startet
- Katharina: Katharina die Große oder Caterina Valente
- Kirsten: die mit dem Kasten, weil Kirsten und Karsten die gleichen Bilder sind
- Rolf: Rollo – ich stelle mir vor, wie Rolf ein Rollo herunterzieht
- Thomas: Tomate
- Liliane: Liane
- Susanne: süße Sahne
- Helga: helle (leuchtende) Gans
- Benjamin: Elefant (Benjamin Blümchen)
- Sonja: Soja-Soße
- Karl: hängendes Auge (Karl Dall)
- Markus: Kuss
- Renate: Reh, das in der Nacht Tee trinkt
- Horst: Horst eines Adlers
- David: David und Goliath

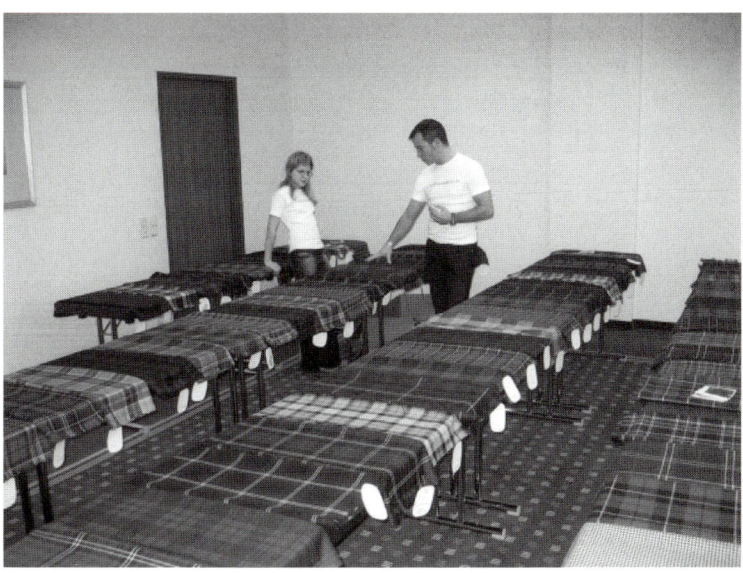

Julia Reichert und Markus Hofmann mit einer »kleinen« Auswahl schottischer Tartans

Die Schottenwette – wie man große Stoffmengen behält

Sie heißen z. B. *Gunn, Mac Laren, Kennedy, Rob Roy, Stewart Hunting, Armstrong, Royal Stewart, Mac Duff Hunting* oder *Wallace*. Und sie sehen sich alle irgendwie ähnlich: blaue, grüne, schwarze, gelbe und rote Karomuster auf einem meist dunklen Untergrund. Die Rede ist von den »Tartans«, den Mustern der Kilts, benannt nach den schottischen Familienclans, die sie entworfen haben und tragen. Sage und schreibe 1300 verschiedene Tartans gibt es. Im guten alten Schottland existiert eine Datenbank, in der jeder Clan sein ganz individuelles Muster, seinen Tartan, eintragen lassen kann. Neben den Familien-Tartans gibt es in der Datenbank auch einige wenige Trademark-(Warenzeichen)-Tartans, die nicht familiären Ursprungs sind. Bekannt ist z. B. die Marke *Burberry* mit ihrem beige-braun-weißen Muster, das heute eine Premiummarke im Bereich von Kleidung und Accessoires ziert.

Kann man sich Hunderte verschiedener, aber ähnlich aussehender Schotten-muster merken – sie am Muster erkennen und ihnen gleichzeitig den richtigen Namen zuordnen? Man kann!

2003 lernte ich die damals neunjährige Julia Reichert kennen, als sie zusammen mit ihrer Mutter eines meiner Gedächtnisseminare besuchte. Julia und ihre Mutter hatten beim Durchblättern eines Schottland-Buches die Idee zu einer Wette mit den Schottenmustern: Wetten, dass Julia anhand der Muster der Kilts den jeweiligen Namen von insgesamt hundert verschiedenen Schotten-Clans erkennt? Die »Schottenwette« war geboren, und zusammen mit Julia stellten wir kurz darauf die Idee beim Redaktionsteam von Thomas Gottschalk für die ZDF-Sendung »Wetten, dass …?« vor. Dort war man sofort begeistert und griff die Idee auf. Am 19. Februar 2005 schließlich trat »das Gedächtnis-Duo Julia und Markus« in einer der spektakulärsten Kinder- und Indoorwetten in der Geschichte des ZDF auf – begleitet von vielen schottischen Dudelsack-Spielern und dem deutsch-schottischen Experten für Schottenröcke und Rockmusik Basil Wolfrhine.
Julia gelang es in der Sendung mühelos, den vom Fernseh-Team ausgewählten Tartans die Namen der jeweiligen Clans richtig zuzuordnen – dank Mnemotechnik. Ich unterstützte Julia im Vorfeld dabei, sich Namen und Muster einzuprägen. Durch meine Anleitung entwickelte sie ganz eigene gedankliche Verbindungen zwischen Tartan und Clanbezeichnung, indem sie sich Geschichten ausdachte, die die Namen der Clans mit den Mustern verbanden. Der *Cockburn*-Clan z. B. hat ein Muster, bei dem ein heller roter Punkt entsteht, wo sich zwei Linien kreuzen. Das ist die Herdplatte, an der ein Koch (engl. *cook*) steht. Unachtsam langt er mit seiner Hand auf die heiße Platte und verbrennt (engl. *burn)* sich die Finger. Das Ergebnis ist »Cockburn«. Beim Tartan *Armstrong* sah Julia einen Mondhügel, in den Armstrong, der erste Mann auf dem Mond, eine Fahne hineinsteckte, und bei *Gunn,* wie eine Maschinengewehr (Gewehr = engl. *gun)* schwarze Löcher ins Muster schoss.

Wenn Sie noch mehr über die Schottenwette erfahren wollen, dann schlagen Sie im Internet die Website *www.schottenwette.de* nach. Dort finden Sie ganz persönliche Backstage-Bilder und die Wette als Video.

Markus Hofmann, Julia Reichert und Thomas Gottschalk bei der Schottenwette im ZDF

Die Schottenwette ist ein Beispiel dafür, wie Sie sich auch große Stoffmengen mit Hilfe der Mnemotechnik mit Erfolg merken können – und das sogar dann, wenn wie im Falle der Schottenmuster die Inhalte anscheinend zum Verwechseln ähnlich aussehen. Ungewöhnliche bildhafte Geschichten helfen dabei, sich den Lernstoff einzuprägen.

Am Ende des Buches ab Seite 189 haben Sie noch einmal Gelegenheit, Ihr Gedächtnis zu trainieren, und zwar indem Sie sich den Inhalt dieses Buches mit Hilfe der Mnemotechnik einprägen.

Zum guten Schluss

Der Ultralangstreckenmarathon

Können Sie sich vorstellen, in Ihrem Leben Marathon zu laufen, das heißt 42 Kilometer am Stück zu »joggen«? Oder – noch herausfordernder – an einem Ironman teilzunehmen? Das heißt: 3,8 Kilometer im Ozean zu schwimmen, anschließend 180 Kilometer Fahrrad zu fahren und zum Schluss noch 42 Kilometer zu laufen? Wenn Sie sagen: »Klar, das schaffe ich auch«, dann sage ich Ihnen: Es gibt inzwischen sogar schon den Doppel- und den Dreifachironman. Das bedeutet: 11,2 Kilometer im Ozean zu schwimmen, 540 Kilometer Rad zu fahren und anschließend noch 126 Kilometer zu laufen.

Und wenn Ihnen das noch immer nicht genügt, können Sie an einem der ganz großen Events auf diesem Planeten teilnehmen, nämlich am Ultralangstreckenmarathon von Sidney nach Melbourne in Australien. Dort nehmen alljährlich die Besten der Welt teil: Menschen, die gelernt haben, jeden Tag 18 Stunden zu laufen, sich anschließend eine Stunde massieren zu lassen, dann vier Stunden zu schlafen, eine Stunde zu frühstücken und dann wieder 18 Stunden lang zu laufen. Und das Ganze mehr als eine Woche lang …

Cliff Young gewann 1982 diesen Marathon, und zwar im Alter von über 60 Jahren. Er zog an seinen viel jüngeren Konkurrenten mühelos vorbei. Wie schaffte er das? Er lief die erste Nacht komplett durch, ohne zu schlafen, und baute sich dadurch einen nicht mehr einzuholenden Vorsprung auf. Seine Mitbewerber waren im Gegensatz zu ihm Profis und hatten schon viele Marathonläufe mitgemacht. Daher »wussten« sie, dass man nach 18 Stunden schlafen muss, und hielten sich daran. Cliff Young hingegen war Amateur und wusste nicht um die eingebildeten Grenzen der Profis. Sein Credo: »Ich glaube nur an die Grenzen, die ich für mich selbst ausgetestet habe.« So setzte er im Ultralangstreckenmarathon neue Maßstäbe. 1983 konnten sich die Profis in dieser Sportart weiter verbessern, denn sie hatten durch Young gelernt, nicht mehr an ihre eingebildeten Grenzen zu glauben. Sie hatten ihre Grenzen *weiter* gesteckt.

Wie steht es mit Ihnen? Welche Grenzen haben Sie sich für die Leistungen Ihres Gehirns gesetzt? Wenn Sie nicht an Ihren Grenzen festhalten, sondern daran glauben, dass Sie ein hervorragendes Gedächtnis haben und sich alles merken können, was immer Sie wollen – egal, wie umfangreich oder schwierig es ist –, dann werden auch Sie herausragende Leistungen erbringen. Die Mnemotechnik, die Sie dafür benötigen, haben Sie in diesem Buch kennengelernt. Viel Erfolg!

Praktisches Gedächtnistraining:
So merken Sie sich den Inhalt dieses Buches

Zum Abschluss zeige ich Ihnen noch, wie Sie Fach- oder Allgemeinwissen mit Hilfe der gezeigten Techniken im Kopf verankern können. Am Beispiel meines Buches möchte ich Ihnen demonstrieren, wie leicht es geht, zumindest eine grobe Struktur mit den wichtigsten Schlüsselwörtern zu lernen. Dabei sind die ausgewählten Begriffe nicht gerade die einfachsten. Sie werden sehen, es funktioniert trotzdem. Mit der gleichen Methode können Sie auch den Lernstoff anderer Bücher oder anderes umfangreiches Wissen abspeichern.

Vor allem geht es bei der folgenden Aufgabe nicht darum, die kleinsten Teilfunktionen des Gehirns zu lernen, sondern sich erst einmal die grobe Struktur im Gedächtnis abzuspeichern. Wenn Sie zu einem Unterthema noch mehr wissen und behalten wollen, öffnen Sie einfach neue Briefkästen und legen dort neue Informationen ab.

Beginnen möchte ich mit den unterschiedlichen Gedächtnissystemen. Die Schlüsselwörter habe ich Ihnen nochmals kurz und prägnant zusammengefasst:

- deklaratives Gedächtnis = zusammengesetzt aus
  - semantischem Gedächtnis (kontextfreie Fakten) und
  - episodischem Gedächtnis (persönliche Erlebnisse und Erfahrungen)
- prozedurales Gedächtnis (mechanisch-motorische Fähigkeiten)
- perzeptuelles Gedächtnis (passives Wiedererkennen von Reizen)
- Priming (höhere Stufe des Wiedererkennens)

Nun kann ich dieses Wissen mit Hilfe unserer Körperliste verknüpfen:
   1.   Zehen – deklaratives Gedächtnis:
       Sie gehen zu Fuß nach Amerika. Sie wollen dort **deklarieren** (= Wa-

ren beim Zoll anmelden) und zeigen Ihre Zehen vor. Da der Geruch bestialisch ist, deckt der Zollbeamte Ihre Zehen mit einer Decke zu.

2. Knie – semantisches Gedächtnis (kontextfreie Fakten):
Sie haben seit kurzer Zeit ein Wasserknie, das überdimensionale Ausmaße erreicht hat und mit Seewasser gefüllt ist. Darin schwimmt ein **Seema**nn und singt La Paloma aus einem Lexikon (das Lexikon steht für die kontextfreien Fakten).

3. Oberschenkel – episodisches Gedächtnis (persönliche Erlebnisse und Erfahrungen):
Auf Ihrem Oberschenkel liegen alle **Episoden** Ihrer Lieblings-TV-Serie in Form einer DVD. Und wie könnte es anders sein? Darin spielen Sie die Hauptrolle (persönliche Erlebnisse).

4. Gesäß – prozedurales Gedächtnis (mechanisch-motorische Fähigkeiten):
Ihr Hintern wackelt elegant nach links und rechts (mechanisch-motorische Fähigkeiten). Sie haben jahrelang geübt und sind darin ein **Prof**i.

5. Bauch/Taille – perzeptuelles Gedächtnis (passives Wiedererkennen von Reizen):
Ihre Taille ist aufgeschlitzt worden. Sie lassen sich vom Notarzt **per** Re**zept** zusammenflicken. Einen ähnlichen Unfall hatten Sie im vergangenen Jahr fast an derselben Stelle (passives Wiedererkennen von Reizen).

6. Brust – Priming (höhere Stufe des Wiedererkennens):
Stellen Sie sich Ihre Brust als einen Hügel vor, auf dessen Spitze ein **Prim**at sitzt. Dieser Primat gehörte einer höheren Evolutionsstufe an.

Bitte wiederholen Sie nochmals die unterschiedlichen Gedächtnissysteme mit Hilfe Ihres Körpers. Übertreiben Sie die Bilder, so gut es geht, machen Sie sie abnormal und vor allem lebhaft und emotional.

Damit Sie nicht vergessen, welche unterschiedlichen Formen des Vergessens es gibt, habe ich Ihnen diese sieben Formen auch nochmals aufgeführt:

- Transienz (Erinnerungen verblassen)
- Geistesabwesenheit (keine Fokussierung)
- Blockierung (es liegt mir auf der Zunge)
- Fehlattribution (die falsche Zuordnung von Zeit, Ort und Person)
- Suggestibilität (die Beeinflussbarkeit durch andere)
- Verzerrung (Beeinflussung vergangener Erlebnisse durch die Gegenwart)
- Persistenz (Beharrlichkeit), das Nicht-Vergessen-Können von Erlebnissen

Diese Keywords speichern wir nun mit Hilfe der Autoliste ab:

1. Stoßstange – Transienz (Erinnerungen verblassen):
   Auf der Stoßstange fährt in Modellform die **Transsi**birische Eisenbahn. Auf den Waggons ist der blauen **Enz**ian gemalt worden, der durch die Sonne schon sehr verblasst ist.

2. Motorhaube – Geistesabwesenheit (keine Fokussierung):
   Die Motorhaube springt auf, und ein **Geist** entflieht aus dem Motorblock. Während seiner **Abwesenheit** schließen Sie die Motorhaube, sodass er nicht mehr zurück kann und seinen Unterschlupf aus dem Fokus verliert.

3. Scheibenwischer – Blockierung (es liegt mir auf der Zunge):
   Die Scheibenwischer sind blockiert. Mit der Zunge versuchen Sie, diese wieder in Bewegung zu bringen. Dabei brechen die Wischblätter auseinander.

4. Windschutzscheibe – Fehlattribution (falsche Zuordnung):
   Die Windschutzscheibe ist blickdicht, dreieckig und weich wie Butter. Falsch – das waren lauter **falsche Attribute** einer Windschutzscheibe!

5. Lenkrad – Suggestibilität (die Beeinflussbarkeit durch andere):
   Auf das Lenkrad streue ich englischen Zucker (**sug**ar) in einer ausladenden **Gest**e. Leider ist er chemisch sehr **stabil** und löst sich gar nicht auf. Das Lenkrad bleibt deshalb sehr klebrig. Trotz besseren Wissens lassen Sie sich von anderen Menschen beeinflussen und umgreifen das Lenkrad. Ihre Hände bleiben daran kleben.

6. Hupe – Verzerrung (Beeinflussung vergangener Erlebnisse durch die Gegenwart):

Ich ziehe den Hupknopf heraus, knete ihn durch und durch. Das Logo des Herstellers wird total **verzerrt**. Die bildliche Verzerrung beeinflusst mich so sehr, dass ich die Vergangenheit dieser Firma in einem anderen Licht sehe.

7. Ganghebel – Persistenz (das Nicht-Vergessen-Können):
    Den Ganghebel haben Sie einem **per**sischen König aus seiner Re**sistenz** (Residenz) geklaut. Das kann der Scheich Ihnen bis heute nicht vergessen.

Wiederholen Sie nun auch diese sieben Formen des Vergessens mit Hilfe der Autoliste.

Zum Schluss zeige ich Ihnen noch, wie Sie sich den Aufbau des Gehirns in Stichpunkten abspeichern können:

1. **Hirnstamm und Rückenmark** (Schaltzentrale für Grundfunktionen des Körpers)

2. **Kleinhirn** (sensorische Informationen, steuert Bewegungen)

3. **Großhirn**
   3.1 Zwischenhirn
      3.1.1 Thalamus
         integriert wichtige Sinneseindrücke aus dem gesamten Nervensystem und beeinflusst unter anderem das Sehen, das Hören und das Riechen
      3.1.2 Zirbeldrüse
         produziert das Hormon Melatonin, regelt den Tag-Nacht-Rhythmus und stimuliert das Immunsystem
      3.1.3 Hypothalamus
         steuert vegetatives Nervensystem und Hormonhaushalt, wichtiges Kontrollzentrum für die Gefühle
      3.1.4 Hirnanhangdrüse (Hypophyse)
   3.2 Endhirn
      3.2.1 graue Substanz und weiße Substanz
      3.2.2 Frontal- oder Stirnlappen (erteilt Bewegungsbefehle)
      3.2.3 Parietal- oder Scheitellappen (Informationen von den Hautsinnen, fügt Informationen von allen Sinnen zusammen und lenkt die Aufmerksamkeit)
      3.2.4 Temporal- oder Schläfenlappen (am Hörvorgang beteiligt und versteht Sprache)
      3.2.5 Okzipital- oder Hinterhauptslappen (visuelle Wahrnehmung)

4. **Limbisches System** (verarbeitet Emotionen)
   4.1 Mandelkern (Amygdala), (Reizbewertung)
   4.2 Hippocampus (Informationsweitergabe ins Langzeitgedächtnis)
   4.3 Nucleus accumbens (Sensor für positive Schlüsselreize, Glücksindikator)
   4.4 Insula (Auslöser von Gefühlen)

Für diese Fachbegriffe eignet sich die Baumliste:

1. Baum – Hirnstamm und Rückenmark (Grundfunktionen):
   Sie sehen einen Baum**stamm,** an den ein **Hirn** festgenagelt wurde. Der verwendete Nagel durchstößt den Baum**rücken** und wurde aus einem D-**Mark**-Stück geschmiedet. Die Grundfunktionen des Baums wurden dadurch zerstört.

2. Lichtschalter – Kleinhirn (Bewegungen):
   Auf dem Lichtschalter ist ein winzig **klein**es Ge**hirn** abgebildet. Mit einer kleinen Fingerbewegung schalten Sie Ihr Gehirn an.

3. Hocker – Großhirn / Zwischenhirn:
   Ein **groß**es **Hirn** klemmen Sie **zwischen** zwei Hockern ein.

4. Auto – Thalamus (integriert Sinneseindrücke wie sehen, hören, riechen):
   Sie fahren mit Ihrem Auto durch das **Tal** des Todes und **la**chen sich dabei fast tot. Sie **müss**en komplett durch das Tal fahren und hören Todesschreie, sehen die Geier und riechen Verwesungsgeruch, der durch die Lüftung dringt.

5. Hand – Zirbeldrüse (regelt den Tag-Nacht-Rhythmus):
   Ihre Hand bewegen Sie so schnell im Kreis, dass Sie damit einen **Z(w)irbel** erzeugen. Diese Luft**düse** können Sie nur unter großer Anstrengung aufrechterhalten. Sie schlafen daher immer wieder ein, wachen wieder auf, schlafen wieder ein etc.

6. Würfel – Hypothalamus (wie Hypophyse, zentrales Bindeglied zwischen Hormon- und Nervensystem):
   Sie öffnen den Würfel – sprich das Überraschungsei –, und darin befindet sich ein Happy **Hippo**, welches ebenfalls durch ein **Tal** marschiert. Es lacht dabei wie verrückt, weil es einen Hormonschub bekommt und deshalb seine Nerven verrückt, spielen.

7. Zwerg – Hypophyse (wie Hypothalamus, zentrales Bindeglied zwischen Hormon- und Nervensystem):
   Die sieben Zwerge bestreiten ein Wettrennen mit Nilpferden, den **Hippos.** Danach lassen alle Hippos ihre **Füße** (Physe) von Schneewittchen massieren, wobei ihre Hormone und Nerven verrückt spielen.

8. Achterbahn – Endhirn:
   Die Fliehkräfte der Achterbahn, in der Sie sitzen, sind so groß, dass Sie am **End**e kein **Hirn** mehr besitzen, weil es herausgeschleudert worden ist.

9. Katze – graue und weiße Substanz:
   Sie sehen einen Kampf zwischen einer **grauen** und einer **weißen** Katze.

10. Bibel – Frontal- oder Stirnlappen (erteilt Bewegungsbefehle):
    Sie erteilen sich folgenden Bewegungsbefehl: »Schlage die vor dir liegende Bibel **frontal** auf deine **Stirn**!« Mit einem **Lappen** wischen Sie sich das Blut wieder weg.

11. Fußball – Parietal- oder Scheitellappen (Informationen von den Hautsinnen):
    Sie flanken den Ball quer über den Strafraum und ihr Mitspieler aus Paris köpft mit seinem **Scheitel** den Ball in das Tor zum Ausgleich (= **Pari**). Seine Kopfhaut tut ihm danach extrem weh.

12. Geist – Temporal- oder Schläfenlappen (am Hörvorgang beteiligt und versteht Sprache):
    Der Geist massiert **tempor**är seine **Schläfen**. Dabei hört er entspannte Musik und übersetzt dabei den englischen Songtext.

13. Fahrstuhl – Okzipital- oder Hinterhauptslappen (visuelle Wahrnehmung):
    Die Fahrstuhltür geht auf. Sie ziehen sich mit letzter Kraft heraus, weil ein **Oc**topus Sie gebissen hat. Das **Zieh**en fällt Ihnen schwer, deswegen müssen Sie schnell in ein S**pital.** Der Anblick Ihres abgerissenen Hinterhauptlappens lässt Sie fast in Ohnmacht fallen.

14. Herz – Limbisches System (verarbeitet Emotionen):
    Durch Ihr Herz fließt kein Blut, sondern hochprozentige **Lim**onade, was Ihre Emotionen auf Hochtouren bringt.

15. Ritter – Mandelkern (Amygdala) (Reizbewertung):
    Der Ritter klappt sein Visier hoch und Sie werfen einen **Mandelkern** in die Öffnung. Sie hören, wie der Kern an der Ritterrüstung nach unten klappert. Sie **amü**sieren sich doppelt, weil der **Dala**i Lama ebenfalls einen Kern hinterher wirft. Der Ritter empfindet das nicht als kitzlig, sondern als sehr angenehm.

16. Teenager – Hippocampus (Informationsweitergabe ins Langzeitge-dächtnis):
    Ein studierender Teenager reitet auf einem Nilpferd (**Hippo**) zum Uni-**Campus**. Das am Vortag erlernte Fachwissen schleift er hinter sich her, um es ins Langzeitgedächtnis zu bringen.

17. Kartenspiel – Nucleus accumbens (Glücksindikator):
    Auf den einzelnen Spielkarten sehen Sie Bilder unterschiedlicher **Nuc-le**ar-**Akku**s, deren Kerne geschmolzen sind. Die Karten sind deswegen auch **nukle**ar verseucht. Am Rand der Karten wachsen aber schon wie-der 4-blättrige Kleeblätter als Glücksindikatoren.

18. Feierabend – Insula (Auslöser von Gefühlen):
    Den Feierabend genießen Sie auf einer **Ins**el **u**nter Palmen und singen dabei **La** Paloma. Beim Hören dieses Liedes überkommt Sie ein An-sturm von Gefühlen und Sie fangen fürchterlich an zu weinen.

Literaturverzeichnis

Aamodt, Sandra/Samuel Wang: *Welcome to your brain. Ein respektloser Führer durch die Welt unseres Gehirns.* München: C.H. Beck, 2008.

Baron-Cohen, Simon: *Vom ersten Tag an anders. Das weibliche und das männliche Gehirn.* München: Heyne, 2006.

Baumeister, Roy F.: »Wozu sind Männer gut?« *Psychologie heute* 3/2008, S. 21–29.

Bertram, Wulf: »Wo geht es hier zum Hippocampus? Ein Rundgang durch die Hirnlandschaft.« In: Spitzer, Manfred/Wulf Bertram, 2007, S. 1–13.

Binkofski, Ferdinand: »Der Nachmacher-Effekt. Mit Hilfe der Spiegelneurone simuliert unser Gehirn, was andere tun.« *Gehirn & Geist* 10/2006, S. 41–43.

Breidbach, Olaf: *Expeditionen ins Innere des Kopfes. Von Nervenzellen, Geist und Seele.* Stuttgart: Thieme, 1993.

Brizendine, Louann: *Das weibliche Gehirn. Warum Frauen anders sind als Männer.* Hamburg: Hoffmann und Campe, 3. Aufl. 2007.

Caspary, Ralf (Hrsg.): *Lernen und Gehirn. Der Weg zu einer neuen Pädagogik.* Freiburg: Herder, 3. Aufl. 2007.

Frenzel, Karolina/Michael Müller/Hermann Sottong: *Storytelling. Das Harun-al-Raschid-Prinzip. Die Kraft des Erzählens fürs Unternehmen nutzen.* München: Hanser, 2004.

Gaschler, Katja: »Spiegelneurone: Die Entdeckung des Anderen.« *Gehirn & Geist* 10/2006, S. 26–33.

Gilkey, Roderick/Clint Kilts: »Gehirnpower: Fitness für die grauen Zellen.« *www.business-wissen.de,* 14. 4. 2008

Hofmann, Markus: »Vorsprung durch Wissen. Wie Sie Ihre grauen Zellen auf Höchstleistung bringen.« In: Focus Magazin Verlag/Unternehmen Erfolg (Hrsg.): *Die Erfolgsmacher II. Von den Besten profitieren.* Frankfurt: Campus, 2005, S. 54–79.

Hofmann, Markus: *Das merk ich mir! Gedächtnistraining vom Feinsten.* Ein Audio-Training. Frankfurt: Intune-Verlag. (CD)

Hofmann, Markus: *Der Speed-Reading Trainer.* (Testversion). www.memomind.de (CD)

Hüholdt, Jürgen: *Wunderland des Lernens. Lernbiologie, Lernmethodik, Lern-technik.* Bochum: Studienkreis/Gesellschaft für angewandte Methodik im Schulunterricht, 9. Aufl. 1994.

Hüther, Gerald: »Wie lernen Kinder? Voraussetzung für gelingende Bildungs-prozesse aus neurobiologischer Sicht.« In: Caspary, Ralf (Hrsg.), 2007, S. 70–84.

Jüchter, Heinz Theodor: »Gedächtnis trainieren.« In: Jüchter, Heinz Theo-dor (Hrsg.): *Wege zu Wissen und Bildung.* Gütersloh: Bertelsmann Lexiko-thek, 1984, S. 88–101.

Lausch, Erwin: *Manipulation. Der Griff nach dem Gehirn. Methoden, Resultate, Konsequenzen der Gehirnforschung.* Reinbek: Rowohlt, 1983.

Lehnen-Beyel, Ilka: »Überschätzte Tausendsassa. Forscher beginnen am einst hochgelobten Konzept der Spiegelneuronen im Gehirn zu zweifeln.« *www.wissenschaft.de,* 17. 10. 07

Markowitsch, Hans Joachim: »Emotionen, Gedächtnis und das Gehirn. Der Einfluss von Stress und Hirnschädigung auf das autobiographische Gedächtnis.« In: Welzer, Harald/Hans J. Markowitsch (Hrsg.), 2006, S. 303–322.

Markowitsch, Hans-Joachim: *Dem Gedächtnis auf der Spur. Vom Erinnern und Vergessen.* Darmstadt: Wissenschaftliche Buchgesellschaft, 2. Aufl. 2005.

Marszk, Doris: »Gehirn unterscheidet zwischen mathematischen und enzyk-lopädischen Zahlen.« *www.wissenschaft-aktuell.de,* 1.4.2008

Märzke, Frank: »Gute Nachrichten für Schlafmützen.« *www.bamberg-guide. de/bamberg/magazin/artikel.php?id=20071008102339,* 8.10.2007

Moll, Gunther/Ralph Dawirs/Svenja Niescken: *Hallo – hier spricht mein Ge-hirn. Eine Entdeckungsreise von der Zeugung bis zum Schulanfang.* Weinheim: Beltz, 2006.

Nelson, Katherine: »Über Erinnerungen reden: Ein soziokultureller Zugang zur Entwicklung des autobiographischen Gedächtnisses.« In: Welzer, Ha-rald/Hans Joachim Markowitsch (Hrsg.), 2006, S. 78–94.

O. Verf.: »Babylächeln wirkt wie eine Droge.« *www.spiegel.de/wissenschaft/ mensch/0,1518,druck-564192,00.html,* 7. 7. 2008

O. Verf.: »Gehirne von Schwulen und Frauen ähneln sich.« *www.spiegel.de/ wissenschaft/mensch/0,1518,560187,00.html,* 17. 6. 2008

O. Verf.: »Handynutzung: Männer kommunizieren kürzer.« *www.spiegel.de/netzwelt/mobil/0,1518,564399,00.html*, 7. 7. 2008

O. Verf.: »Hirnforschung. Filter hilft, Wichtiges von Unwichtigem zu unterscheiden.« *www.spiegel.de/wissenschaft/mensch/0,1518,522066,00.html*, 10. 12. 2007

O. Verf.: »Pflegetipps für Ihr Gehirn.« *Focus* 24/2008, S. 78–82.

Roth, Gerhard: »Möglichkeiten und Grenzen von Wissensvermittlung und Wissenserwerb.« In: Caspary, Ralf (Hrsg.), 2007, S. 54–69.

Schacter, Daniel L.: *Aussetzer. Wie wir vergessen und uns erinnern.* Berg. Gladbach: Bastei Lübbe, 2007.

Schneider, Reto U.: »Preiskampf in der Bückzone.« *NZZ-Folio,* 11/2006, S. 20–36; www.nzzfolio.ch

Siefer, Werner/Frank Miltner/Margit Pratschko: »Laufen fürs Merken.« *Focus* 24/2008, S. 70–76.

Spitzer, Manfred/Wulf Bertram: *Braintertainment. Expeditionen in die Welt von Geist und Gehirn.* Stuttgart: Schattauer, 2. Aufl. 2007a.

Spitzer, Manfred: *Lernen. Gehirnforschung und die Schule des Lebens.* Heidelberg: Spektrum Akademischer Verlag, 2007b.

Stangl, Werner: »Mnemotechnik.« In: Mandl, Heinz/Helmut Felix Friedrich (Hrsg.): *Handbuch Lernstrategien.* Göttingen: Hogrefe, 2006, S. 89–100.

Staub, Gregor: *Gedächtnistraining Premium Edition.* Erlenbach: Staub Mega Memory Gedächtnistraining, 2007. (Buch inkl. 12 CDs)

Staub, Gregor: *Mega Memory. Optimales Gedächtnistraining für Privatleben, Schule und Beruf.* München: mvg, 3. Aufl. 2003.

Sternhard, Heinrich: *Gehirnmanagement. Lehren und Lernen aus der Sicht der modernen Gehirnforschung.* Berlin: Pro Business, 2004.

Strittmatter, Kai: *Gebrauchsanweisung für China.* München: Piper, 2006.

Taylor, Gordon Rattray: *Die Geburt des Geistes.* Frankfurt: Fischer Taschenbuch, 1985.

Thompson, Richard F.: *Das Gehirn. Von der Nervenzelle zur Verhaltenssteuerung.* Heidelberg: Spektrum Akademischer Verlag, 3. Aufl. 2001.

Vester, Frederic: *Denken, Lernen, Vergessen. Was geht in unserem Kopf vor, wie lernt das Gehirn, und wann lässt es uns im Stich?* München: dtv, 1975.

Wagner, Beatrice: »Gedächtnistraining lässt Hirnbereiche wachsen.« *www. welt.de/wissenschaft/article2014547/Gedaechtnistraining_laesst_Hirnbe- reiche_wachsen.html*, 20.5.2008

Welzer, Harald/Hans Joachim Markowitsch (Hrsg.): *Warum Menschen sich erinnern können. Fortschritte in der interdisziplinären Gedächtnisforschung.* Stuttgart: Klett-Cotta, 2006.

Danksagung

Viele Menschen haben mir bei meiner persönlichen Entwicklung geholfen. Ohne sie wäre ich heute nicht der, der ich bin. Ganz besonders danke ich

- meiner Frau Monika, weil sie mein Rückgrat ist und mir Halt und Energie gibt weiterzuarbeiten und weil sie mich so sein lässt, wie ich bin,
- meinen Eltern Bernd und Veronika Hofmann, die zu mir gestanden und an meinen Erfolg geglaubt haben,
- meinen Geschwistern Martin und Doris – danke, dass es euch gibt!
- Gregor Staub, der mich zum Thema Mnemotechnik gebracht hat und für mich Vorbild und Partner ist,
- »Unternehmen Erfolg« mit Nadin Buschhaus, Hermann Scherer und Monika Matschnig dafür, dass sie mich in die Reihe der Top-Speaker aufgenommen und an mein Potenzial geglaubt haben,
- Rolf Osterhoff und Karin Zur Steege, die mich zu Beginn meiner Selbstständigkeit gecoacht haben, besonders im Bereich der Rhetorik,
- Nadine Turba, durch die ich meinen ersten Auftrag bekommen habe, und
- meinen über 100 000 Seminar- und Vortragsteilnehmern, denen ich meinen Erfolg verdanke.

Speziell für die Unterstützung bei der Publikation dieses Buches danke ich

- dem Ueberreuter Verlag für das Vertrauen in mich und in mein Buchthema sowie das Engagement bei der Vermarktung sowie
- der Buchagentur von Dr. Sonja Ulrike Klug dafür, dass sie das gesamte Buchprojekt von der ersten Idee bis zur Veröffentlichung professionell betreut hat.

Abbildungsnachweis

S. 14: http://en.wikipedia.org en.wikipedia

S. 17: Fotolia/Stephen Coburn

S. 22, 24, 32, 35, 57, 93, 101f., 145, 150: Joseph Koó

S. 46, 101, 121f., 144, 178f., 183f., 189, 205 : Markus Hofmann

S. 65: Postkarte um 1840

S. 79: http://dx.doi.org/10.1371/journal.pbio.0040311, Evolution of Neonatal Imitation. Gross L, PLoS Biology Vol. 4/9/2006, e311

S. 85: Levin C. Handy, Fotografie um 1877, http://hdl.loc.gov/loc.pnp/cwpbh.04044

S. 127: Istockphoto/Quavondo

S. 159: Fotolia/Julien Tromeur

Autorenbiografie

Markus Hofmann begeisterte mit seiner Form des Gedächtnistrainings bereits Zehntausende von Menschen. Als gelernter Bankkaufmann und Diplom-Marketingwirt (BAW) sowie European Business Trainer (EBT) ist er seit 2001 als selbstständiger Trainer und Coach für Gedächtnistraining tätig. Bekannt wurde er durch die Schottenwette bei »Wetten, dass …?« im ZDF und durch das Nachrichtenmagazin *FOCUS,* das ihn als Gedächtnisexperten zu den »12 Erfolgsmachern« in Deutschland zählt. Für die *Süddeutsche Zeitung,* die *Stuttgarter Zeitung* und die *Frankfurter Rundschau* gehört er zu den TOP-Speakern im deutschsprachigen Raum. 2006 wurde er mit dem *Excellence Award* für Trainer und Referenten ausgezeichnet.

Für das Who-Is-Who der deutschen Unternehmen – wie Axel Springer, Audi, Bertelsmann, BMW, Deutsche Bank, IBM, LBS, Lufthansa, McDonald's – hat er zahlreiche Vorträge und Workshops gegeben. Darüber hinaus ist Markus Hofmann seit 2006 als Lehrbeauftragter an der *Steinbeis Hochschule Berlin* sowie der *Management-Universität St. Gallen* in der Schweiz für strukturiertes Wissensmanagement tätig. An der *ZfU – International Business School* hält er Vorträge.

Basierend auf der Mnemotechnik, die heute unter Experten als die ausgereifteste und praxisorientierteste Gedächtnistechnik gilt, zeigt er in seinen Seminaren, wie jeder schnell und langfristig seine Gedächtnisleistung verbessern kann. Er verbindet auf hohem Niveau Infotainment mit seriöser Lernstrategie, die sofort im Alltag angewendet werden kann.

Durch die Kombination von Spaß und Humor mit interessantem und verblüffendem Know-how wird bei Hofmann das Training des »Gedächtnismuskels« zum Impuls-Erlebnis für die Zukunft. In vielen praktischen Übungen erleben seine Seminar- und Vortragsteilnehmer, welche außerordentlichen Leistungen ihr Gedächtnis vollbringen kann.

www.markus-hofmann.de

ALEX ANTONITSCH / MARKUS EGGETSBERGER

Das Mental-
training
der Sieger

und wie Sie
es in Ihrem
Leben
erfolgreich
umsetzen

ISBN 978-3-8000-7359-7